美国联邦
纳税人公益诉讼的
历史命运

韩龙河

—— 著

厦门大学出版社
国家一级出版社
全国百佳图书出版单位

图书在版编目（CIP）数据

美国联邦纳税人公益诉讼的历史命运 / 韩龙河著. —— 厦门：厦门大学出版社，2024.9. —— ISBN 978-7-5615-9497-1

Ⅰ. D971.25

中国国家版本馆 CIP 数据核字第 20243VJ639 号

责任编辑	李　宁　郑晓曦
责任校对	杨木梅
美术编辑	蒋卓群
技术编辑	许克华

出版发行	厦门大学出版社
社　　址	厦门市软件园二期望海路 39 号
邮政编码	361008
总　　机	0592-2181111　0592-2181406（传真）
营销中心	0592-2184458　0592-2181365
网　　址	http://www.xmupress.com
邮　　箱	xmup@xmupress.com
印　　刷	厦门市明亮彩印有限公司

开本	720 mm×1 020 mm　1/16
印张	12.75
字数	202 千字
版次	2024 年 9 月第 1 版
印次	2024 年 9 月第 1 次印刷
定价	66.00 元

本书如有印装质量问题请直接寄承印厂调换

序

　　韩龙河博士的著作顺利出版，是一件可喜可贺的事。2018—2022年，韩博士在我的指导下攻读北京大学法学博士学位。他毕业后赴厦门大学法学院从事博士后研究工作，今年即将出站。可以看出，这本美国联邦"纳税人公益诉讼"的研究成果，是他博士论文研究课题的扩展和深化。

　　美国纳税人公益诉讼的历史和现状，国内研究不多。国内的法律史学者，尚未有人做过仔细的研究，财税法学者，也研究不够。在这样的学术背景下，作者以此为题展开讨论美国纳税人公益诉讼的历史发展，有着理论研究价值和比较法的研究价值。法律史的博士生研究税法历史，是跨学科研究的一种尝试。将通史的研究深入到专题史的研究，为法律史研究开辟一种新的研究进路，本书的研究思路值得充分肯定。从美国财政税收史的角度看，纳税人与税务机构之间因为利害关系所发的诉讼比较常见，偶尔也能见到涉及违宪审查的联邦案件。但是公益诉讼的出现，还是一种新的涉税诉讼现象。作者分析了美国税收公益诉讼在州层面和联邦层面的差异：州层面的法律机制完善，而联邦层面的法律机制相对薄弱。因此，作者将议题集中于联邦层面，以历史的眼光审视其近一百年的发展历程，包括受阻、短暂推行和衰落。作者从理论上分析了联邦层面纳税人公益诉讼不兴的政治因素和经济因素，仔细探讨和审视了"股权理论"在联邦层面和州与地方层面的不同境遇。资料上，作者沿着历史上重要的司法判例展开，研读了先导性案件的原文，以使本书建立在可信的和客观的文献材料之上。本书内容充实、原文阅读量大，许多材料国内学者尚未充分涉足，作者下了不少工夫。技术上，作者将纳税人公益诉讼的议题，集中于原告适格和法院管辖权等问题上，由此得出纳税人公益诉讼在联邦层面举步维艰是因为受制于联邦宪法和出于司法审慎考虑的结论。作者倾向于历史细节的讨论，而非哲学的宏论，本质上遵循了历史研究的方法。不过，尽管是历史的研究，但也为外国财税法的研究提供了鲜活的材料。另外，中国法学研究关心的公益诉讼，目前学者讨论较多的还是局限于环境公益诉讼,财政税收的公益诉讼尚未纳入研究计划。从这个意义上,域外的研究为将来国内的研究提供了一种思路和启示。总体而言,本书选题独特、观点明确、历史划分清晰、资料案例材料可信、结构完整、引注充分、原创性明显,未发现违反科研伦理的现象,是一部较好的学术论著。

  近年来,我们倡导历史与现实的结合、法律理论与法律应用的结合,开启法学领域跨学科研究的新时代。正是在这样的指导原则下,韩博士将税法学和法律史学贯通了起来,并从历史走到了当下,为税法学界和法律史学界树立了一个标杆。韩博士积极进取、潜心钻研、敢于尝试的品质,在北京大学读博期间就表现出来。博士学习的四年期间,他发表论文六篇,均刊登在有影响力的学术期刊上。因其优异的成绩,读博期间,他被授予校长奖学金和国家奖学金,并获得北京大学三好学生的称号。后生可畏、未来可期,祝愿他在以后的学术研究中勇往直前、大器早成。

北京大学法学院教授 徐爱国

2024 年 8 月 22 日

目　录

导论 …………………………………………………………………… 1

第一章　纳税人公益诉讼在州和地方层面兴起 ………………… 22
第一节　纳税人公益诉讼在州和地方层面兴起的缘由 ……… 22
第二节　诉权的正当性基础——以"股权理论"为中心 ……… 29
第三节　纳税人公益诉讼在州和地方层面发展的主要障碍 …… 36
第四节　州和地方层面纳税人公益诉讼的规范构造 ………… 43

第二章　纳税人公益诉讼在联邦层面受阻 ……………………… 57
第一节　20世纪上半叶美国的经济与政治变革 ……………… 57
第二节　对于1923年"弗洛辛汉姆诉梅伦案"的考察 ………… 60
第三节　关于"弗洛辛汉姆诉梅伦案"的学理争论 …………… 66
第四节　后续案件的梳理 ……………………………………… 72
第五节　1936年"美利坚合众国诉巴特勒案"的特殊性 ……… 77

第三章　纳税人公益诉讼在联邦层面短暂推行 ………………… 84
第一节　纳税人公益诉讼在联邦层面获得生机的缘由 ……… 84
第二节　对于1968年"弗拉斯特诉科恩案"的考察 …………… 95
第三节　关于"弗拉斯特诉科恩案"的学理评议 ……………… 100
第四节　后续案件的梳理 ……………………………………… 107

第四章　纳税人公益诉讼在联邦层面衰落 …………………… 114

第一节　20世纪后期的相关历史背景 …………………………… 114
第二节　前期案例的严格解释 …………………………………… 119
第三节　对1992年"卢扬诉野生动物保护者案"的考察 ……… 125
第四节　相关学理评议 …………………………………………… 131
第五节　后续案件的梳理 ………………………………………… 138

第五章　在联邦法院审理的州和地方纳税人公益诉讼 ………… 145

第一节　案件范围和联邦法院规则 ……………………………… 145
第二节　各联邦巡回上诉法院的解释和联邦法官的态度 ……… 150
第三节　后续案件的梳理 ………………………………………… 156
第四节　相关学理评议 …………………………………………… 165

结语 ………………………………………………………………… 173

参考文献 …………………………………………………………… 178

后记 ………………………………………………………………… 195

导 论

一、研究背景与价值

1. 研究背景

在西方发达国家,"对于税款的用途,除涉及国家机密之外,其市政财政预算、决算是受到严格监管与控制的,普通市民可以对政府的开支情况提出质疑,甚至可以纳税人的名义提起诉讼"①。对于此种具有公益性质的诉讼方法,英文称之为 taxpayers' suits,我国学者或者根据其字面含义翻译为"纳税人诉讼"②,或者根据其内涵翻译为"纳税人公益诉讼"③。为了较为贴切地反映此种诉讼方式的特点,本书将其翻译为"纳税人公益诉讼"。

值得注意的是,纳税人公益诉讼与我国的税务行政诉讼具有本质区别。税务行政诉讼一般是纳税人针对征税机关就自身的纳税问题向法院提起的普通行政诉讼,是"私益性质"的诉讼。与此相对,纳税人公益诉讼主要是由纳税人针对政府公共支出、公共债务融资、开征或加征税收等行为提起的诉讼,具备"公益性质"。纳税人公益诉讼与集团诉讼(代表人诉讼)也存在区别,集团诉讼是共同诉讼的一种特殊形式,主

---

① 陈晴:《以权利制约权力:纳税人诉讼制度研究》,法律出版社 2015 年版,第 51 页。
② 如韩姗姗:《美国纳税人诉讼制度分析及其对中国之借鉴》,载《岭南学刊》2010 年第 3 期;陈晴:《纳税人诉讼制度的域外考察及其借鉴》,载《法学评论》2009 年第 2 期;王国侠:《我国纳税人诉讼可行性研究》,华东政法大学 2017 年博士学位论文;章海珠:《美国纳税人诉讼制度及其启示》,载《国际研究》2014 年第 5 期。
③ 如韩进川:《建立纳税人公益诉讼制度的思考》,载《涉外税务》2006 年第 2 期;郑志锋:《构建纳税人公益诉讼对监督财政支出之裨益》,载《郑州航空工业管理学院学报》2010 年第 2 期。

要表现为当事人一方人数众多,由其中一个人或多个人代表整体参加诉讼,诉讼结果对整体都有效的一种诉讼方式。相比于纳税人公益诉讼,集团诉讼更强调对特定法律关系主体的救济,在维护客观法律秩序和社会公共利益方面不如纳税人公益诉讼那样"纯粹",影响的范围也相对有限。

纳税人公益诉讼于19世纪中期起源于英国,之后许多法治发达国家,如美国、日本、法国、德国等,均相继构建了此种制度。我国曾出现纳税人公益诉讼的案例①,但尚未构建相应的纳税人公益诉讼制度。由于考量因素不同,无论是世界各国还是美国各州对于纳税人公益诉讼的定义均存在差异,差异主要体现在对于纳税人的主体资质(如要求缴纳特定税种或自身与该案件的税收利益关联性等)、诉讼范围(如违法公共支出、不合理使用造成浪费、赋税征收等)、诉讼方式(个人诉讼、团体诉讼、检察院诉讼等)等的厘定上。当前,作为纳税人公益诉讼最为发达的国家,美国的纳税人公益诉讼不仅案例较多,而且发展相对成熟。

虽然学界对于独立战争后美国税制的推进是否具备进步特征仍存在争议,但不可否认的是独立战争的本质是一场税收起义运动。在1787年《美国联邦宪法》中,除了彰显"无代表不纳税"的基本主张外,更是以立宪的形式对联邦的征税权作了重重限制,美国宪法也成为世界各国税收立宪借鉴的蓝本。纵观美国税制的发展历程,从18世纪末的威士忌起义与弗莱斯起义、内战前的关税问题,到第二次工业革命之后的所得税与遗产税问题,美国人始终保持着对政府征税权与用税权的敏感性和极强的个人主义价值倾向。② 与其他形式相比,纳税人公

---

① 2006年,蒋时林针对湖南省常宁市财政局涉嫌违法购车事宜向常宁市人民法院提起诉讼,认为市财政局购买的两辆小车属于财政预算之外,没有获得当地人大或人大常委会的同意,因此是违法行为。常宁市人民法院向蒋时林送达行政裁定书,裁定起诉人蒋时林所诉事项不属于人民法院行政诉讼受理范围,不符合起诉条件,法院不予受理。参见徐阳光:《纳税人诉讼的另类视角——兼评蒋时林诉常宁市财政局违法购车案》,载《涉外税务》2006年第8期。

② 参见[美]查尔斯·亚当斯:《善与恶——税收在文明进程中的影响》,翟继光译,中国政法大学出版社2006年版,第305~350页。

益诉讼对于政府税收职能的监督更加持久且深远,其内嵌于美国的政治架构中,对于权力分配与制约的格局产生的影响不可估量。

美国法律词典对于纳税人公益诉讼作了大致的定义,即"纳税人公益诉讼指的是公民因政府支出行为导致了损害,而以纳税人身份向法院提起的诉讼。总体上在州法院这样一个纳税人身份就足够满足起诉资格要件,但是在联邦法院就困难得多"①。美国纳税人公益诉讼的发展是自下而上的,其逐渐从地方、州层面发展至联邦层面,相对于地方和州对于纳税人公益诉讼的提倡,联邦显得较为保守。

1847年,美国纽约出现第一起纳税人公益诉讼案件("阿德里安斯诉纽约市长案"②)。在该案中,纽约市民阿德里安斯(Adriance)先证明其在纽约拥有房产且是纽约市的合法纳税人,然后指控当地的城市管理机构有滥用资金的嫌疑。初审的衡平法院虽然对自身是否有管辖权存在疑问,但由于被告没有提出异议,故受理该案并判决原告胜诉。虽然该案最终被州最高法院推翻,但纳税人公益诉讼却在地方和州层面逐渐兴起。截至1960年,绝大部分州都以判例或成文法的形式认可地方层面纳税人公益诉讼的存在,并且有34个州确立了州层面的纳税人公益诉讼制度。由于对于起诉资格、损害要件等的考量不同,各州的诉讼模式也各异。早期纳税人公益诉讼得以发展的一个重要原因是作为被告的政府没有对法院的管辖权提出异议,法院将纳税人与政府的关系类比于股东与公司的关系,虽然二者在很多地方存在差别。另外,为了防止滥诉影响政府的日常职能,美国许多州和地方会要求纳税人公益诉讼符合"成熟原则",即设置一定的前置程序,要求提起纳税人公益诉讼前需先给予政府修正的机会或先经过检察总长的审查。

1923年,联邦层面出现第一起纳税人公益诉讼案件("弗洛辛汉姆诉梅伦案"③)。在该案中,联邦虽然肯定了纳税人与市政当局的委托

---

① Peter G. Renstrom, *The American Law Dictionary*, Clio Press Ltd., 1990, p.224.
② See Adriance v. Mayor of New York, 1 Barb. 19 (N. Y. Sup.Ct. 1847). 也有学者认为最早的案例是 Coltan v. Hanchett, 13 I11. 615, 618 (1852),参见[日]田中英夫、竹内绍夫:《私人在法实现中的作用》,李薇译,法律出版社2006年版,第54页。
③ See Frothingham v. Mellon, 288 F. 252 (1923).

代理关系，但否定了联邦政府与纳税人的股东关系，理由是"原告和国库的关系是如此遥远、波动和不确定的"。"弗洛辛汉姆诉梅伦案"之后，联邦法院遵循先例阻断了联邦纳税人挑战联邦政府的可能性，并在20世纪60年代引发了一场关于纳税人公益诉讼的大讨论。在1968年的"弗拉斯特诉科恩案"①中，联邦法院的判决改变了纳税人公益诉讼的标准，确立了"双重纽带法则"，即"纳税人所控为宪法第1条第8款授权国会的税收与支出行为，并且此行为违背了具体的宪法限制"，由此为联邦层面的纳税人公益诉讼打开了一般禁止之外的一道口子。之后，联邦法院时而肯定又时而否定联邦纳税人的原告资格，并在20世纪末通过三个案例②对"双重纽带法则"进行了严格解释。在1992年"卢扬诉野生动物保护者案"③中，联邦最高法院于判决中设立了联邦层面纳税人公益诉讼的三要件模式，即"存在现实损害、原告所受损害与被诉行为有因果联系和原告一旦胜诉可获得损害赔偿"，由此将纳税人资格限定在具备直接利害关系层面。2007年的"海因诉宗教自由基金会案"④与1988年的"鲍文诉肯德里克案"⑤较为相似，却作出了完全不同的判决，体现了"双重纽带法则"虽未被废止，但已被限定在最为字面的含义内。

美国是现代公益诉讼制度的发源地，无论是19世纪中期的纳税人公益诉讼，还是20世纪初的反托拉斯运动，均为美国公益诉讼的发展奠定了坚实的基础。⑥ 美国纳税人公益诉讼自成立以来的发展，在一定程度上反映了美国历史发展的全景。⑦ 早期政府的开支有限，纳税人公益诉

---

① See Flast v. Cohen, 392 U. S. 83 (1968).

② See Schlesinger v. Reservists Comm. to Stop the War, 418 U. S. 208 (1974); United States v. Richardson, 418 U. S. 166 (1974); Valley Forge Christian College v. Americans United for Separation of Church & State, Inc., 454 U. S. 464 (1982).

③ See Lujan v. Defenders of Wildlife, 504 U. S. 555 (1992).

④ See Hein v. Freedom from Religion Found., Inc., 551 U. S. 587 (2007).

⑤ See Bowen v. Kendrick, 487 U. S. 589 (1988).

⑥ 参见胡云红：《比较法视野下的域外公益诉讼制度研究》，载《中国政法大学学报》2017年第4期。

⑦ See Taxpayers' Suits: A Survey and Summary, *The Yale Law Journal*, 1960, Vol.69, No.5, p.899.

讼较少,但随着内战后地方政府在经济活动中作用的扩大,及民粹主义-进步主义情绪的高涨,纳税人公益诉讼在州和地方逐渐大幅度增加。在"罗斯福新政"后,联邦政府权力逐渐增强,纳税人公益诉讼也逐渐从州和地方发展至联邦层面。联邦层面纳税人公益诉讼发展中争论的焦点主要为司法资源的稀缺性与宪法性障碍问题,其中宪法性障碍涉及宪法第3条"案件或争议"问题、联邦权力分立问题、联邦制问题。相比于州,联邦更加受制于宪法,也因此更加保守。事实上,纳税人公益诉讼在联邦层面和州与地方层面的不同发展走向,既存在必然性,也存在或然性。其中,必然性体现在两者的法制和法制环境存在诸多差异,因此两者对于纳税人公益诉讼有截然不同的处理方式,也在情理之中;或然性体现在联邦宪法主要以限制公权力和保障个体权利为依托,但联邦宪法本身却成为限制纳税人公益诉讼在联邦层面发展的基石,这是值得深思的问题。

当前,我国学界对于纳税人公益诉讼的探究还处于初步阶段,对于美国纳税人公益诉讼的研究也存在一定的偏差,如认为美国是最早产生纳税人公益诉讼的国家[1]、联邦法院对于纳税人公益诉讼的态度呈现逐渐放松的态势[2]或者把联邦的诉讼模式当作美国统一模式[3]等。事实上,最早产生纳税人公益诉讼的国家是英国,其于1826年出现第一起纳税人公益诉讼案件[4],而美国联邦法院自20世纪末以来对纳税人公益诉讼的态度趋于保守,且当前美国联邦、各州及地方所形成的纳税人公益诉讼制度模式均存在差异。有鉴于此,本书拟通过史料爬梳,还原美国纳税人公益诉讼起源和发展的本体面貌,并在此基础上,结合美国的政治、经济与法律背景,探究在州和地方不断兴盛且趋于成熟的情境下,美国纳税人公益诉讼在联邦层面为何寸步难行。具体而言,此探索主要涉及五个方面:(1)美国纳税人公益诉讼的起源及在联邦层面的发展过程,包括历史背景分析、制度及学理探究;(2)美国联邦层面的纳税人公益诉讼的理论构造

---

[1] 如颜运秋:《公益诉讼法律制度研究》,法律出版社2008年版,第259页。
[2] 如王霞:《美国纳税人诉讼的模式及对我国的启示》,载《求索》2008年第6期。
[3] 如李炎:《美国纳税人诉讼原告资格的主要影响因素分析及其对我国的启示》,载《法学杂志》2012年第1期。
[4] See Bromley v. Smith, 1 Sim. 8, 57 Eng. Rep.482 (Ch. 1826).

与实践特征;(3)美国联邦层面的纳税人公益诉讼背后的宪法性考量因素、司法性考量因素和政策性考量因素;(4)美国联邦层面的纳税人公益诉讼与美国行政法体系、司法体制的关联;(5)公共行动的理论基础及联邦纳税人的用税监督权和知情权。

本书之所以选择联邦层面进行专门研究,主要原因有三个:其一,各州诉讼模式不同,资料纷繁复杂,笔者目前的学术精力和能力有限,无法将其精当地汇总和分析;其二,我国法治建设多以国家层面为出发点展开,因此对于美国法律制度的探究,也多从联邦层面入手;其三,与本书拟解决的问题相关,探讨为何在各州和地方均较为兴盛的纳税人公益诉讼制度,在联邦却困难重重。

2. 研究价值

从历史维度看,税收一直是人类文明进程的催化剂,大多数革命都是从税收起义开始的,而对于政府财政职能最有效的监督方式即是平民的监督,这也是税收契约论的应有之义。此外,对于纳税人公益诉讼而言,其不仅是行政监督的一种方式,也是公民抑或纳税人参与社会管理的一种体现。因此,本书的主要价值在于:

首先,遵循归纳律,借助早期的案例和学者文献,梳理美国纳税人公益诉讼的起源及发展脉络,包括历史背景、法官观点、制度结构、学界评议等,归纳美国纳税人公益诉讼在联邦层面的发展困境,国内当前较少有成果对此进行较为翔实的梳理和深入的研究。

其次,立足于形而下的制度与案例,探究形而上的美国宪法构造、大法官司法风格等,具体包括《美国联邦宪法》第3条对于联邦司法权的限制、联邦权力分立结构、联邦制问题、司法权的审慎性等,这些都可以以联邦纳税人公益诉讼为基点进行管窥。同时,通过联邦层面的纳税人公益诉讼的探究,也可了解美国联邦财政税收权力的扩张性特征。

最后,对现实价值而言,由于当前我国政府的财政职权不断强化,除了财政预算公开和加强审计监督外,应加强税收司法建设,促进纳税人对财政的监督作用,而美国纳税人公益诉讼作为世界各国发展纳税人公益诉讼的蓝本,其经验对我国有一定的借鉴作用,因而本书的研究具有一定的现实意义。

二、相关史料述评

1. 域外史料

与中国相比,美国本土对于纳税人公益诉讼的研究和实践均较为深入,因而文献与案例也较为丰富。但是,美国现有的研究成果多是对纳税人公益诉讼的学理探究,集中于某个角度、某个州、某个时间段,对于纳税人公益诉讼的系统性的、历史纵向性的整理和阐述较为有限。20世纪60年代有部分成果尝试以历史的视角对纳税人公益诉讼进行梳理,但囿于时代限制,梳理仅涉及纳税人公益诉讼的早期发展,后面诸多案例和重要发展里程均未被涵盖。

(1) 美国纳税人公益诉讼的历史背景

美国纳税人公益诉讼的发展与美国的政治、经济和社会环境紧密相连,在本书的写作中,与美国纳税人公益诉讼历史背景相关的文献包括雷内·大卫和约翰·E.C.布莱利所著《当今世界的主要法律体系》,奥斯汀·福克斯·麦克唐纳所著的《美国市政府和行政部门》,塞缪尔·艾略特·莫里森所著的《美国共和国的发展》,A.D.尼尔所著的《美国的反垄断法——反垄断的起源和历史发展》,南阿伦所著的《人人享有自由和正义:20世纪80年代及以后的公共利益法》,翟继光翻译的美国学者查尔斯·亚当斯所著的《善与恶——税收在文明进程中的影响》,苗爱民和杨晋翻译的美国学者凯瑟琳·K.安德斯、科蒂斯·A.舒克所著的《新联邦主义:对州和地方政府的影响》,王丛虎等翻译的美国学者肯尼思·F.沃伦所著的《政治体制中的行政法》(第3版),徐炳翻译的美国学者伯纳德·施瓦茨所著的《行政法》,等①。这些文献涉及美国早期的法律形态、政府结构设置、民粹主义-进步主义运动、经济变革和公益诉讼的发展等,是掌握美国纳税人公益诉讼的发展背景和理解美国纳税人公益诉讼发展走向的重要文献。

(2)对于美国纳税人公益诉讼整体的历史梳理

关于美国纳税人公益诉讼的外文文献较多,这些文献基本都是史论结合,即以历史案例的梳理为基础,再辅以一定的学理讨论。其中,较为系统地论述美国纳税人公益诉讼的文章和著作包括发表在《耶鲁法学杂志》上的《纳税人公益诉讼:总结与摘要》,约翰·迪曼诺所写的《超越纳税人公益诉讼:美国的公共利益》,约翰·J.伊根三世所写的《从一般原告资格原则分析纳税人原告资格:未走的道路》,南希·C.斯塔特所写的《法庭上的纳税人:对(被误解的)原告资格原则的系统研究》,麦克维尼所著的《英语国家的司法审查》和李薇翻译的日本学者著作《私人在法实现中的作用》,等。② 这些文章和著作内容翔实,大体从对英国普通法的传承谈

---

① See René David and John E. C. Brierley, *Major Legal Systems in the World Today*, Steven & Sons, 1978; Macdonald, Austin Faulks, *American City Government and Administration*, Thomas Y. Crowell Company, 1941; Morison, Samuel Eliot, *The Growth of the American Republic*, Vol.2, Oxford University Press, 1942; A. D. Neale, *The Antitrust Laws of the U. S. A.*, *The Origins and Historical Development of Antitrust*, Cambridge University Press, 1960; Nan Aron, *Liberty and Justice for All*: *Public Interest Law in the 1980S and Beyond*, Boulder, Westview Press, 1989;[美]查尔斯·亚当斯:《善与恶——税收在文明进程中的影响》,翟继光译,中国政法大学出版社2006年版;[美]凯瑟琳·K.安德斯、科蒂斯·A.舒克:《新联邦主义:对州和地方政府的影响》,苗爱民、杨晋译,载《公共管理与政策评论》2016年第5期;[美]肯尼思·F.沃伦:《政治体制中的行政法》(第3版),王丛虎等译,中国人民大学出版社2005年版;[美]伯纳德·施瓦茨:《行政法》,徐炳译,群众出版社1986年版。

② See Taxpayers' Suits: A Survey and Summary, *The Yale Law Journal*, 1960, Vol.69, No.5; John Dimanno, Beyond Taxpayers' Suits: Public Interest Standing in the States, *Connecticut Law Review*, 2008, Vol.41; John J. EganⅢ, Analyzing Taxpayer Standing in Terms of General Standing Principles: The Road not Taken, *Boston University Law Review*, 1983, Vol.63; Nancy C. Staudt, Taxpayers in Court: A Systematic Study of a (Misunderstood) Standing Doctrine, *Emory Law Journal*, 2003, Vol.52; Mcwhinney, *Judicial Review in the English-Speaking World*, University of Toronto Press, 1956;[日]田中英夫、竹内绍夫:《私人在法实现中的作用》,李薇译,法律出版社2006年版。

起,继而梳理美国纳税人公益诉讼的历史背景与发展脉络,并将各州、地方层面与联邦层面的诉讼模式予以类型划分及相互比对。在主体内容方面,这些文献主要以案例为导向,描述了纳税人公益诉讼的基本原理与逻辑,里面也涉及了美国纳税人诉权的正当性与公众进行财政监督的重要性问题,探讨了法院在纳税人公益诉讼中的作用。这些文章和著作对早期司法实践的史料整理较为完整,给人耳目一新的感觉。

(3)对于各州纳税人公益诉讼的考察

美国绝大部分州都存在纳税人公益诉讼制度,但由于考量因素不同,各州的案例与诉讼模式也有差异。对各州的纳税人公益诉讼进行整理的文献包括理查德·M.埃利亚斯所写的《纳税人地位领域的困惑:第八巡回法院国家纳税人地位状况》,胡安妮塔·R.布朗所写的《田纳西州的纳税人立场:挑战非法使用公共资金》,查尔斯·R.加纳、詹姆斯·L.斯隆和约翰黑利所写的《防止阿肯色州的非法征收而提起的纳税人公益诉讼》,托马斯·C.阿不思所写的《密苏里州的纳税人》,史蒂文·梅森所写的《加州纳税人公益诉讼:根据〈民事诉讼法〉第 526a 条起诉州政府官员》,J. M. 米盖·阿克奇所写的《支出权力的司法审查:肯尼亚法院是否应受理纳税人的诉讼?》,瓦鲁·奇拉卡马里所写的《纳税人原告资格:迈向以动物为中心的诉讼的一步》,等。[①] 这些文献站在州的视角,着重讨论各州纳税人公益诉讼的发展或其诉权的基础,梳理了各州基于不同诉讼模式的案例,内容既有司法实践,也有学理分析。虽然州的纳税人公益诉讼未

---

① See Richard M. Elias, Confusion in the Realm of Taxpayer Standing: The State of State Taxpayer Standing in the Eighth Circuit, *Missouri Law Review*, 2001, Vol.66; Juanita R. Brown, Taxpayer Standing in Tennessee: Challenging the Illegal Use of Public Funds, *The Tennessee Journal of Practice & Procedure*, 2002, Vol.2, No.1; Thomas C. Albus, Taxpayer Standing in Missouri, *Journal of the Missouri Bar*, 1998, Vol.54; Charles R. Garner, James L. Sloan, John Haley, Taxpayers' Suits to Prevent Illegal Exactions in Arkansas, *Arkansas Law Review and Bar Association Journal*, 1954, Vol.8, No.2; Steven Mains, California Taxpayers' Suits: Suing State Officers under Section 526a of the Code of Civil Procedure, *Hastings Law Journal*, 1976, Vol.28; J. M. Migai Akech, Judicial Review of Spending Powers: Should Kenyan Courts Entertain Taxpayers' Actions? *Journal of African Law*, 2000, Vol.44; Varu Chilakamarri, Taxpayer Standing: A Step Toward Animal-Centric Litigation, *Animal Law*, 2004, Vol.10.

有联邦层面对分权考量的谨慎性,但仍然体现了州层面的纳税人权利与州权的磨合与较量。

(4)对于联邦层面的纳税人公益诉讼的归纳

联邦对于权力的分立与制衡表现得更加谨慎和保守,因而对于纳税人公益诉讼的接纳始终较为缓慢。美国学界有诸多成果致力于讨论纳税人公益诉讼在联邦层面的发展,包括鲍里斯·I.比特克所写的《虚构纳税人案:"弗拉斯特诉科恩案"20年后的联邦纳税人公益诉讼案》,威廉·L.拉比和拉尔夫·R.爱尔兰所写的《联邦纳税人的权利》,杰弗里·C.凯特森和唐纳德·J.梅兹所写的《"弗洛辛汉姆诉梅伦案"重审并驳回:联邦纳税人质疑联邦基金违宪支出的原告资格》,罗伯特·L.卡恩所写的《联邦纳税人和原告资格:"弗拉斯特诉科恩案"》,艾伦·卡拉布斯所写的《关于联邦纳税人对政府行为提出质疑的最高决定:海市蜃楼还是堤坝决口?》,理查德·M.埃利亚斯所写的《纳税人原告资格领域的混乱:第八巡回法院的州纳税人原告资格》,梅雷迪斯·L.爱德华兹所写的《宪法规定纳税人有资格质疑行政开支自由裁量开支与国会授权开支》,苏珊·L.帕森斯所写的《纳税人公益诉讼:原告资格障碍与金钱限制》,罗伯特·F.德里南所写的《"政教分离"条款中的原告资格》,等。[1] 这些成果主要站在

---

[1] See Boris I. Bittker, The Case of the Fictitious Taxpayer: The Federal Taxpayer's Suit Twenty Years After Flast v. Cohen, *The University of Chicago Law Review*, 1969, Vol.36; William L. Raby and Ralph R. Ireland, Rights of the Federal Taxpayer, *Taxes-the Tax Magazine*, 1968, Vol.46, No.4; Jeffrey C. Ketterson and Donald J. Maizys, Frothingham-Revisited and Rejected: Standing of Federal Taxpayers to Challenge Allegedly Unconstitutional Expenditures of Federal Funds, *Seton Hall Law Journal*, 1969, Vol.2; Robert L. Kahan, Federal Taxpayers and Standing: Flast V. Cohen, *UCLA Law Review*, 1969, Vol.16; Alan Karabus, The Flast Decision on Standing of Federal Taxpayers to Challenge Governmental Action: Mirage or Breach in the Dike? *North Dakota Law Review*, 1969, Vol.45; Richard M. Elias, Confusion in the Realm of Taxpayer Standing: The State of State Taxpayer Standing in the Eighth Circuit, *Missouri Law Review*, 2001, Vol.66; Meredith L. Edwards, Constitutional Law-Taxpayer Standing to Challenge Executive Spending-Discretionary Spending Versus Spending Pursuant to Congressional Authority, *Mississippi Law Journal*, 2007, Vol.77; Susan L. Parsons, Taxpayers' Suits: Standing Barriers and Pecuniary Restraints, *Temple Law Quarterly*, 1986, Vol.59; Drinan, Robert F., Standing to Sue in Establishment Cases, *Religion and the Public Order*, 1965, Vol.3.

联邦层面,梳理了1923年之后的联邦纳税人公益诉讼的进展,包括联邦纳税人的诉讼及在联邦法院审理的各州和地方纳税人的诉讼,探究纳税人公益诉讼在联邦层面的合法性与进路。但在现行宪法架构下,司法权是否能够过度干预行政权乃至凌驾其上是需要深入思考的问题。对联邦而言,纳税人监督联邦的用税问题是公民的宪法权利,但单个公民都能挑战联邦政府将给其运行带来极大压力,如何有限地行使纳税人诉权也是值得考虑的问题。

(5)纳税人诉权的正当性

纳税人诉权的正当性主要依托于国家与纳税人的契约理论,而早期纳税人公益诉讼则将其引入股东与公司的委托代理关系。与此相关的文献包括威廉·L.拉比和拉尔夫·R.爱尔兰所写的《联邦纳税人的权利》,肯尼斯·卡尔普·戴维斯所写的《原告资格:纳税人和其他人》,约翰·J.伊根三世所写的《从一般原告资格原则分析纳税人原告资格:未走的道路》,《哈佛法律评论》1937年发表的一篇小文章,等。[1] 这些文献从司法审查的特征出发,阐述国家为此提供公务服务并接受监督的必要性。同时,也阐述了"股权理论"的原理、适用情况和不足。这些文献既有历史梳理,也有理论深度,对于纳税人诉权的机理与保障作了有益的探究。

(6)1960年前后关于纳税人公益诉讼的大讨论

随着纳税人公益诉讼在联邦层面的发展,20世纪60年代时产生了关于纳税人公益诉讼的大讨论。相关的文章和著作包括发表在《耶鲁法学杂志》上的《纳税人公益诉讼:总结与摘要》,路易斯·L.贾菲的4篇文章《获得司法审查的资格:公共行动》《获得司法审查的资格:私人行动》《针对政府和官员的诉讼:损害诉讼》《司法审查权》,肯尼斯·卡尔普·戴维斯所写的《真正的纳税人案例:对比特克教授的回复》与《"行政行为的司法控制"述评》,威廉·L.拉比和拉尔夫·R.爱尔兰所写的《联邦纳税人

---

[1] See William L. Raby and Ralph R. Ireland, Rights of the Federal Taxpayer, *Taxes-the Tax Magazine*, 1968, Vol.46, No.4; Kenneth Culp Davis, Standing: Taxpayers and Others, *The University of Chicago Law Review*, 1968, Vol.35; John J. Egan III, Analyzing Taxpayer Standing in Terms of General Standing Principle: The Road Not Taken, *Boston University Law Review*, 1983, Vol.63; Note, *Harvard Law Review*, 1937, Vol.50.

的权利》，佩克所写的《获得华盛顿政府行为审查的原告资格要求》，加莱奥蒂所著的《英国和意大利对公共当局的司法控制》，小亨利·M.哈特和赫伯特·韦克斯勒所著的《联邦法院和联邦系统》，等。① 这些文献主要回顾了美国纳税人公益诉讼的司法实践历史，并且强调公众对于司法审查的重要性。这些文献都旨在为纳税人公益诉讼正名，并促使行政诉讼中原告资格的发展，这表达了美国宪法学者期望纳税人公益诉讼成为行政公益诉讼的突破口的理想。

(7)关于纳税人公益诉讼的学理讨论

在美国联邦层面的纳税人公益诉讼的发展过程中，主要的学理讨论涉及对"弗洛辛汉姆诉梅伦案"的评论、对"弗拉斯特诉科恩案"的评论和对在联邦法院审理的州和地方纳税人公益诉讼的评论。相关的文献主要包括拉乌尔·伯杰所写的《在公共诉讼中可以起诉：这是宪法的要求吗？》，约翰·J.伊根三世所写的《从一般原告资格原则分析纳税人原告资格：未走的道路》，《哈佛法律评论》1924 年发表的一篇小文章，肯尼斯·卡尔普·戴维斯所写的《挑战政府行为的与原告资格》《原告资格：纳税人和其他人》《放宽对法定诉讼资格的限制》三文，《美国法律评论》1929 年发表的一篇小文章，杰弗里·C.凯特森和唐纳德·J.迈兹所写的《"弗洛辛汉姆诉梅伦案"重审并驳回：联邦纳税人质疑联邦基金违宪支出的原告

---

① See Taxpayers' Suits: A Survey and Summary, *The Yale Law Journal*, Vol.69, 1960, No.5; Louis L. Jaffe, Standing to Secure Judicial Review: Public Actions, *Harvard Law Review*, 1961, Vol.74, No.7; Louis L. Jaffe, Standing to Secure Judicial Review: Private Actions, *Harvard Law Review*, 1961, Vol.75; Louis L. Jaffe, Suits against Governments and Officers: Damage Actions, *Harvard Law Review*, 1963, Vol.77; Louis L. Jaffe, The Right to Judicial Review, *Harvard Law Review*, 1958, Vol.71; Kenneth Culp Davis, The Case of the Real Taxpayer: A Reply to Professor Bittker, *The University of Chicago Law Review*, 1969, Vol.36; Kenneth Culp Davis, "Judicial Control of Administrative Action": A Review, *Columbia Law Review*, 1966, Vol.66; William L. Raby and Ralph R. Ireland, Rights of the Federal Taxpayer, *Taxes-the Tax Magazine*, 1968, Vol.46, No.4; Peck, Standing Requirements for Obtaining Review of Governmental Action in Washington, *Washington Law Review*, 1960, Vol.35; Galeotti, *The Judicial Control of Public Authorities in England and in Italy*, Stevens & Sons, 1954; Henry M. Hart, Jr., Herbert Wechsler, *The Federal Courts and the Federal System*, Foundation Press, 1953.

资格》,《乔治敦法学杂志》1936年发表的一篇小文章,莫里斯·芬克尔斯坦所写的《司法自我克制》,诺曼·多森所写的《阿瑟·加菲尔德·海斯公民自由会议:对教会学校的公共援助和起诉》,路易斯·L.贾菲所写的《获得司法审查的资格:私人行动》,罗伯特·L.卡恩所写的《联邦纳税人和原告资格:"弗拉斯特诉科恩案"》,苏力翻译的理查德·波斯纳的著作《法官如何思考》,等。[1] 这些文献主要从宪法和司法层面入手,探究纳税人的挑战政府权利,内容既包括对于税收的监督权与知情权,也包括纳税人权利与行政法体系的关联。受联邦权力的扩大与威权主义的影响,美国纳税人诉权的扩展很不顺利,但随着学界的呼吁与一系列案例的发展,联邦对于纳税人诉权的保障有了新的定义。

(8)主要案例的考察

对于美国联邦层面纳税人公益诉讼的探究最为主要的线索是当时的联邦法院案例,与此相关的案例数量较多。其中,主要案例涉及1847年美国的第一起纳税人公益诉讼案件"阿德里安斯诉纽约市长案",联邦层面最早进行裁决的纳税人公益诉讼案件"弗洛辛汉姆诉梅伦案",具有特殊性的"美利坚合众国诉巴特勒案",为联邦纳税人公益诉讼开辟一条通

---

[1] See Raoul Berger, Standing to Sue in Public Actions: Is it a Constitutional Requirement? *The Yale Law Journal*, 1969, Vol.78; John J. Egan Ⅲ, Analyzing Taxpayer Standing in Terms of General Standing Principles: The Road not Taken, *Boston University Law Review*, 1983, Vol.63; Note, *Harvard Law Review*, 1924, Vol.37; Kenneth Culp Davis, Standing to Challenge Governmental Action, *Minnesota Law Review*, 1955, Vol.39; Kenneth Culp Davis, Standing: Taxpayers and Others, *The University of Chicago Law Review*, 1968, Vol.35; Kenneth Culp Davis, The Liberalized Law of Standing, *The University of Chicago Law Review*, 1970, Vol.37; Note, *American Law Review*, 1929, Vol.58; Jeffrey C. Ketterson and Donald J. Maizys, Frothingham-Revisited and Rejected: Standing of Federal Taxpayers to Challenge Allegedly Unconstitutional Expenditures of Federal Funds, *Seton Hall Law Journal*, 1969, Vol.2; Note, *Georgetown Law Journal*, 1936, Vol.24; Finkelstein, Maurice, Judicial Self-Limitation, *Harvard Law Review*, 1924, Vol.37; Norman Dorsen, The Arthur Garfield Hays Civil Liberties Conference: Public Aid to Parochial Schools and Standing to Bring Suit, *Buffalo Law Review*, 1962, Vol.12; Louis L. Jaffe, Standing to Secure Judicial Review: Private Actions, *Harvard Law Review*, 1961, Vol.75; Robert L. Kahan, Federal Taxpayers and Standing: Flast v. Cohen, *UCLA Law Review*, 1969, Vol.16;[美]理查德·波斯纳:《法官如何思考》,苏力译,北京大学出版社2009年版。

道的"弗拉斯特诉科恩案",进行严格解释的"施莱辛格诉预备役军人停止战争委员会案"、"美利坚合众国诉理查森案"和"福吉谷基督教学院诉美国政教分离联合会案",设置原告资格三重要素的"卢扬诉野生动物保护者案",两相对比的"鲍文诉肯德里克案"和"海因诉宗教自由基金会案",确立在联邦法院审理的州和地方纳税人公益诉讼规则的"多雷姆斯诉教育委员会案"。① 对这些案例的整理和分析有助于了解当时联邦法官的裁判逻辑和理由,有助于较为细致地掌握纳税人公益诉讼在联邦的发展历程。

2. 国内史料

与国外相比,国内关于纳税人公益诉讼的研究与实践均属缺乏,因而文献资料也不多。国内还未出版专门研究美国纳税人公益诉讼的书籍,关于美国纳税人公益诉讼的案例与讨论大多散见于行政法的书籍中。期刊中关于美国纳税人公益诉讼的文章也相对较少,只有寥寥数篇文章专论美国纳税人公益诉讼制度,其他皆是在探讨构建我国纳税人公益诉讼制度时作为域外经验有所涉及。总体而言,我国对于美国纳税人公益诉讼无论是历史梳理或是理论探讨,均处于较粗浅的阶段,专门研究和讨论联邦层面的纳税人公益诉讼的成果则更加稀缺。国内研究较少的原因可能与我国财税法在理论及实践中重实体轻程序的弊端相关,也与我国本土学者对于纳税人公益诉讼缺乏认知相关。

(1)关于美国纳税人公益诉讼的历史背景

美国纳税人公益诉讼贯穿于19世纪和20世纪,其间涉及的历史背景包括美国建国初期的税收压迫敏感性、普通法继受、民粹主义-进步主

---

① See Adriance v. Mayor of New York, 1 Barb. 19 (N. Y. Sup.Ct. 1847); Frothingham v. Mellon, 262 U. S. 447 (1923); United States v. Butler, 297 U. S. 1 (1936); Flast v. Cohen, 392 U. S. 83 (1968); Schlesinger v. Reservists Comm. to Stop the War, 418 U. S. 208 (1974); United States v. Richardson, 418 U. S. 166 (1974); Valley Forge Christian College v. Americans United for Separation of Church & State, Inc., 454 U. S. 464 (1982); Lujan v. Defenders of Wildlife, 504 U. S. 555 (1992); Bowen v. Kendrick, 487 U. S. 589 (1988); Hein v. Freedom from Religion Found., Inc., 551 U. S. 587 (2007); Doremus v. Board of Education, 342 U. S. 429 (1952).

义运动、市政体制的形成、经济和政治变革、沃伦法院、民权运动、新联邦主义、公益诉讼等。对于这些历史背景,中文文献主要可以参考何勤华主编的《外国法制史》(第5版),刘畅所著的《美国财政史》等书,及曾森的《美国民粹主义的历史、现实与民主根源》,王玮的《美国进步主义时代政府改革研究》,王旭的《美国三大市政体制的历史成因与内在运行机制》,郭跃的《美国反垄断法价值取向的历史演变》,牛文光的《美国社会保障制度的发展》,李胜利的《美国联邦反托拉斯法的历史经验与世界性影响》,余志森的《20世纪上半叶美国历史发展曲折性初探——从强国到超级大国的曲折路径》,贺海仁的《域外公益诉讼的缘起与启示》,张千帆的《从二元到合作——联邦分权模式的发展趋势》,唐益亮的《美国环境公益诉讼原告资格的变迁及其启示》,等。① 这些成果各有侧重而又较为翔实地介绍了美国各个时期独特的政治、经济、社会和法治状态,对于了解美国纳税人公益诉讼的历史背景有着很好的参考价值。

(2) 纳税人公益诉讼的概况

对纳税人公益诉讼基本情况进行较为详细介绍的包括:陈晴所著的《以权利制约权力:纳税人诉讼制度研究》,韩姗姗的《美国纳税人诉讼制度分析及其对中国之借鉴》,王国侠的《我国纳税人诉讼可行性研究》,等。② 这些文献梳理了纳税人公益诉讼的基本定义、历史沿革、在各国发

---

① 参见何勤华主编:《外国法制史》,法律出版社2011年第5版;刘畅:《美国财政史》,社会科学文献出版社2013年版;曾森:《美国民粹主义的历史、现实与民主根源》,载《辽宁大学学报(哲学社会科学版)》2020年第6期;王玮:《美国进步主义时代政府改革研究》,东北财经大学2012年博士学位论文;王旭:《美国三大市政体制的历史成因与内在运行机制》,载《陕西师范大学学报(哲学社会科学版)》2007年第4期;郭跃:《美国反垄断法价值取向的历史演变》,载《美国研究》2005年第1期;牛文光:《美国社会保障制度的发展》,中国劳动社会保障出版社2004年版;李胜利:《美国联邦反托拉斯法的历史经验与世界性影响》,中南大学2012年博士学位论文;余志森:《20世纪上半叶美国历史发展曲折性初探——从强国到超级大国的曲折路径》,载《历史教学问题》2019年第4期;贺海仁:《域外公益诉讼的缘起与启示》,载《环球法律评论》2010年第4期;张千帆:《从二元到合作——联邦分权模式的发展趋势》,载《环球法律评论》2010年第2期;唐益亮:《美国环境公益诉讼原告资格的变迁及其启示》,载《人民法院报》2019年1月28日。

② 参见陈晴:《以权利制约权力:纳税人诉讼制度研究》,法律出版社2015年版;韩姗姗:《美国纳税人诉讼制度分析及其对中国之借鉴》,载《岭南学刊》2010年第3期;王国侠:《我国纳税人诉讼可行性研究》,华东政法大学2017年博士学位论文。

展概况等内容,有助于对纳税人公益诉讼进行初步了解和掌握。

(3)关于美国纳税人公益诉讼的历史梳理

对于美国纳税人公益诉讼的历史梳理,相对系统的文献包括陈晴所著的《以权利制约权力:纳税人诉讼制度研究》一书和《纳税人诉讼制度的域外考察及其借鉴》一文,韩姗姗发表的《美国纳税人诉讼制度分析及其对中国之借鉴》与《美国纳税人诉讼制度及其对中国之借鉴》二文,王国侠的博士论文《我国纳税人诉讼可行性研究》,章海珠的《美国纳税人诉讼制度及其启示》,等。① 这些文献关于美国纳税人公益诉讼的篇幅都不算长,但对于美国纳税人公益诉讼在州与联邦的发展、案例类型、诉讼模式等都作了宏观的梳理,通读文章,能够基本宏观掌握美国纳税人公益诉讼的发展脉络。在这些文献中,陈晴的著作和文章以时间为主线对美国纳税人公益诉讼进行了梳理,韩姗姗的文章对州与联邦的诉讼模式进行了划分与比较,王国侠的论文主要收集与整理了美国纳税人公益诉讼各州的案例与制定法,章海珠的文章较为细致地展现了美国纳税人公益诉讼的具体规范构造模式。

(4)关于美国纳税人公益诉讼的学理思考

美国纳税人公益诉讼背后的学理问题主要涉及公益诉讼的正当性基础、当事人适格问题、宪法层面的限制、司法权的有限性等。相关文献包括黄先雄所著的《司法谦抑论:以美国司法审查为视角》,马存利和韩平的《纳税人诉讼适格问题研究——美国最高法院的司法实践对我国的启示》,李刚的《宏观调控行为可诉性——由"纳税人诉讼"引发的思考》,胡云红的《比较法视野下的域外公益诉讼制度研究》,池生清的《论美国税务法院的纳税人诉权保障》,李炎的《美国纳税人诉讼原告资格的主要影响因素分析及其对我国的启示》,王婷婷和杨雨竹的《纳税人知情权保障的

---

① 参见陈晴:《以权利制约权力:纳税人诉讼制度研究》,法律出版社2015年版;陈晴:《纳税人诉讼制度的域外考察及其借鉴》,载《法学评论》2009年第2期;韩姗姗:《美国纳税人诉讼制度分析及其对中国之借鉴》,载《岭南学刊》2010年第3期;韩姗姗:《美国纳税人诉讼制度及其对中国之借鉴》,载《财税法论丛》(第11卷),法律出版社2010年版;王国侠:《我国纳税人诉讼可行性研究》,华东政法大学2017年博士学位论文;章海珠:《美国纳税人诉讼制度及其启示》,载《国际研究》2014年第5期。

美国经验和中国进路》,等。① 这些文献对于纳税人公益诉讼学理分析的侧重点不同,但基本涉及纳税人诉权的正当性与如何有效予以保障问题,也包括联邦层面纳税人公益诉讼中原告资格的主要影响因素问题。对纳税人而言,其诉权主要依托于社会契约关系、征纳公平与用税监督权的证成,而保障纳税人诉权的障碍主要在于事实损害、权力分立与联邦主义。如何促使纳税人诉权的完善,关键在于权力的分配与制衡机制上。联邦层面纳税人公益诉讼中原告资格主要受事实上的损害、权力分立原则和联邦主义影响。对这些文献的阅读,有助于了解与掌握美国纳税人诉权理论的基础理论。

(5)关于美国行政法体系

纳税人公益诉讼在实践层面属于行政诉讼的一种,属于权利与权力的较量范畴。关于美国行政法体系研究的中文文献可以参考王名扬所著的《美国行政法》,曾繁正和赵向标等编译的《美国行政法》两本书。这两本书不仅较为系统地论述了美国行政法的基本制度、理论及历史,而且涉及了美国纳税人公益诉讼的基本逻辑。同时,宋雅琴的《美国行政法的历史演进及其借鉴意义——行政与法互动的视角》一文按照历史脉络较为清晰地展现了美国行政法的发展路径。② 以这两本书和宋雅琴所著论文为参照,可以了解20世纪40年代前后美国行政法的不同目的与诉求,掌握美国司法审查的基本原理与案例,了解美国纳税人公益诉讼的历史与逻辑。同时,通过掌握美国行政法的基本制度与程序,有助于探究纳税人公益诉讼在行政体系中的地位及作用。

---

① 参见黄先雄:《司法谦抑论:以美国司法审查为视角》,法律出版社2008年版;马存利、韩平:《纳税人诉讼适格问题研究——美国最高法院的司法实践对我国的启示》,载《当代法学》2008年第3期;李刚:《宏观调控行为可诉性——由"纳税人诉讼"引发的思考》,载《经济法论丛》(第7卷),中国方正出版社2003年版;胡云红:《比较法视野下的域外公益诉讼制度研究》,载《中国政法大学学报》2017年第4期;池生清:《论美国税务法院的纳税人诉权保障》,载《税务研究》2015年第11期;李炎:《美国纳税人诉讼原告资格的主要影响因素分析及其对我国的启示》,载《法学杂志》2012年第1期;王婷婷、杨雨竹:《纳税人知情权保障的美国经验和中国进路》,载《税务与经济》2018年第2期。

② 参见王名扬:《美国行政法》,中国法制出版社2016年版;曾繁正、赵向标等编译:《美国行政法》,红旗出版社1998年版;宋雅琴:《美国行政法的历史演进及其借鉴意义——行政与法互动的视角》,载《经济社会体制比较》2009年第1期。

三、结构安排与研究方法

1. 结构安排

本书的主要目的在于探究美国联邦纳税人公益诉讼历史命运,对此主题的研究应主要依靠史料的证明力,而不是理论的创新。因此,本书拟通过案例分析和对学者论著的梳理,较为准确地还原美国联邦层面纳税人公益诉讼的样貌,再从中寻找本书所需答案,即纳税人公益诉讼为何在联邦层面寸步难行。具体而言,本书依照历史发展脉络,共分为五章:

第一章着重梳理纳税人公益诉讼在州和地方层面的兴起。19世纪中期,美国纳税人公益诉讼兴起于州和地方层面,通过不断发展逐渐形成各具特色的纳税人公益诉讼制度,本章意图对此展开探究。其中,第一节主要探究在联邦法院审理的州和地方纳税人公益诉讼的案件范围和联邦法院规则;第二节主要探究针对联邦法院规则,各联邦巡回上诉法院的不同解释及背后联邦法官的实质态度;第三节通过案例梳理,探究纳税人公益诉讼在州和地方层面所遭遇的困境及困境背后的学理论争,包括对于纳税人原告资格的质疑、纳税人公益诉讼对于政府和法院的压力、司法权对于行政权的过度干预;第四节通过对规范和案例进行汇总,探究州和地方层面纳税人公益诉讼的规范构造,包括原告资格、诉讼范围、法律限制、激励措施。

第二章着重探究纳税人公益诉讼在联邦层面的阻碍。20世纪初期,美国纳税人公益诉讼由州和地方层面逐渐发展到联邦层面,纳税人开始尝试挑战联邦政府,但与州和地方法院不同,联邦法院对于纳税人挑战联邦政府的行为持相当谨慎的态度,纳税人公益诉讼在联邦层面的发展困难重重,本章意图对此展开研究。其中,第一节梳理美国纳税人公益诉讼发展到联邦层面的历史背景,包括以反托拉斯为主的经济变革与以"罗斯福新政"为主的政治变革;第二节借助案例分析法,着重分析联邦层面纳税人公益诉讼的开端——1923年的"弗洛辛汉姆诉梅伦案",包括将"弗洛辛汉姆诉梅伦案"作为联邦层面纳税人公益诉讼开端的原因、"弗洛辛汉姆诉梅伦案"的基本案情和法官观点;第三节通过梳理学者的相关文献,探究美国理论界对于"弗洛辛汉姆诉梅伦案"的学理争论,包括对于"弗洛辛汉姆诉梅伦案"判决的肯定或批评、"弗洛辛汉姆诉梅伦案"背后所展现的是一种宪法性障碍还是仅为一种司法自我克制规则;第四节通过案件梳理,重点探究"弗洛辛汉姆诉梅伦案"之后联邦层面纳税人公益诉讼的发展状况,包括主要诉讼范围和法官观点;第五节依托于案例分析法,对违背"弗洛辛汉姆诉梅伦案"所确定标准的1936年的"美利坚合众国诉巴特勒案"进行重点分析,包括基本案情、法官观点、本案的特殊之处。

第三章着重探究纳税人公益诉讼在联邦层面的短暂推行。20世纪中期,美国纳税人公益诉讼在联邦层面迎来发展的生机,本章意图对此展开研究。其中,第一节以史料为依托,主要梳理20世纪中期纳税人公益诉讼在联邦层面迎来生机的缘由,包括1946年《联邦行政程序法》的出台、沃伦法院与司法能动主义的推进、民权运动与公益诉讼的高速发展、1960年前后美国理论界关于纳税人公益诉讼的大讨论;第二节依托案例分析法,重点对具有转折意义的1968年的"弗拉斯特诉科恩案"进行分析,包括基本案情和法官观点;第三节以学者文献为根基,重点探究"弗拉斯特诉科恩案"后美国理论界对此案的学理评议,包括联邦司法权的"宪法第3条"限制、联邦纳税人的原告资格问题、"双重纽带法则"的缺陷;第四节以案例梳理为主,探究"弗拉斯特诉科恩案"之后纳税人公益诉讼在联邦层面的发展状况,包括主要诉讼范围和法官观点。

第四章着重探究纳税人公益诉讼在联邦层面的衰落。20世纪末,美国纳税人公益诉讼在联邦层面的推行逐渐走向衰落,而这种衰落并非一蹴而就,而是以一种"温水煮青蛙"的方式完成,本章意图对此展开探究。其中,第一节主要探究美国联邦层面纳税人公益诉讼走向衰落的历史背景,包括"新联邦主义"、沃伦法院之后的司法克制主义转向、环境公益诉讼的高速发展;第二节主要对三个典型的对原告资格进行严格解释的案例进行评析,包括1974年的"施莱辛格诉预备役军人停止战争委员会案"、1974年的"美利坚合众国诉理查森案"、1982年的"福吉谷基督教学院诉美国政教分离联合会案";第三节意图通过案例分析法,重点对确立"事实损害"规则的1992年的"卢扬诉野生动物保护者案"进行研究,包括基本案情和法官观点;第四节主要通过梳理学者文献,探究20世纪末以来美国理论界对于纳税人公益诉讼的学理评议,包括何为纳税人原告资格、纳税人原告资格的基本限制、司法审查的本质;第五节通过对后续案件进行梳理,探究"卢扬诉野生动物保护者案"之后纳税人公益诉讼在联邦层面的发展状况,包括主要诉讼范围和法官观点,并对2007年的"海因诉宗教自由基金会案"进行单独考察,因为该案与1988年的"鲍文诉肯德里克案"的案情基本相同,却作出了完全不同的判决。

第五章着重探究在联邦法院审理的州和地方纳税人公益诉讼。为了全面探究纳税人公益诉讼在联邦层面的发展状况,本书除了应该探究联邦纳税人在联邦法院提起的纳税人公益诉讼外,还应该探究州和地方纳税人在联邦法院提起的纳税人公益诉讼,本章意图对此展开探究。其中,第一节主要探究在联邦法院审理的州和地方纳税人公益诉讼的案件范围和联邦法院规则;第二节主要探究针对联邦法院规则,各联邦巡回上诉法院的不同解释及背后联邦法官的实质态度;第三节主要对后续案件进行梳理,重点探究在联邦法院审理的州和地方纳税人公益诉讼的发展状况,包括主要诉讼范围和法官观点;第四节依托学者文献梳理,重点探究美国理论界的相关学理评议,包括纳税人利益的本质、在联邦法院审理的州和地方纳税人公益诉讼案件的实质作用、"弗拉斯特诉科恩案"是否具备规制作用。

综合而言,本书意图通过梳理案例和学者文献这两类最原始的资料,探究纳税人公益诉讼在联邦层面的发展困境,包括联邦法院对于纳税人公益诉讼的主要思考面向,及纳税人公益诉讼与历史大背景的互动关系。在结构上,上述五章侧重于史料的梳理和史实的描述,内里不需要掺杂笔者的意见与分析。在结语部分,笔者将依托上述五章的整理,对纳税人公益诉讼在联邦层面的发展困境进行归纳和总结,形成本书的最终结论。

2. 研究方法

依据结构安排,本书的写作主要依托案例和学者的著述,此属于本书厘清线索的第一手资料,因此本书的主要研究方法为案例分析法和文献解析法。

所谓案例分析法,主要指通过对案例进行体系化和深入研究,从而归纳出案例背后学理逻辑和发展规律的研究方法。具体而言,本书的写作涉及众多的纳税人公益诉讼案件,这些纳税人公益诉讼案件构成了联邦纳税人公益诉讼的发展脉络,是本书写作最主要的资料来源。对于这些纳税人公益诉讼案件,需要梳理出其中具有代表性、典型性的案件,通过对案件背景、案由、法官观点、案件的发展动态等进行把握,以展现法官的判决理由和裁判逻辑,归纳背后的具体规则。这是考量法官思考面向的主要依据,也是判断纳税人公益诉讼发展态势的判断依据。同时,对于代表性、典型性之外的案件,需要梳理其案由和法官观点,从而展现纳税人公益诉讼后续发展脉络,包括法官观点的转变、案件之间的关系、诉讼范围和规则走向等。

所谓文献解析法,主要指根据一定的研究目的或课题需要,通过查阅文献来获得相关资料,从而全面地、准确地了解所要研究的问题,找出事物本质属性的研究方法。本书需要在历史大背景下,逐步梳理和揭示美国联邦层面纳税人公益诉讼的发展历程及其背后的学理论争。对于这段历史,主要资料除了法院案例,就是彼时学者的论著和当代学者所著文献中的相关资料,这些资料均需要通过文献解析法进行分析与掌握,以便了解纳税人公益诉讼在联邦层面的基本样貌和学理基础。具体而言,对于学者论述,需要区分古今学者和中外学者。对于彼时外国学者的文献,主要作为基本史料进行使用,将其观点汇总分析后,直接作为判断当时学者意见的依据。对于当代的中外学者文献,则作为参考史料,主要对其中引用的史料进行汇总,补充入本书的基本结构中。同时,也参考当今中外学者对此主题的叙事方式,帮助本书脉络和叙事方式的构建。对于历史背景的描述,则主要选取一些较为可靠的学者文献,进行参照、比对和汇总。

第一章 纳税人公益诉讼在州和地方层面兴起

在《法社会学原理》一书中,埃利希提出:"在当代以及其他任何时代,法发展的重心既不在立法,也不在法学或司法判决,而在于社会本身。"① 作为权利对权力的制约举措,美国纳税人公益诉讼肇始于公众对政府财权自发的监督和推向司法程序,最终形成了司法的变革。具体而言,美国的纳税人公益诉讼起源于州和地方层面,后逐渐演变和发展至联邦,二者呈现出不同的发展脉络和诉讼模式,相比于州和地方法院对于纳税人公益诉讼的提倡,联邦法院显得较为保守。

第一节 纳税人公益诉讼在州和地方层面兴起的缘由

19世纪40年代末至20世纪初期,是美国纳税人公益诉讼在州和地方层面兴起的黄金时期。溯源历史,结合当时的经济、社会和发展状态,可以展现纳税人公益诉讼在州和地方层面出现及不断发展的缘由。

1. 纳税人公益诉讼在州和地方层面出现的缘由

1847年,美国纽约州出现第一起纳税人公益诉讼案件("阿德里安斯诉纽约市长案"②)。该案中,纽约市民阿德里安斯(Adriance)先是证明其在纽约拥有房产且是纽约市的合法纳税人,后指控纽约市政委员会有滥用资金的嫌疑,如拨款5000美元用于装备参加墨西哥战争的纽约志愿军第一团以及拨款16000美元用于支付某些诉讼中的罚款、诉讼费、律师费等。初审的衡平法院虽然对自身是否有管辖权存在疑问,但由于被告没有提出异议,故受理该案并判决原告胜诉。在该案中,尽管法官关于原

---

① [奥]欧根·埃利希:《法社会学原理》,舒国滢译,中国大百科全书出版社2009年版,作者序。

② See Adriance v. Mayor of New York, 1 Barb. 19 (N. Y. Sup.Ct. 1847).

告诉讼资格成立的判决出言谨慎,但仍得到几个下级法院后续判决的认可。① 同在1847年,马萨诸塞州颁布了一项法令,允许纳税人挑战地方政府(包括县、市、镇等州以下的基层单位)的财政分配行为。② 在接下来的十年中,许多州都允许针对地方公共财政行为的纳税人公益诉讼的存在。之所以在这一时期出现纳税人公益诉讼,结合历史背景,主要原因有两个:一是美国人早期对于税收压迫的敏感性,二是美国早期对于英国普通法的继受。

如果从财政税收的角度考察宪法的历史,所有的税收史都是宪法史。③ 虽然美国独立战争后的税制结构相较于北美殖民地时期是否存在进步特征存在疑问,但美国的建国史和早期宪法的构建都充满了税收的因素。事实上,从历史上看,美国人有极强的税权意识。

"当17世纪美国先民踏上美洲大地的时候,他们所带来的是科克爵士(Lord Coke)的理想和《权力请愿书》(*The Petition of Rights*)。"④ 在他们的潜意识中,税收的主权应当掌握在民众手中,这也体现在后期他们所喊出的"无代表不纳税"口号中。1765年,为了转嫁"英法七年战争"的经费和加强对殖民地物资的掠夺,英国政府在北美殖民地推行《印花税法案》(Stamp Act 1765),计划向殖民地的报纸、法律文件、执照等开征印花税,由于未经殖民地人民同意而遭到抵制。1767年,英国政府改征《汤森法》(Townshend Act),拟向殖民地征收关税,再次由于未经殖民地人民同意而遭到抵制。1773年,为了向殖民地倾销东印度公司积压的茶叶,英国政府在北美殖民地颁行《茶税法》(Tea Act),该法案旨在免除东印度公司茶叶的关税及打压价格低廉的走私茶叶,此举引发殖民地民众的不满。殖民地人民认为,《茶税法》不仅侵犯了他们的利益,而且违背了他们

---

① 直到1858年的Doolittle v. Supervisors of Broome County, 18 N. Y. 155 (1858)案,州最高法院才推翻了此判决,理由是一个私人原告不得就未对其造成特别影响的公共损害请求禁止令救济。See Louis L. Jaffe, *Judicial Control of Administrative Ation (Abridged Student Edition)*, Little Brown and Company, 1965, p.470.

② See Taxpayers' Suits: A Survey and Summary, *The Yale Law Journal*, 1960, Vol.69, No.5, p.898.

③ 参见徐爱国:《税收和宪政》,载《人民法院报》2020年1月8日第6版。

④ [美]查尔斯·亚当斯:《善与恶——税收在文明进程中的影响》,翟继光译,中国政法大学出版社2006年版,第309页。

所坚持的"无代表不纳税"原则。在波士顿"自由之子"（Sons of Liberty）的领导下，一群示威者乔装成印第安人的模样潜入商船，将英国东印度公司运来的一整船茶叶倾入波士顿湾，此举被称为"波士顿倾茶事件"（the Boston Tea Party），"波士顿倾茶事件"也成为美国独立战争的导火索。故而，独立战争的本质是一场税收起义运动。

1776年，北美殖民地宣布独立，北美13个殖民地区组成一个邦联国家。为了防止中央政府的税收压迫，新组建的邦联国家在通过的《邦联条例》中并未赋予中央政府征税权。缺乏财政支撑的中央政府无法履行职责，邦联政府处于松散的状态。为了维护新生的国家，13个州在1787年制定了《美国联邦宪法》，赋予新的联邦政府一定的征税权，但对其设置了重重防线。例如，纳税议案必须由众议院提起，且经过参众两院通过后再由总统签署；美国税收必须全国统一，且只能用于共同防御及共同福利；一切公款收支的报告和账目，应经常公布等。

在对《美国联邦宪法》征税问题进行缜密"设计"后，仍然有反抗税收压迫的事件出现。1798年，为了补充关税的不足，国会开征第一个直接税，对土地、住房和奴隶征收200万美元的税款。在美国东海岸的德国定居者认为此项税种不仅违背了不得征收直接税的宪法规定，而且对土地、房屋等进行搜查和丈量已经对他们的生活造成苛扰，故而爆发了一场税收起义运动（后称之为"弗莱斯起义"）。[①] 另外，美国建国后联邦政府最主要的税源——关税立法摇摆不定，从1787年至1861年共进行了多达9次的关税立法。之所以如此，主要是南方种植园主反对国会一再实施的贸易保护政策，认为贸易保护在维护北方制造业利益的同时影响南方种植业的对外贸易，是一种税收压迫。南方种植园主通过操纵国会的南方代表促动关税立法的变革，甚至最终走到分裂联邦的边缘，此也是南北战争爆发的主要原因之一。

正是美国人早期对于税收压迫的极强敏感性，当19世纪中期纳税人发现政府存在不合理的财政支出且有可能增加资金的税收负担时，选择用诉讼的方式维护自身税收权益，这是纳税人公益诉讼得以产生的一个

[①] 参见［美］查尔斯·亚当斯：《善与恶——税收在文明进程中的影响》，翟继光译，中国政法大学出版社2006年版，第334页。

时代背景。不得不说,纳税人公益诉讼本身也是一种税收反抗的方式。除此之外,美国早期对于英国普通法的继受也是纳税人公益诉讼得以产生的主要原因。

从哥伦布发现北美新大陆后,相继有西班牙、荷兰、瑞典、法国等国家对北美进行殖民统治。1722 年,英国战胜其他殖民者,在北美建立 13 个殖民地。① 伴随着英国对北美殖民地统治地位的确立,英国普通法被带到北美并在北美殖民地推行。早期英国普通法能够在北美顺利推行主要有三个原因:一是殖民地经济发展需要相配套的法律体系,而英国普通法已经适应了资本主义经济的发展,为调整殖民地经济提供了现成模板;二是英国政府加强对殖民地立法的干预,要求殖民地立法必须服从英国普通法原则;三是早期普通法的文献和知识在殖民地广泛传播(如布莱克斯通的《英国法释义》),殖民地的语言和文化本就和英国有根深蒂固的联系。②

美国建国后,虽然美国法的发展有极强的摆脱英国法影响的倾向,但由于英国普通法伴随着第一次工业革命的完成已经具备成熟的资本主义内涵,且普通法在法学理论和司法实践中均具备强大的优势,因而美国法早期的发展始终以英国普通法为基础。③ 对纳税人公益诉讼而言,英国走在美国前面,早在 1826 年,英国就出现了世界上第一起纳税人公益诉讼的案例。④ 在 1835 年《市政公司法》(Municipal Corporation's Act)颁布后,英国法院已经普遍受理纳税人公益诉讼。"在英国本土,英国的《市政公司法》基于地方自治体公库是公共财产信托的理论,要求职员负有公正处理的义务,纳税人对于职员违法处分公款的行为,可以违反信托义务为由,请求衡平法上的救济。"⑤虽然美国纳税人公益诉讼在后期呈现出独立发展的态势,但在早期仍然受英国法的影响,且在许多纳税人公益诉

---

① See René David and John E. C. Brierley, *Major Legal Systems in the world Today*, Steven & Sons,1978, p.369.
② 参见何勤华主编:《外国法制史》,法律出版社 2011 年第 5 版,第 202 页。
③ 参见何勤华主编:《外国法制史》,法律出版社 2011 年第 5 版,第 203 页。
④ See Bromley v. Smith, 1 Sim. 8, 57 Eng. Rep.482 (Ch. 1826).
⑤ 陈晴:《纳税人诉讼制度的域外考察及其借鉴》,载《法学评论》2009 年第 2 期。

讼案例中引用英国的先例。① 基于此，可以说美国早期纳税人公益诉讼的产生不仅是本土税权意识浓厚的外化，也是受英国普通法影响的结果。

2. 纳税人公益诉讼在州和地方层面不断发展的缘由

在"阿德里安斯诉纽约市长案"之后，美国各州均出现纳税人对地方政府财政行为提起诉讼的案例，后逐渐发展到州层面。由于美国税收体系分为联邦税、州税和地方税，三级政府征收各自税收，互不干涉。因此，美国纳税人公益诉讼体系根据是否缴纳地方税、州税或联邦税，将纳税人区分为地方纳税人、州纳税人和联邦纳税人。截至1960年，美国基本所有的州都以判例或成文法的形式允许地方纳税人挑战地方政府，②并有34个州允许州纳税人挑战州政府。③ 结合当时的社会与经济发展状况，纳税人公益诉讼在地方和州层面不断发展的原因主要有以下三个。

首先，当时美国许多州法院在缺乏管辖权的情况下受理本州第一起纳税人公益诉讼案件。例如，在纽约州的美国第一起纳税人公益诉讼案例"阿德里安斯诉纽约市长案"中，法官在陈述观点时认为，"我怀疑法院是否有管辖权干预这类案件，但被告不仅承认了法院的管辖权，而且承认了自己的过失行为，我觉得我不应该拒绝原告寻求的救济"④；在伊利诺伊州第一起纳税人公益诉讼案例"科尔顿诉汉切特案"中，原告起诉县监

---

① See Taxpayers' Suits: A Survey and Summary, *The Yale Law Journal*, 1960, Vol.69, No.5, p.898. See Christopher v. The Mayor, 13 Barb. 567, 571 (N. Y. Sup. Ct. 1852) [quote Bromley v. Smith, 1 Sim. 8, 57 Eng. Rep. 482 (Ch. 1826)]; Barr v. Deniston, 19 N. H. 170, 180 (1848) [(quote Gray v. Chaplin, 2 Sim. & St. 267, 57 Eng. Rep. 348 (Ch. 1825)]; etc.

② See Taxpayers' Suits: A Survey and Summary, *The Yale Law Journal*, 1960, Vol.69, No.5, p.895.

③ 包括亚拉巴马州、阿拉斯加州、亚利桑那州、阿肯色州、科罗拉多州、佛罗里达州、夏威夷州、爱达荷州、伊利诺伊州、印第安纳州、艾奥瓦州、路易斯安那州、马里兰州、马萨诸塞州、密歇根州、明尼苏达州、密西西比州、密苏里州、蒙大拿州、内布拉斯加州、新罕布什尔州、北卡罗来纳州、北达科他州、俄克拉何马州、宾夕法尼亚州、南卡罗来纳州、南达科他州、田纳西州、得克萨斯州、犹他州、华盛顿州、威斯康星州、怀俄明州、俄亥俄州。See Taxpayers' Suits: A Survey and Summary, *The Yale Law Journal*, 1960, Vol.69, No.5, p.900.

④ Adriance v. Mayor of New York, 1 Barb. 19 (N. Y. Sup.Ct. 1847).

事会使用公共资金修建私人收费桥,在管辖权问题上,法官认为,"因为分配县公共资金的权力涉及公共利益,通过议案禁止监事会滥用县政府资金的补救办法是本可以采取的最直接、最迅速和最有效的补救办法,但我们并没有看到有人反对衡平法院的管辖权"①;在罗得岛州的第一起纳税人公益诉讼案例"普莱斯诉普罗维登斯案"中,原告指控普罗维登斯市政府不恰当购买房地产的行为,关于管辖权问题,法官认为,"虽然本案应该通过申请普通法令状的方式处理,但衡平法院也有权管控地方政府以防止其滥用权力,对于其财政行为由纳税人提起诉讼应该得到法院的充分支持,司法管辖权对于保护少数纳税人的权利可能是非常必要的"②。还有其他州的案例,此不赘述。③

在20世纪40年代以前,美国的司法体制对于原告的起诉资格有很严格的限定,基本只允许当事人自身权利遭受损害时才有起诉资格,此时法院判例关于司法审查的起诉资格和私人间相互诉讼的起诉资格适用同样的原则。④ 对纳税人公益诉讼而言,原告本身的私人利益并没有很明显地受到损害,其更多的是代替大众提起的一项公益性质的对于行政机关的司法审查,因而按照法理是未具备诉讼资格的,法院对于纳税人公益诉讼也就不能行使司法管辖权。但是,在美国各州的第一起纳税人公益诉讼案件中,被告往往未对法院是否具备管辖权提出异议,而各州法院也在缺乏管辖权的情况下受理第一起纳税人公益诉讼案件,后续案例则通过援引先例获得管辖权,此举对于推动纳税人公益诉讼在地方和州层面的发展起到至关重要的作用。⑤

其次,19世纪下半叶美国民粹主义-进步主义情绪(Populist-Progressive Sentiment)的高涨。"美国历史上第一次名副其实的民粹主义运动发生

---

① Colton v. Hanchett, 13 Ⅲ. 615 (1852).
② Place v. City of Providence, 12 RI. 1, 5 (1878).
③ See Foster v. Coleman, 10 Cal. 278, 281 (1858); Merrill v. Plainfield, 45 N.H. 126, 134 (1863); Sharpless v. Mayor of Philadelphia, 21 Pa. 147, 149 (1853); etc.
④ 参见王名扬:《美国行政法》(下),北京大学出版社2016年版,第461页。
⑤ See Taxpayers' Suits: A Survey and Summary, *The Yale Law Journal*, 1960, Vol.69, No.5, p.899.

于垄断资本和寡头政治兴起的镀金时代(Gilded Age)。"①内战后,美国经济在第二次工业革命浪潮中飞速发展,实现了工业化和城市化。但此时资本主义经济的弊端也显现出来,垄断组织损害农民的利益,促使中小企业倒闭,而且凭借自己的经济实力操纵政府,威胁着资产阶级民主体制,造成社会不正之风,官吏腐败,贿赂盛行,引起民众极大公愤。1892年,来自南北方的农民联盟建立美国第一个民粹主义政党——人民党(People's Party),该党怒斥两党(民主党和共和党)精英对立国精神的背叛,号召重建美国的民主与自由。人民党凭借着为人民发声的姿态一度盛行于全国,后期因为内部路线斗争而瓦解,但作为美国历史上第一次自下而上的群众运动,人民党为美国后来的改革奠定了人民至上的理念。②兴起于19世纪末期的进步主义运动与民粹主义运动一脉相承,均致力于革除社会和政治弊端,保障普通民众利益。在进步主义者看来,现行政府不仅效率低下,而且存在过度开支、过度征税、选举舞弊、贪污受贿等问题。因此,进步主义运动致力于构建一个民主的、高效率的政府,致力于推动政府在选举、交通、教育、治安、财政等各方面的改革。③"在民粹主义-进步主义情绪高涨的19世纪下半叶,由于根深蒂固地对官员和既得利益者的不信任,导致了挑战政府行动的其他手段出现,这也是纳税人公益诉讼在19世纪末期在州和地方不断发展的缘由。"④

最后,内战后美国州和地方政府在公共事务中角色的扩大。内战后,美国经济在第二次工业革命浪潮中飞速发展,经济的工业化要求政府进行更多的基础设施建设和对经济不协调的地方进行改进。同时,工业化兴起后,大量农村人口向城市转移,同时大量的国外移民也涌入城市,导致城市空间不断膨胀,城市生活要求服务多样化,对服务标准也提出了更

---

① 曾森:《美国民粹主义的历史、现实与民主根源》,载《辽宁大学学报(哲学社会科学版)》2020年第6期。

② 参见曾森:《美国民粹主义的历史、现实与民主根源》,载《辽宁大学学报(哲学社会科学版)》2020年第6期。

③ See Morison, Samuel Eliot, *The growth of the American republic*, Vol.2, Oxford University Press, 1942, pp.354-384.

④ Taxpayers' Suits: A Survey and Summary, *The Yale Law Journal*, 1960, Vol.69, No.5, p.900.

高需求。在工业化和城市化背景下,州和地方政府在规模、活动范围和功能上都不断扩大,管理方式也不断革新,城市的公共服务在19世纪下半叶不断增长。① 州和地方政府在经济和社会领域采取积极措施,主要是兴建更多基础设施,加强对工商业和银行业的管控,增加社会公共服务(包括增加教育经费、公共交通安全费、卫生保健费和社会福利费等)。据统计,1890—1913年,美国州政府的公共财政支出从6300万美元左右增加至22900万美元,同时州和地方两级政府支出加在一起的总额从47800万美元增加至116500万美元。平均而言,州和地方政府的人均支出从9美元左右增加至18美元。② 正是在这样的背景下,出于对政府财政行为的监督,19世纪下半叶美国各州和地方的纳税人公益诉讼增加了,而且主要集中在政府的公共支出、公共债务融资、出租公共合同、授予经营执照等事项上。③

第二节 诉权的正当性基础——以"股权理论"为中心

在早期纳税人公益诉讼的发展中,最核心的问题莫过于寻求和确立纳税人诉权的正当性基础。在纳税人公益诉讼中,究竟纳税人是不是合适的诉讼当事人是一个非常有争议的问题。此问题涉及政府的财政行为是否构成对纳税人受法律保护的利益的侵犯,从而使他在法庭上享有诉讼地位。而在最初的司法案例中,纳税人诉权的正当性主要依托于一种"公司-股东"的类比,但此种理论也存在一些不足。因此,下文将重点阐述"股权理论"的兴起、在州层面的发展和质疑。

1. "股权理论"的兴起

事实上,所谓的纳税人公益诉讼,是指一个或多个纳税人不是单独作

---

① See Macdonald, Austin Faulks, *American City Government and Administration*, Thomas Y. Crowell Company, 1941, pp.90-102.
② 参见王玮:《美国进步主义时代政府改革研究》,东北财经大学2012年博士学位论文。
③ See Taxpayers' Suits: A Survey and Summary, *The Yale Law Journal*, 1960, Vol.69, No.5, p.900.

为个人，而是作为其他纳税人的代表，为维护公共的资金不被政府人员挪用和保证用于合适的公共用途而提起的财产诉讼。在早期的司法判决中，法官争论的焦点无不围绕着这一问题：在一个针对政府或其代理人的诉讼中，仅因为原告是一名纳税人，就有资格起诉吗？事实上，美国早期公法领域的诉讼不仅要求原告有明确的争议，而且与诉讼结果有法律上的切身利害关系。[1] 对于纳税人而言，是否在诉讼中具备正在被侵犯或威胁的法定权益是法官考量的主要问题。

一般而言，美国行政区划主要分为三级：联邦、州和地方政府。独立之后，由于在美国《联邦宪法》中对于如何设置地方政府未置一词，因而地方政府的设立的权力就自然而然地归于各州政府名下。[2] 各州沿袭英国的传统，通过由州颁布特许状的形式，将某一地区的居民联合起来而建立的既具有公司实体所具有的一般特性但又被赋予一定公权力的法律实体。这些法律实体包括市、镇、乡村等，具有地方事务的立法权和管理权，也具有一定的征税权，经授权也可享有在该地区对州事务的管理权。由于这些自治组织具有公司的一般属性，因而被称为"Municipal Corporation"（市政法人或市政公司）。

在此背景下，早期地方层面的纳税人公益诉讼率先引用"股权理论"，将政府和纳税人关系类比于"公司-股东"关系。在早期法官看来，市政公司的董事会既没有浪费捐赠资金和公司经营收入的权利，更没有浪费通过税收筹集的资金的权利，当钱成为市政公司公共资金的一部分时，纳税人获得了禁止浪费类似于私人公司股东权利的资金的权利，而纳税人不必被要求提出或出示实际的经济损失。[3]

其实，"根据股东的类比，这一立场是合理的，进一步的原因是纳税人在收回这些资金或财产作为减轻税收负担的手段方面有着直接的实际利益"[4]。而且，如果一家私人公司的高级职员滥用公司资金，而管理机构拒绝着手纠正错误，则该股东可以代表自己和其他股东为公司的利益对

---

[1] See Note, *Harvard Law Review*, 1937, Vol.50, p.1276.

[2] 参见王旭：《美国三大市政体制的历史成因与内在运行机制》，载《陕西师范大学学报（哲学社会科学版）》2007年第4期。

[3] See Shipley v. Smith, 45 N.M. 23, 26, 107 P.2d 1050 (1940).

[4] Note, *Harvard Law Review*, 1937, Vol.50, p.1277.

其提起诉讼,这一点是毋庸置疑的,但没有什么好的理由可以解释为什么公共公司的纳税人应该得到较少的保护。进言之,公职人员的行为更应该达到最高的官员廉洁标准。[1] 因此,通过允许纳税人监督政府的方式,不仅能够提高官员对公共信托的最高忠诚标准,而且可以告诫他们,公款的所有权不会改变,不会仅仅通过法律形式、地点改变或其他方式成为私有财产,而是为了合法的公共目的和法律规定的方式。[2]

虽然"股权理论"在某些方面受到质疑(将在下文阐述),但由于这两个实体在一些方面存在毫无疑问的相似性,故而许多地方法院基于这个理论受理纳税人对市政公司的诉讼。例如,在"克里斯托弗诉纽约市长案"中,原告请求法院对华盛顿市场重建颁发禁止令,对于原告的起诉资格,法官认为,"从诉状中看来,原告是该市的纳税人和公民,所投诉的行为的必要效果将是对他们的房地产税施加负担,因此他们的利益就像股东之于公司一样"[3];在"土地、原木和木材公司诉麦金太尔案"中,原告指控威斯康星州亚拉斯县的监事会主席违法从国库中提取款项修建公路和将部分占为己有,法院认为,"公司管理人员的非法行为,即公司财产被误用、挥霍或丢失,并不损害其股东或成员的单独利益,但这些行为可以通过股东或成员的直接行动实现和补救,就股东而言,损害纯粹是偶然的和后果性的,直接损害是对公司本身,股东为了公司所有成员的利益应该予以纠正"[4]。还有其他许多案例,此不赘述。[5]

2. "股权理论"在州层面的发展

"无论公司类比作为给予纳税人起诉市政官员原告资格的基础的内在价值是什么,它显然不适用于对一个州政府官员的诉讼。"[6]基于地方

---

[1] See Shipley v. Smith, 45 N.M. 23, 26, 107 P.2d 1050 (1940).
[2] See Quaw v. Paff, 98 Wis. 586 (1898).
[3] Christopher v. Mayor of New York, 13 Barb. 567 (N. Y. Sup.Ct. 1852).
[4] Land, Log & Lumber Co. v. McIntyre, 100 Wis. 245, 75 N. W. 964 (1898).
[5] See Board of Supervisors v. Udall, 38 Ariz. 497, I P.(2d) 343 (x93I); Drexler v. Commissioner of Town of Bethany Beach, IS Del. Ch. 214, 135 At. 484 (Ch. 1926); Comm'rs v. Baldridge, 48 Idaho 618, 284 Pac. 203 (1930); Williamson v. Warren County, 146 Miss. 727, 11 So. 840 (1927); etc.
[6] Note, *Harvard Law Review*, 1937, Vol.50, p.1278.

政府的城市经理制度,将纳税人与地方政府的关系类比于股东与股东关系具有一定的合理性,但将州政府与纳税人的关系作同样的类比却遭到一些州法院法官的质疑,质疑的内容主要体现在以下三个方面。

首先,认为引入"股权理论"将对州政府的运行造成冲击。在州法院的法官看来,"允许这样的行动将促进无休止的诉讼,城市里每一个不满的人都会为他所谓的不满提起行动,公职人员将处于可操纵的状态,他们会因此受到骚扰,有能力的人将不愿意进入任何一般重要的职位"[1],"确实每个股东对公司的财产有利益,并可能干预保护公司资金不受非法或欺诈行为的影响,但我们可以假定,如果一个普通公民的请求可以使州政府的一个部门停职,而这个公民在一个涉及公众的问题上只关心社区利益,那么州政府的每一个部门都可以同时被停职,州政府的整个机构将处于瘫痪状态,就行使其职能而言,州政府的存在本身就被摧毁"[2],"在类似情况下,私人公司的股东可以投诉该公司的高级职员和董事没有按照股东认为合适的方式行事,但公民不能向市政当局投诉错误,请愿者仅仅是公民和纳税人,无权将任何公共资金用于任何目的"[3]。

其次,认为授权纳税人提起诉讼的立法不包括针对州官员的诉讼。例如,在"朗诉约翰逊案"中,法官认为,"依据纽约州的法律,授权纳税人对公职人员采取衡平法行动以防止浪费公共资金的法规仅适用于针对县、镇、市或合并村庄的官员,而不适用于针对州官员的行动"[4];在"州代表博伦诉弗雷尔案"中,法官认为,"在类比股东诉讼中,纳税人本身是诉讼的实际当事人,但其代表的不是整个公众、整个州,甚至不是其所在城市的所有居民,而是一个相对有限的阶层,因而不能授权某个纳税人代表整个州公民的意愿"[5]。

最后,州和市政机构之间的实质区别。早期州法官认为:"在市政公司层面,有一个类比股权管理私人公司的固定原则,其中每个股东都拥有公司财产的权益,并可能进行干预,以保护公司资金免受其管理人员的非

---

[1] Morgan v. Graham, 17 Fed. Cas. No.9, 801 (C. C. D. La. 1871).
[2] Jones v. Reed, 3 Wash. 57, 27 Pac. 1067 (1891).
[3] Ramsey v. Hamilton, i8i Ga. 365, 182 S. E. 392 (1935).
[4] Long v. Johnson, 70 Misc. 308, 127 N. Y. Supp.756 (Sup.Ct. 1911).
[5] State ex rel. Bolens v. Frear, 148 Wis. 456, 134 N. W. 673 (1912).

法或欺诈行为的影响。但这一推理不适用于州政府,因为县是准公司,而州是主权单位,县只拥有州议会授予它的权力。它的收入,它的财产,它的存在,取决于法律的制定。它可以根据国家的意愿被扩大、肢解或消灭。与其相反,州拥有《美国联邦宪法》未让渡给联邦政府的所有权力,在这些让渡的前提下,其主权是至高无上的,主权的必要属性之一是保护主权权力和维护州政府组织"①,"州政府官员在履行职责时,是基于宪法授予的权力,纳税人仅能监督和起诉县、市或镇的官员,不能起诉州政府官员"②。

然而,尽管一些州法院因此拒绝对此类案件提供救济,但越来越多的人认为,纳税人有足够的利益在州层面维持他的诉讼,通常不必提出特别的理由,而是遵循涉及对市政公司提起诉讼的先例,而且市政当局并没有承认其中必然涉及的公司类比的范围。③ 所以,越来越多的州法院法官选择授予纳税人同样的起诉资格。例如,在"霍尔诉布朗案"中,法官认为,"无论是市政机关还是州政府,未得到法律授权的行为都可以被审查且通过颁布禁令予以禁止"④;在"山谷银行信托公司诉普罗克特案"中,法官认为,"作为国家财产,州的资金都是从公众征收的,只能用于公共用途或符合民众利益的政府目的,而且应当受到公众的监督"⑤;在"罗克尼诉奥尔森案"中,法官认为,"市政纳税人有对市政问题提出质疑的权利,这是毫无疑问的,而州纳税人的权利是相同的,对于州政府的财政资金使用问题,纳税人一样可以提出疑问"⑥。还有其他案例,此不赘述。⑦

---

① Jones v. Reed, 3 Wash. 57, 27 Pac. io67 (1891).
② Olmsted v. Meahl, 219 N. Y. 270, 114 N. E. 393 (1916).
③ See Note, *Harvard Law Review*, 1937, Vol.50, p.1278.
④ Hall v. Blan, 227 Ala. 64, 148 So. 601 (1933).
⑤ Valley Bank & Trust Co. v. Proctor, 53 P.(2d) 857 (Ariz. 1936).
⑥ Rockne v. Olson, i91 Minn. 310, 254 N. W. 5 (1934).
⑦ See Mcsween v. State Live Stock Sanitary Bd., 97 Fla. 750, 122 So. 239 (1929); State ex rel. Fletcher v. Executive Council of State, 207 Iowa 923, 223 N. W. 737 (1929); Borden v. Louisiana State Board of Educ., 168 La. ioo6, 123 So. 655 (1929); etc.

3. 对"股权理论"的质疑

私营公司和市政公司之间的相似性导致市政纳税人被视为股东的对应人,其所有权足以维持针对公司官员不当行为的救济行动。但是,当"股权理论"在州和地方层面的纳税人公益诉讼中经常被引用的同时,仍然存在一些质疑的声音,这些质疑主要针对以下三个方面。

首先,"股权理论"的类比存在明显缺陷。市政公司纳税人的利益不同于私营公司股东的利益,股东的利益建立在完全自愿的股权基础上,而纳税人的利益或多或少是由居住在市政区域范围内的居民强制产生的。而且,私营公司的组建主要是为了其股东的利益,通常受其最终控制,而市政公司主要是一个为其管辖范围内的人的利益而组织的政府的一个领土单位,由他们选出的官员管理,纳税人可能在市政当局的管理中没有发言权,只能从其范围内的财产所有权中获得有限的受益权。[①] 与私营企业相比,城市的功能也不尽相同,因为它可能会影响纳税人生活的许多方面,并引发各种各样、数量巨大的诉讼,而一家私营企业的功能可能只触及股东的钱包而已。当适用于纳税人对州官员提起的诉讼时,私人公司的类比就更不合适了,因为在州层面纳税人的资格相对于市政公司要降低很多,而且州的功能和市政公司不同。[②]

其次,要求原告作为公共资金的贡献者有利益的要求并不合理。根据"股权理论",起诉政府需要具备"股东"身份,即缴纳一定的税收,但这并不能完全为他被授予起诉资格提供依据。如果需要缴纳一定的税收,那应该缴纳何种税收或缴纳多少税收,是否缴纳更多税收的纳税人更具备起诉资格?作为对政府财政行为的监督形式,纳税人公益诉讼本身是为了大量公民参与进来,即使没有涉及明显的政府资金支出,或对目前税收负担影响极小,但只要所提起的行政行为会影响未来纳税人的负担,都应该授予起诉资格。从这方面而言,纳税人公益诉讼并不能只限定为当前的纳税人,也可能影响未来的纳税人,故不能限定原告范围为已缴纳税

[①] See Note, *Harvard Law Review*, 1937, Vol.50, p.1276.
[②] See Taxpayers' Suits: A Survey and Summary, *The Yale Law Journal*, 1960, Vol.69, No.5, p.903.

收的纳税人。①

最后,认为有比纳税人公益诉讼更好的方式解决问题。少数司法管辖区的法官拒绝引用"股权理论"的理由是,纳税人公益诉讼会对公职人员施加压力,但如果这种压力不起作用,那么纳税人公益诉讼将对行政机关的运行造成负面影响。其实,对于行政机关的行政行为,应该使用投票(选举)的方式加以选择和制约,这比纳税人公益诉讼更能在事前充分地防止不可补救的伤害,同时也能避免对官方自由裁量权的过度干涉。而且,投票(选举)的方式不仅在于选择合适的公职人员,而且选举本身即是一种威胁手段,能起到震慑效果。②

在司法实践中,作为"股权理论"的替代理论,一些法院的法官认为允许纳税人起诉地方和州政府官员的真正原因是,纳税人直接受到政府资金滥用的影响,因为这涉及他的税负的增加。③ 这似乎是承认法院应当保护的利益的最合理解释,而且在一些州,纳税人在国库中的出资权益大于一些大都市地方纳税人在国库中的出资权益。但是,这个理论本身也存在很多缺陷。例如,那些只缴纳地方税的纳税人能否起诉州政府?那些非法行为似乎不会造成直接伤害,纳税人可能会受到行政人员浪费资金的轻微影响的案例是否能得到救济?这一理论似乎更不适用的一种情况是,纳税人起诉理由只是因为某一目的筹集的资金被转移到了另一个适当的目的,纳税人本身并没有增加税收,此种是否应该授予其起诉资格?④ 此种理论存在很大的局限性,但考虑到这些问题的少数法院也受理了纳税人代表州寻求肯定性救济的诉讼。⑤

---

① See Thomson v. City of Dearborn, 347 Mich. 365, 371, 79 N. N. V. 2d 841, 844 (1956); Fergus v. Russel, 270 Ill. 304, 314, 110 N. E. 130, 135 (1915).

② See Clark v. George, 118 Kan. 667, 236 Pac. 643 (1925); Bayley v. Town of Wells, 133 Me. 141, 174 At. 459 (1934); Fuller v. Trustees of Deerfield Academy, 252 Mass. 258, 147 N. E. 878 (1925).

③ See Brockman v. City of Creston, 79 Iowa 587, 44 N. W. 822 (1890); Simmons v. Board of Educ. of Crosby, 61 N. D. 212, 237 N. W. 700 (1931); etc.

④ See Note, *Harvard Law Review*, 1937, Vol.50, p.1279.

⑤ See Valley Bank & Trust Co. v. Proctor, 53 P.(2d) 857 (Ariz. 1936) (statute); Malone v. Peay, 157 Tenn. 429, 7 S. W.(2d) 40 (1928); Griffin v. Rhoton, 85 Ark. 89, 99, 107 S. W. 380, 384 (1907); etc.

尽管"股权理论"在司法实践中存在一些质疑，但其仍然为各州和地方政府奠定了纳税人公益诉讼正当性的基础。1923年，美国联邦最高法院在"弗洛辛汉姆诉梅伦案"中为"股权理论"正名。虽然联邦最高法院法官不同意联邦纳税人与联邦政府之间存在股东关系，但认为："在市政层面，支持将衡平法救济扩大到单一纳税人的理由是基于公司纳税人与公司之间的特殊关系，这与股东与私营公司之间存在的关系存在一定的相似之处。"①

第三节　纳税人公益诉讼在州和地方层面发展的主要障碍

从1847年至1960年，美国纳税人公益诉讼逐渐兴起于地方和各州。但是，纳税人公益诉讼在地方和各州的发展并非一蹴而就的，其背后隐藏着一系列的争议和妥协。通过爬梳当时的案例和文献可知，纳税人公益诉讼在州和地方层面发展的异议主要呈现在以下三个方面。

1. 纳税人的原告资格

"在纳税人公益诉讼制度的构建中，有两点为核心内容，一是纳税人的原告资格认定，二是受案范围，这两点是决定某项政府行为是否属于司法可审查范围的关键因素。"②值得注意的是，"原告资格"（standing）和"可诉性"（justiciability）是两个不同的概念，"原告资格"主要关注诉讼当事人在诉讼中的利害关系和利益是否足够进行司法补救，而"可诉性"主要关注诉讼中的实质问题和司法解决的适宜性问题。③虽然与联邦相比，州和地方的法院法官对于纳税人公益诉讼呈现出积极的态度，但在纳税人公益诉讼早期的发展中，对于纳税人原告资格的授予仍然存在不小

---

① Massachusetts v. Mellon, 262 U. S. 447 (1923).
② 韩姗姗：《美国纳税人诉讼制度及其对中国之借鉴》，载《财税法论丛》（第11卷），法律出版社2010年版，第249页。
③ See John J. Egan Ⅲ, Analyzing Taxpayer Standing in Terms of General Standing Principles: The Road not Taken, *Boston University Law Review*, 1983, Vol.63, p.720.

的争议,而争议的焦点也主要集中在纳税人是否具备足够的利害关系上。

对于纳税人"利害关系"的判断,美国在长期的司法实践中形成了两种限定,即"纳税人"身份界定和"损害"要件的要求。① 对于"纳税人"身份的界定,一些州和地方纳税人公益诉讼中,原告必须证明自己具有"纳税人"身份,而非普通的"公民"。例如,在美国加利福尼亚州法院在"科尼利厄斯诉洛杉矶县大都会交通管理局案"中,驳回了原告的诉讼请求,因为原告只仅仅缴纳了州的收入税和汽油税,但是并没有缴纳任何的资本税或者纳税人公益诉讼所要求的其他税种,因此并不满足原告的主体要求。②

对于"损害"要件的要求,则是早期美国法院经常提出异议的焦点。"美国在传统上并不认可直接根据公共利益提起的诉讼"③,当事人是否在可审理的争议中有足够的利害关系,这是传统上被称为的起诉资格问题。④对纳税人公益诉讼而言,最棘手的问题在于纳税人需要搭建起自身利益与诉讼间的桥梁,而早期州和地方的司法判决中经常否定纳税人的此种起诉资格。例如,在"帕克诉鲍伦案"中,原告宣称代表自己和作为工会的成员起诉,要求政府官员支付城市雇员的费用和私营企业雇员的费用相当,法官在驳回他的申诉时说道:"诉状陈述的是某些人的诉由,但不是原告本身,原告声称没有事实表明他在诉讼中有任何权利或权益,他也没有能够说明他是该市的雇员(利益相关集团),甚至也没有声称他与他要代表的人'处境相似',因此他不能通过声称自己代表了一个他不是其成员的团体而给自己起诉的资格。"⑤在"德内夫诉杜比案"中,原告状告俄勒冈州高速公路委员会重建高速公路的行为,法官认为"原告未能证明自身遭受高速公路委员会的特殊损害,只是基于公共利益提起的诉讼行

---

① 参见韩姗姗:《美国纳税人诉讼制度及其对中国之借鉴》,载《财税法论丛》(第11卷),法律出版社2010年版,第253页。
② 参见韩姗姗:《美国纳税人诉讼制度及其对中国之借鉴》,载《财税法论丛》(第11卷),法律出版社2010年版,第254页。
③ 王名扬:《美国行政法》(下),中国法制出版社2005年版,第622页。
④ See Sierra Club v. Morton, 405 U. S. 727, 731-32 (1972).
⑤ Parker v. Bowron, 40 Cal. 2d 344, 254 P.2d 6 (1953).

为,因而达不到授予起诉资格的条件"①。在"拉姆齐诉汉密尔顿案"中,原告指控佐治亚州财政主管所通过的一项旨在向大学董事会支付款项的行为,法院认为"原告并不具备足够的利益可以挑战州政府,因而判定原告没有资格质疑州的财政拨款"②。还有其他案例,此不赘述。③

关于"损害"的利益要求,在"纽约州工业联合会(法人)诉伊克斯案"中,弗兰克(Frank)法官作了陈述:"原告公民需要表明这种损害行为或威胁行为侵犯或将侵犯原告公民受法律保护的私人利益,这种被侵犯的利益必须是具有'公认的'性质,由'普通法'或其他法律创造的受法律保护的实质性私人利益。"④

事实上,美国各州所建立的这种纳税人公益诉讼制度,并不是完全意义上的私人诉讼制度或者是公益诉讼制度,而是一种介于两者之间的混合模式。由于州和地方的纳税人公益诉讼是建立在公司法的委托代理关系之上的,其本质是一种私法之上的委托关系。如果在实践中对于纳税人所要求税款更为严格,其损害要求更为具体,即意味着其更趋向于一种私人诉讼。反之,如果在诉讼中更为强调"公共利益"的保护,那么则更趋向于公益诉讼。⑤

后期,纳税人公益诉讼逐渐得到各州和地方的接纳,但在放宽"损害"要件要求的同时,各州一般会在立法或判例中提出限制条件。例如,加利福尼亚州在1909年的《民事诉讼法》中对纳税人公益诉讼制度进行了立法肯定,但加州最高法院在之后通过一系列案例将授予的纳税人原告资格的目的解释为维护公共利益,从而保证不会有大量的不受挑战的政府行为。⑥"公共利益"的限制条件让"损害"范围具备一定界限,纳税人可

---

① De Neffe v. Duby, 115 Ore. 511, 514, 239 Pac. 109, 110 (1925).
② Ramsey v. Hamilton, 181 Ga. 365, 182 S.E. 392 (1935).
③ See Joint Anti-Fascist Refugee Comm. v. McGrath, 341 U. S. 123, 151 (1951); Standard Printing Co. v. Miller, 304 Ky. 49, 51, 199 S. W. 2d 731, 732 (1946); Higgins v. Green, 56 R-I. 330, 335, 185 At. 686, 688 (1936); etc.
④ Associated Indus. of N. Y. State v. Ickes, 134 F2d 694, 700 (2d Cir. 1943).
⑤ 参见韩姗姗:《美国纳税人诉讼制度及其对中国之借鉴》,载《财税法论丛》(第11卷),法律出版社2010年版,第257页。
⑥ 参见韩姗姗:《美国纳税人诉讼制度及其对中国之借鉴》,载《财税法论丛》(第11卷),法律出版社2010年版,第255页。

以为包括自身利益在内的公众的财产利益向政府提起财政行为的司法审查,但并不包括仅仅为他人利益和不存在利益损害的财政行为提起诉讼。

2. 大量诉讼对于政府和法院的压力

"在早期,对大量诉讼的恐惧一直是对纳税人公益诉讼最常见的批评之一。"[1]纳税人公益诉讼在降低原告资格门槛的同时,势必给法院带来越来越多的案子。对政府和法院而言,纳税人公益诉讼的潜在骚扰可能会鼓励政府停滞不前,抑制社区的发展和进步行动,而纳税人公益诉讼的多样性可能会加剧法院的拥堵,并给必须为此类诉讼辩护的城市官员带来不适当的负担,从而增加法院和公共法律人员的支出。[2]

对政府而言,由纳税人的行为所造成的拖延,即使是那些最终不成功和毫无根据的行为,也可能会过度阻碍公共项目的完成。例如,宾夕法尼亚州费城的一项工业开发计划因为纳税人公益诉讼推迟了一年多;威斯康星州密尔沃基市由于纳税人公益诉讼而导致城市重建项目暂时停止。[3] 在早期纳税人公益诉讼中,法官也意识到了这个问题并提出看法。例如,在"马丁诉英厄姆案"中,法官认为,"对城市的公共建设而言,因为政府都是有对应的权力和职责,所以即使存在明确和充分的补救措施,法院也轻易不会采取强制令或禁令的形式对其进行控制"[4];在"霍金斯诉州长案"中,法官认为,"政府官员所作的决定不代表他私人,而是代表政府,而政府的职责是由法律授予的,对其采取禁止令无疑会干扰政府的运作"[5]。在"布莱恩特诉洛根案"中,法官认为:"政府当局的行动不应因失望、一时冲动或任性的攻击而被阻碍和拖延,这是非常重要的。"[6]

对法院而言,由于司法资源具有稀缺性,打开纳税人公益诉讼的大门

---

[1] Taxpayers' Suits: A Survey and Summary, *The Yale Law Journal*, 1960, Vol.69, No.5, p.910.

[2] See Taxpayers' Suits: A Survey and Summary, *The Yale Law Journal*, 1960, Vol.69, No.5, pp.909-910.

[3] See Taxpayers' Suits: A Survey and Summary, *The Yale Law Journal*, 1960, Vol.69, No.5, p.909.

[4] Martin v. Ingham, 38 Kan. 641 (1888).

[5] Hawkins v. The Governor, 1 Ark. 570 (1839).

[6] Bryant v. Logan, 56 W. Va. 141, 49 S. E. 21 (1904).

美国联邦纳税人公益诉讼的历史命运

将会使纳税人针对不确定的权利进行无休止的诉讼,从而使法院工作压力倍增。在早期纳税人公益诉讼中,一些法官提出反对意见。例如,在"杜利特尔诉布鲁姆县主管案"中,法官认为,"在常见的公共事件中,如对整个社区是不方便的或有害的,仅可提起公诉,不可提起诉讼,否则会对法院造成滋扰"①;在"史密斯诉波士顿市"中,法官认为,"因为他和他的其他同胞只有共同的伤害,而给每个人都有单独的诉讼权利,这是不合理的,法律并没有提供这样过度诉讼的机会"②;在"希利诉主教案"中,法官认为,"他说他遭受了什么特殊的伤害使他有权提起诉讼?如果他能起诉,每一个在小溪上拥有土地的人也能起诉。只有公共当局可以抱怨妨害,同时仍保持公开或一般性"③。尽管纳税人公益诉讼制度的支持者们认为纳税人公益诉讼并不会带来司法机关不堪重负的运作,但是美国法院膨胀和诉讼数量成倍增加是不争的事实。从后期来看(1960年至1993年的33年间),美国地方法院提起行政诉讼案件增加了286%,以至于有学者指出,美国民众比以往任何时候都依赖法院解决问题,"诉讼正成为一项全国性的消遣,越来越多的人将其纷争告诉法官"④。

对州和地方政府而言,相比其他诉讼,重大公共利益的存在为纳税人公益诉讼提供了一个缺口,但是单纯地鼓励纳税人公益诉讼的存在可能会对政府的行为产生不利的后果:给政府以及法院带来沉重的工作压力,并且给政府和法院带来更大的支出。因此,各州一般也设置了相关的程序或机制以避免滥诉的存在。例如,为了保障政府和法院的运作不会被纳税人公益诉讼所淹没,华盛顿法院在"沃克诉蒙罗案"中树立了一个规则,即纳税人不能只是声称政府的财政行为没有获得他们的同意,或者政府应该减少税收等,即使这个问题涉及公众利益,因为对这一问题的司法审查还未成熟;⑤还有一些州要求在提起纳税人公益诉讼前需要经过一

---

① Doolittle v. Supervisors of Broome County, 18 N. Y. 155 (1858).
② Smith v. The City of Boston, 7 Cush., 254 (1851).
③ Seeley v. Bishop, 19 Conn. 128 (1848).
④ [美]肯尼思·F.沃伦:《政治体制中的行政法》(第3版),王丛虎等译,中国人民大学出版社2005年版,第446页。
⑤ See J. M. Migai Akech, Judicial Review of Spending Powers: Should Kenyan Courts Entertain Taxpayers' Actions? *Journal of African Law*, 2000, Vol.44, p.210.

个前置程序,即先向该州的检察总长提出申请或通知政府机关,遭到检察总长拒绝或政府机关拒绝改正后,才能提起纳税人公益诉讼。①

此外,当时的批评意见还包括纳税人公益诉讼对政府工作态度的影响。具体而言,过度的纳税人公益诉讼会使得政府部门不负责任和缺乏创造力,因为政府工作人员在潜意识里会认为他们所作的任何决定都有可能面临纳税人的诉讼,因为没有一个政治决定是符合所有人的利益的,因此他们的所有决定未来都有可能被司法判决所推翻,这将影响他们工作的积极性。②

3. 司法权对行政权的过度干预

在纳税人公益诉讼的早期发展中,美国学界和实务界批评较多的一个点是担心由此导致司法权对行政权的过度干预。具体而言,批评意见主要包括以下三点。③

首先,纳税人公益诉讼可能会对立法和行政活动的司法审查的概念推得太远。20世纪以前,美国行政权尚未膨胀,法院基于对权力分立原则的严格解释,为避免干预行政,在行政案件的受理上主要持不可审查的假定立场,即私人只能对法律规定可以起诉的行政行为提起诉讼,法律对于行政行为是否可诉未作规定的,法院应作不可诉的推定。如果降低纳税人挑战政府的门槛,将会破坏传统"权力分立"的格局。例如,在"米尔豪诉夏普案"中,原告申请法院禁止纽约市政府在百老汇街道修建铁路,法官认为,"只要纽约市政府在行使其公共行政权力时在其宪章的范围内行事,它就被赋予最大的自由裁量权,至于它是明智或不明智,它是出于好动机还是坏动机,本法院无权负责调查"④;在"阿斯普伦德诉汉内特案"中,原告申请禁止新墨西哥州官员用公共资金购买水权,法官主要认

---

① See J. M. Migai Akech, Judicial Review of Spending Powers: Should Kenyan Courts Entertain Taxpayers' Actions? *Journal of African Law*, 2000, Vol.44, p.210.

② See Taxpayers' Suits: A Survey and Summary, *The Yale Law Journal*, 1960, Vol.69, No.5, p.910.

③ See Taxpayers' Suits: A Survey and Summary, *The Yale Law Journal*, 1960, Vol.69, No.5, p.910.

④ Milhau v. Sharp, 15 Barb. 193, 236 (N.Y. Sup.Ct. 1853).

为,"关于政府的几个分支的职能和领域问题,应该认识到,管辖权从未被直接授予法院来监督其他政府部门的行为,在任何其他情况下,承担司法管辖权都将是一个政府部门对另一个政府部门的干预,而每个部门在权力范围内同样独立,这是由宪法本身赋予它们的"①。在早期法官的认识中,利用纳税人公益诉讼推动对政府行政行为的司法审查已经超越了法院的传统权利,将影响政府各个权力分支之间互相制衡的效果。

其次,推动纳税人公益诉讼会损害司法机构的独立性和威望。在权力分立架构下,各个权力分支都有自身的职能和功能,彼此独立和制衡。法院的功能在于解释和适用法律,对于行政机关的行政行为明智与否并不存在相应的判断能力,而不恰当的干预反而会影响司法机关自身的独立性和威望。例如,在"希夫林诉科姆福特案"中,法官认为,"根据我们的宪法,立法部门、行政部门和司法部门之间存在着国家关系,它们在各自领域内代表和行使人民主权,在众多的纳税人禁止滥用公共资金的案件中,法院审查的仅仅是行政或立法行为或程序的合宪性问题,法院并不存在审查其他问题的能力"②;在"摩根诉格雷厄姆案"中,法官认为,"政府的适当管理行为不能通过任何纳税人或任何对政府行政行为感兴趣的选民提出的私人行动来进行司法审查,它已经干预了行政权力的自由裁量,破坏了权力分支之间的独立性"。③ 纳税人公益诉讼的本质是法院对政府行政行为的监督,而过度地强调司法能动主义则可能会限制法院的声望。④

最后,推动纳税人公益诉讼将超越法院的适当功能。从司法实践来看,纳税人对政府行政行为的监督并不局限于违反法律或宪法,还在于是否具备合理性等方面。对法院而言,其传统功能并不包含协调社会的不同意见,根据民意作出判决和采取行动。例如,在"内比亚诉纽约州案"中,法官对法院的管辖权提出看法,"就正当程序的要求而言,在没有其他宪法限制的情况下,政府可以自由地采取任何认为合理的经济政策或公

---

① Asplund v. Hannett, 31 N.M. 641, 249 Pac. 1074 (1926).
② Schieffelin v. Komfort, 212 N. Y. 520, 106 N. E. 675 (1914).
③ Morgan v. Graham, 1 Woods 124, 17 F. Cas. 749 (1871).
④ See Mcwhinney, *Judicial Review in the English-Speaking World*, University of Toronto Press, 1956.

共福利政策,并通过符合其目的的立法来执行该政策,法院既无权宣布该政策无效,也无权在立法机关宣布时颠覆它,司法职权并不能为'公共舆论'而行使"①;在"洛赫纳诉纽约州案"中,法官提出不同意见,"这个案件是根据这个国家大部分人都不接受的经济理论来决定的,如果让我判断是否同意这个理论,我想应该进一步研究它。但我不认为这是我的责任,因为我坚信,我的同意或不同意与多数人在法律上体现其意见的权利无关,法律上的意见应该由本法院依据事实和法律裁决,在法院的职权范围内解决"②。在纳税人公益诉讼运行过程中,法院不知不觉转变自身的角色,从司法裁决者成为公众舆论的代言人,此违背了法院的传统职能。

第四节 州和地方层面纳税人公益诉讼的规范构造

从1847年至1960年,纳税人公益诉讼在各州和地方逐渐成形。至20世纪末,绝大部分的州和地方均允许纳税人公益诉讼的存在。但由于考量因素不同,各州和地方发展出不同的纳税人公益诉讼模式。从宏观上看,各州和地方对于纳税人公益诉讼的规范构造侧重于以下四点。

1. 原告资格

纳税人公益诉讼似乎旨在使大量公民能够对政府的行为提出质疑,这种诉讼允许法院在传统的"原告资格"概念框架内,除了在选举过程中对公职人员的固有控制之外,还增加对其行为合法性和合理性的司法审查。纳税人公益诉讼扩展了美国独特的司法审查概念,允许在投票箱中无效的少数群体根据宪法理由使政府的部分法规或条例无效。由于原告纳税人的动机被视为无关紧要,纳税人公益诉讼提供了一种手段,可以调动政治体中个人的私利,挑战立法计划,防止违法行为,避免腐败。因此,纳税人公益诉讼产生了一支潜在的私人检察长大军,他们根据私人激励措施采取行动,诱使他们花费时间和金钱提起纳税人的诉讼,以推迟不必

---

① Nebbia v. New York, 291 U. S. 502, 530-32 (1934).
② Lochner v. New York, 198 U. S. 45, 74 (1905).

美国联邦纳税人公益诉讼的历史命运

要的公共项目,或者防止被认为在社会或经济上不明智的支出。① 纳税人公益诉讼还动员了各种寻求私人政治、经济或社会目标的志愿协会,以进一步执法和防止政府腐败。

这种对于推动纳税人公益诉讼原因的看法主要受到美国司法实践中关于"纳税人"定义的支持。根据一般规定,任何纳税超过最低限额的纳税人都可以向法院提起纳税人公益诉讼。② 尽管在少数司法管辖区,这一规则已被法律要求至少有最低数量的纳税人加入作为原告才能形成纳税人公益诉讼,如纽约的法律规定需要 25 名纳税人同时起诉才能迫使对村庄或城镇的财务事务进行简易调查,马萨诸塞州法律规定需要 24 名纳税人同时起诉才能禁止州一级的财政拨款。此外,在一些司法管辖区,法院可能只允许财产纳税人提起纳税人的诉讼,如纽约市要求纳税人必须缴纳 1000 美元的财产税才能起诉市政府。但在大多数情况下,最低限度要求可能会被广泛理解为允许各种形式的消费税和所得税等税种的纳税人提起纳税人公益诉讼。虽然对于"纳税人"标准有一定的规定,但事实上法院几乎从未讨论过"什么是纳税人"的问题。这可能是因为对于一般州法律所规定的纳税人资格标准,几乎所有公民都有那个能力达到条件及有经济能力支持这样的诉讼。因此,在实践中,"纳税人"一词的定义是,任何拥有足够资源或条件的人都能够使用这种形式的诉讼,"纳税人公益诉讼"在功能上变成了"公民诉讼"。③

此外,提起纳税人公益诉讼还需满足"损害"要件。原告需要证明政府非法的财政开支行为会导致其缴纳税款的损失或者将来税负的增加,从而有"损害"存在,当然这种损害可以是金钱上的或者其他方面的。例如,北达科他州认为:"纳税人公益诉讼这种诉权的存在必须同时具备:一是政府有一个错误(越权或者无权)的行为;二是这个错误的行为导致纳税人的损害。纳税人公益诉讼的提起不能仅仅因为纳税人可以监督或者控制政府官员的行为,即使这个行为越权或者无权,纳税人还必须进一步

---

① See Taxpayers' Suits: A Survey and Summary, *The Yale Law Journal*, Vol.69, 1960, No.5, pp.905-906.
② See Ryan v. City of Chicago, 369 Il. 59, 63, 15 N.E2d 703, 710 (1938).
③ See Taxpayers' Suits: A Survey and Summary, *The Yale Law Journal*, 1960, Vol.69, No.5, p.906.

证明政府行为可能导致对所有纳税人的损害,这是提供衡平法救济的合理基础。"[1]

美国的纳税人公益诉讼原告范围包括纳税人、社团或者检察机关。美国社团组织相当发达,极大地推动了纳税人公益诉讼的发展。纳税人公益诉讼很多是由社团或者以社团为共同原告提起的,但社团的起诉资格是受到限制的。例如,密苏里州在"密苏里州增长协会诉大都会街道路易斯下水道区案"中规定,社团起诉必须满足三个条件:第一,社团的内部成员都有资格提起诉讼;第二,社团起诉保护的利益必须和章程设定的目的相符;第三,社团诉讼请求的提出不需要成员的诉讼参与。另外,美国有5个州(田纳西州、北卡罗来纳州、亚利桑那州、明尼苏达州、华盛顿州)要求纳税人公益诉讼需要先向州检察总长提出请求,在被拒绝的情况下才可以向法院起诉,因而这5个州的原告主体为州检察机关。

同时,纳税人的诉讼是一项具有代表性的公平集体诉讼,代表所有纳税人对政府部门的官员提出质疑。诉讼的结果对所有其他纳税人具有约束力,因而被质疑的诉讼的合法性通过包含其他纳税人的参与而得到解决。[2] 而且,干预的权利可以保护其他纳税人免受政府和部分纳税人串通及对提起纳税人公益诉讼普遍不热情的影响。虽然纳税人的诉讼具有针对主权单位(特别是对州的诉讼)的诉讼的所有属性,但法院认为,纳税人的诉讼不受主权豁免原则的禁止。成功的纳税人公益诉讼实际上将阻止主权单位的官员执行被质疑的行动。而且,纳税人公益诉讼通常会将某些公职人员列为被告,该诉讼是针对官员而不是政府本身的事实被认为足以击败主权豁免原则的防护。[3]

表1-1主要描述州一级通过制定法或判例法发展出的关于纳税人原告资格的一般要求。

---

[1] 章海珠:《美国纳税人诉讼制度及其启示》,载《人民论坛》2014年第5期。
[2] See Cf. Price v. Sixth Dist. Agricultural Ass'n, 201 Cal. 502, 258 Pac. 387 (1927).
[3] See White Eagle Oil & Ref. Co. v. Gunderson, 48 S. D. 608, 205 N. W. 614 (1925).

美国联邦纳税人公益诉讼的历史命运

表1-1 美国州一级关于纳税人原告资格的规定

州　　名	一般要求	是否需要金钱损失？
阿拉巴马	1.纳税人公益诉讼在本质上是预防性质的,可以在实际损害发生前提起; 2.纳税人有权指控县官员的公共资金支出行为,当这种行为是非法或违宪的时候	是(案例呈现出金钱利益是普遍必要的)
阿拉斯加	纳税人公益诉讼(或公民诉讼)不是一个自然的权利,需要在个案中结合以下三种条件进行判断: 1.案件必须有公共价值(经济意义上或宪法上的重要性,一些立法满足这样的要求); 2.原告必须是最合适的当事人,这样如果另外的人受到已经被提起指控的行为的直接影响,或是可能提起诉讼的话,将无原告资格; 3.无论是经济意义或是其他,原告必须有能力诉讼,胜任原告资格,并且诉请应该具有可诉性,而不是政治问题	不清楚
亚利桑那	1.纳税人在向州检察长提起书面请求并等待超过60天后可以起诉,需要向州支付保证金; 2.仅有官员行为的非法性并不能成为禁令救济的合法性理由,这种非法性必须危及公共利益,或者会造成公众伤害或损害	是
阿肯色	纳税人必须有一个特别的和金钱的损害	是(特殊损害)
加利福尼亚	纳税人不必证明对他有特别的损害,非法支出的数额也不是实质重要的:即使州的行为实质上节约了税金,纳税人也可以起诉	否
科罗拉多	1.如果纳税人起诉市政府,那么(1)纳税人必须事实上受损害,而且(2)损害必须是根据制定法或宪法被保护的利益。这一要求与联邦纳税人原告资格很相似; 2.如果纳税人代表市政府起诉,那么(1)市政府必须有权利(力)提起诉讼,并且虽然纳税人请求但市政府仍然拒绝起诉;(2)市政府在自由裁量范围内因为欺诈、不诚信或者不履行非自由裁量性职责而拒绝起诉。这一要求与股东派生诉讼的要求很类似	否(即使起诉市政府时要求具有特殊的损害)

续表

州　名	一般要求	是否需要金钱损失？
康奈迪克	1.纳税人不仅要证明税金被用于所指控的政府官员的非法行为,而且非法行为本身增加了税收。法院必须确定财政损失的总额; 2.如果特定的行为只能减少税收(如减税),那么法院也能推断损害存在。否则,非法的行为对纳税人原告资格而言是不可诉的	是
特拉华	1.纳税人具有阻止公共资金非法支出或者公共财产滥用的原告资格,不必证明特别损害的存在; 2.纳税人应该被授予原告资格,在这样的情况下:否则政府行为将持续不被审查	否
哥伦比亚特区	地方纳税人具有原告资格,当他遭受的、立即的来自政府行为的损害的时候,这将导致税收增加	是
佛罗里达	纳税人要取得原告资格必须证明金钱损失的存在,否则纳税人必须基于立法机关的征税权和支出权提出一个宪法上的指控	是(除了宪法挑战)
佐治亚	纳税人能够起诉官员涉及公共资金的不法行为,但不要求金钱损失,纳税人必须具有特殊的类似于联邦纳税人原告资格要求的损害	是
夏威夷	纳税人必须证明:(1)其对非法支出所来源的资金有贡献;(2)遭受了金钱损失,虽然在存在欺诈的情况下,这一要求是被推断的	是
爱达荷	纳税人必须证明特别的、金钱上的损害	是
伊利诺伊	1.纳税人必须代表纳税人群体的起诉,但是必须证明遭受金钱损失; 2.纳税人没有原告资格代表政府去起诉,这是保留给总检察长的	是(特殊损害)
印第安纳	纳税人原告资格应该被较少地给予,纳税人必须证明超越一般公众之上的利益(表明了远离纳税人原告资格的趋势)	是(特殊损害)

美国联邦纳税人公益诉讼的历史命运

续表

州　名	一般要求	是否需要金钱损失？
艾奥瓦	案例的发展尚不足以评论	
堪萨斯	纳税人如果遭受了金钱损失则可以起诉	是
肯塔基	如果政府官员违反了应该采取有利于公众的行动的职责，即使纳税人没有特别的损害，纳税人也能够起诉。否则，要求有特别损害的存在	是（除了政府官员的职责）
路易斯安那	1.寻求限制非法政府行为的纳税人必须证明一个金钱损失或其他方面的最小利益（然而，利益不必与广泛意义上的公众的利益有所区别）； 2.寻求强制行为的纳税人必须证明有区别的特殊的利益	是（除了限制行动）
缅因	1.纳税人必须对弥补性质的诉讼证明特别的损害； 2.市的纳税人公益诉讼被限制为预防性诉讼，纳税人不必证明特别的损害； 3.销售税不能提供纳税人原告资格（被达科他州和加利福尼亚州所采用）	是（但不是为了预防性救济）
马里兰	纳税人必须证明金钱损失的存在或者税款的增加，增加的数额无关紧要	是
马萨诸塞	1.纳税人至少要和24个其他纳税人一起可以对非法支出行为起诉； 2.在资金支出与纯粹的增加税收之间是有所区别的； 3.法院可能会赋予纳税人原告资格，仅仅是因为没有别的人起诉	是
密歇根	纳税人必须证明州资金的非法支出和金钱损失	是
明尼苏达	纳税人必须证明他已经要求州采取行动	是
密西西比	纳税人可以起诉政府的非法拨款行为，诉讼必须是代表公众提起，且公众必须被邀请加入诉讼，公众官员必须已经被提出要求	不清楚

续表

州　　名	一般要求	是否需要金钱损失？
密苏里	1.授予纳税人原告资格以使官员在支出公共资金时履行职责； 2.纳税人不必证明税收增加,如果存在非法支出行为,影响即被推定存在,即使非法支出行为增加了财政收入； 3.纳税人或者证明:(1)一个直接产生于税收的支出行为;(2)税收增加或金钱损失	否
蒙大拿	纳税人(或一般意义上的公民)能够起诉,如果他们证明(1)损害(金钱的或者特殊的)和(2)损害是区别于一般公众的,但不必是唯一的	是
内布拉斯加	纳税人必须证明特殊的损害,除非涉及公共资金的非法支出行为或者税收负担的增加。例外存在于重大公共利益的情况,通常是宪法性问题	否
内华达	案例的发展尚不足以评论	
新罕布什尔	纳税人有资格对公共官员的非法行为寻求救济,金钱损失不需要	否
新泽西	市的纳税人可以寻求诉讼救济,不必证明特别的财政损害	否
新墨西哥	纳税人可以起诉市,但不能起诉州	不清楚
纽约	1.纳税人原告资格存在于:(1)不授予纳税人原告资格将给立法行为的司法审查带来难以逾越的障碍;(2)但是在没有公共重要性的时候不应该授予纳税人原告资格。 2.纳税人公益诉讼可以在政府行为是欺诈或浪费的时候被提起。金钱利益或特别的损害要求存在	是(除非普通法上的救济不要求金钱损失)
北卡罗来纳	纳税人能够为个人损害起诉,除非总检察长拒绝起诉,在纳税人能够证明(1)提出过要求,且相关机构拒绝行动或者(2)要求是没用的	否
北达科他	纳税人能够代表他自己或其他纳税人起诉,不必证明任何特殊的、区别于公众的损害。要求有金钱损失	是
俄亥俄	纳税人可为了被违反的公共利益起诉	否

美国联邦纳税人公益诉讼的历史命运

续表

州 名	一般要求	是否需要金钱损失？
俄克拉何马	纳税人可以起诉市政府运作中的非法资金行为	是
俄勒冈	纳税人只能对实际的非法征税行为起诉	是
宾夕法尼亚	1.纳税人必须证明与被控的非法行为和税收贡献有直接联系（金钱的或其他的特别损害）；2.在某些案例中，法院也会放弃上述要求，在如果不这样做司法审判就不会发生的情况下	是
罗得岛	纳税人如果能够证明超越一般公众和其他纳税人的个人利益存在的话，能够起诉。在极少的情况下，当实质的公众利益受到威胁的时候，法院也会允许诉讼进行	是（除了稀少的案例外）
南卡罗来纳	一个公民—纳税人具备原告资格去抗议根据违宪的法令进行的公共资金支出行为	是（金钱的或违宪的）
南达科他	纳税人和选民不必证明有特别的损害就有原告资格。如果纳税人寻求保护公共权利（如果一个官员根据法令有义务采取特别的行为而没有采取，或者纳税人意在保护公共资金）	否
田纳西	纳税人可以起诉公共资金的非法支出行为（但不仅仅是因为浪费，不单纯是挑战不好的政策）	是
得克萨斯	纳税人可以起诉阻止公共资金的非法支出行为，不必证明特别的损害	否
犹他	纳税人能够起诉政府分支机构的非法公共资金支出行为	是
佛蒙特	纳税人能够起诉非法公共资金支出行为	不清楚
弗吉尼亚	纳税人的原告资格要求很窄，正如传统的联邦纳税人原告资格	是
华盛顿	1.纳税人具有原告资格，如果其：(1)向检察总长提出要求；(2)证明不同于其他纳税人的独特的权利或利益被违反。2.然而，一些案例显示，纳税人不必说明他在诉争中的个人利益被危及，这表明在案例法上的分歧	是（注意判例法中的分歧）

续表

州 名	一般要求	是否需要金钱损失？
西弗吉尼亚	纳税人在要求公共资金支付的制定法的合宪性方面具有原告资格	是
威斯康星	1.纳税人不必证明特殊的或直接的损害即可代表市政府提起诉讼； 2.纳税人可以在具有区别于一般公众的个人的或金钱的损失的情况下提起针对政府的诉讼	是（如果不代表纳税人的话）
怀俄明	案例的发展尚不足以评论	

资料来源：See Varu Chilakamarri, Taxpayer Standing: A Step Toward Animal-Centric Litigation, *Animal Law*, 2004, Vol.10, pp.271-281。

2. 诉讼范围

虽然纳税人公益诉讼中寻求的救济总是公平的，但所需的救济因受到质疑的政府行动类型而异，最常见的救济是禁令。但一旦发生了非法或违宪的行为或不作为，纳税人作为公共财政的代理人，在大多数司法管辖区可以根据恢复原状理论追回公共财政部的款项。如果资金已经用于公共目的或者某个项目已经完成，救济可能会因懈怠或被起诉官员辩称其行为是有效行使权力而受阻。但是，纳税人可向第三方寻求肯定性补救措施或者向有关官员索赔，从而保证公共资金的还原。① 无论是禁令还是追回公共资金，都是纳税人公益诉讼原告寻求救济的主要方式。而作为这些救济方式的主要目标，在相关立法和司法实践中，各州和地方的纳税人公益诉讼的诉讼范围呈现出了一定的趋同性。

20世纪以后，纳税人公益诉讼首先主要针对州和地方政府越来越多的在贫民窟清理和建设住房、公路、机场、其他公共工程项目中有关的土地征用权，纳税人质疑这项公共开支的合法性，理由是被起诉的财产将用于私人用途，而非公共用途。例如，在"维西娜诉弗里曼案"中，纳税人认

---

① See Taxpayers' Suits: A Survey and Summary, *The Yale Law Journal*, 1960, Vol.69, No.5, p.907.

美国联邦纳税人公益诉讼的历史命运

为政府对于圣劳伦斯航道的征建旨在帮助私人航运谋求利益。① 其次，相对重要的是纳税人公益诉讼攻击州和市政法人为规避宪法对债务的限制而采用的各种债券融资方法的合宪性，在某些情况下，纳税人还能够以没有满足法定要求为理由使融资无效，如纳税人提出债券融资未经过必要的全民投票等。② 同样常见的还有纳税人对政府授予公共项目合同的挑战，这样的挑战主要基于两个理由：一是政府授予公共项目合同的裁决违反了要求将合同出租给最低出价者的法规；二是违反了禁止将合同出租给与负责公职人员有关联的任何人的利益冲突法规。③ 其实，当检察官不对政府授予公共项目合同的行为采取行动时，只有纳税人公益诉讼才能对此提出质疑，因为中标人不会对政府的裁决提出质疑，而竞标的投标人也不具备这样的起诉资格。常见的还有对于政府授予特许经营或许可证的挑战，这构成了对公共资源转为私人拥有的公共批准，此类诉讼可能基于以下理论：通过竞争的方式可能更可取，否则该项授予将损害公共利益或违反利益冲突法规。④ 最后，纳税人公益诉讼的一个重要目标是扣留违反法定标准任职的公务员的工资，这些公务员未能履行职责，但其工资待遇是花费了纳税人的资金。

以上是一些常见的纳税人公益诉讼范围，除此之外，原告纳税人也会寻求一些其他目标。例如，一些州允许纳税人质疑政府向私营者出售或捐赠公共领域（通常是公园和娱乐区）的行为；⑤纳税人因为觉得向学校、娱乐区和其他公共设施的过度开支而提起诉讼；⑥纳税人对一些非法执法行为的支出提起的诉讼；⑦等。这些纳税人公益诉讼虽然形式各异，但

---

① See Visina v. Freeman, 252 Minn. 177, 89 N. W. 2d 635 (1958).
② See Taxpayers' Suits: A Survey and Summary, *The Yale Law Journal*, 1960, Vol.69, No.5, p.908.
③ See Ⅲ. Rev. Stat. ch. 24 § 84-76a (1957); Fla. Stat. Ann. J§ 839.07, 839.10 (1944); Ⅲ. Const. art. IV, § 25; etc.
④ See Blanshard v. City of New York, 262 N. Y. 5, 186 N. E. 29 (1933); Schroeder v. Bunks, 415 Ill. 192, 113 N. E. 2d 169 (1953); etc.
⑤ See Aldrich v. City of New York, 208 Misc. 930, 145 N. Y. S. 2d 732 (Sup.Ct. 1955); etc.
⑥ See Everson v. Board of Educ., 330 U. S. 1 (1947); etc.
⑦ See Wirin v. Parker, 48 Cal. 2d 890, 313 P.2d 844 (1957); etc.

总体而言,都是对各州和各地方政府的财政行为的公平性、合法性和合理性提出质疑。

3. 法律限制

虽然纳税人公益诉讼有可能会影响行政机关的工作效率和积极性,尽管如此,地方和州纳税人的行为已经植根于司法和政治制度之中,在某些情况下允许他们这样做的理由是有说服力的,纳税人公益诉讼的必要性源于缺乏纠正政府官员非法行为的替代手段,否则这些非法行为将无法弥补。当然,纳税人公益诉讼的一个替代方案是选举程序本身,但选民可能会忽视在任期早期发生的腐败、违法或违宪行为,或者这些行为相对来说没有执政者的总体记录那么引人注目。选举提出了一揽子备选方案,选民无法就每一项方案表达自己的观点。尽管公开曝光可能会产生与公益诉讼差不多的效果,但大众媒体可能不会花多少时间来报道不耸人听闻的地方和州政府事务。虽然纳税人公益诉讼是监督政府较好的方式,但其也存在一定的弊端,再加上反对纳税人挑战政府行动的观点一直存在,因此有必要仔细界定纳税人公益诉讼的适当范围,以防止其被滥用。[1]

通常情况下,只需要纳税人的目标是防止或恢复公共资金时,就能提起纳税人公益诉讼。但是,这一规则误解了给予纳税人原告资格的根本原因,尽管纳税人的诉讼可以防止挪用公共资金,但其实其真正基础要严格得多:确保公职人员的非法行为得到纠正。因此,不能仅仅以经济损失为由提起纳税人公益诉讼,一些司法管辖区采用比经济损失要求更合理的方法对纳税人公益诉讼进行规制:要求只有在法律或条例明确规定的情况下才允许纳税人的行为(由法律划定具体范围的行政行为作为纳税人挑战政府的界限),并且纳税人公益诉讼旨在纠正政府官员的违法行为。[2] 虽然对于纳税人公益诉讼的这种限制可能会产生禁止在最需要的时候对公共行为提出质疑的效果,或者说纳税人公益诉讼可能仅限于对

---

[1] See Taxpayers' Suits: A Survey and Summary, *The Yale Law Journal*, 1960, Vol.69, No.5, pp.909-910.

[2] See Bairn v. Fleck, 406 Ⅲ. 193, 92 N. E. 2d 770 (1950); Aichele v. Borough of Oakley, 1 N. J. Super. 621, 624, 64 A2d 924, 925 (L. 1948); etc.

公职人员履行行政职能而非立法职能的非法行为提出质疑的诉讼。但是,在根本原则上对纳税人公益诉讼进行限制不仅可以避免滥诉的发生,也可以减少对分权原则的损害。

为了防止因骚扰和拖延而提起的诉讼,有必要对不成功的纳税人公益诉讼中政府和第三人的成本进行评估。由于政府的法律工作人员是全年维持的,其律师费可能相对较低,因此不必向失败的纳税人评估它们。而且,由于未成功的纳税人将承担自己的律师费和成本,因此似乎没有必要让其承担政府的律师费用。但是,当第三方在政府与第三方之间的合同无效的诉讼中也受到质疑时,如果纳税人失败,败诉的纳税人应被评估成本,并由法院酌情决定为第三方支付合理的律师费和其他费用。否则,财力雄厚的纳税人可能会利用纳税人的诉讼作为私人报复的手段。另外,评估政府或第三方因诉讼延误而蒙受的可证明的损失似乎是不可取和不切实际的。特别是在物价上涨的时期,此类损害赔偿可能太高,无法合理地向纳税人追偿。而且,如果原告需要承担太多的赔偿责任,可能会完全阻碍纳税人公益诉讼的进行。①

为了从一开始就阻止轻率的诉讼,六个州(亚利桑那州、纽约州、阿肯色州、加利福尼亚州、伊利诺伊州、俄亥俄州)颁布了一项要求,要求纳税人在某些情况下缴纳一定的保证金(涵盖诉讼中可评估的成本和费用)。这种担保似乎是一种可取的威慑,因为纳税人因此需要在政府或第三方参与昂贵的诉讼之前表明其诚意,从而推迟受到质疑的行动。② 但为了确保财政状况不佳的纳税人提起诉讼的能力不会受到不适当的损害,如果存在"可能的理由"认为发生了非法行为,则应该赋予法院放弃保证金要求的自由裁量权,或者只有当纳税人初审败诉时,才可在上诉时要求提供保证金。

另外,为了在保障公民权利、维护公共利益以及维持政府机关的有效运作之间寻求平衡,美国许多州和地方要求纳税人公益诉讼符合"成熟原则"标准,设置了纳税人公益诉讼的前置程序,主要有以下两种模式:一是

---

① See Taxpayers' Suits: A Survey and Summary, *The Yale Law Journal*, 1960, Vol.69, No.5, pp.911-912.

② See Taxpayers' Suits: A Survey and Summary, *The Yale Law Journal*, 1960, Vol.69, No.5, pp.913-914.

向检察总长提出，在一些州，纳税人如果想针对政府的某项财政行为提起诉讼，那么他可能首先需要向检察总长提出申请，只有在受到拒绝之后，才能够正式提出司法审查的要求，但是这一要求有时候在现实中也可能存在例外，即不经过检察官而直接提起诉讼。二是向违法的政府官员或部门提出，一些州和地方认为，在诉讼之前，纳税人应该首先通知可能涉及违法的政府官员，给予他们一些改变现状的机会，如果没有获得妥善的答复，才可以进一步向法院提起诉讼。设置这一程序的目的主要是平衡纳税人的利益和保护地方官员免于受到持续不断的诉讼所带来的不利影响。①

4. 激励措施

一般而言，纳税人公益诉讼的纳税人都希望从诉讼中获利，除了恢复公共资金外，追讨诉讼费用是纳税人的另一诉求，这也是纳税人公益诉讼必要的金钱激励。越来越多的州通过立法或者判例允许纳税人胜诉时有权要求返还其诉讼费用，而俄克拉何马州允许原告在检察官拒绝起诉后提起诉讼，在胜诉后则可以从追回的公共资金中收取一定比例的资金归为己有。

一个成功的纳税人——原告通常可以收回诉讼费和服务费等成本，但可能无法收回提起诉讼的最大费用，即他的律师费。但少数几个州（包括亚利桑那州、俄亥俄州和南达科他州）通过法律允许成功的纳税人从市政府或州政府处收回合理的律师费。② 这种背离律师费不可报销的通常规则的做法为纳税人公益诉讼提供了强大的激励，但可能会鼓励不必要的诉讼的激增。由于纳税人公益诉讼的理论是为公共利益而利用私人资产，因此当诉讼有利于公共财政时，公众支付私人诉讼费用并非不合理。此外，如果纳税人的行动能够平等地惠及所有纳税人，而不仅是那些有足够资金支付诉讼费用的纳税人，那么允许支付律师费就至关重要。由于这些费用的数额可以由法院确定，法院可以拥有广泛的自由裁量权，来奖

---

① 参见韩姗姗：《美国纳税人诉讼制度及其对中国之借鉴》，载《财税法论丛》（第11卷），法律出版社2010年版，第256页。
② See Taxpayers' Suits：A Survey and Summary，*The Yale Law Journal*，1960，Vol.69，No.5，p.914.

励那些总体上有益于公众的人,而避免不必要地鼓励纳税人为了获得公共补贴或阻止政府行动而提起大量的诉讼。此外,要求法院始终支付合理的律师费,可能不会赋予法院足够的权力阻止出现"攻击性"的大量的诉讼,因此更可取的做法是赋予法院更广泛的自由裁量权——允许法院拒绝给予律师费,前提是原告提起的公益诉讼违背了维护公共利益所要求的特定事实和原告的动机存在问题。

19世纪40年代至20世纪初,美国纳税人公益诉讼在州和地方层面逐渐兴起。溯源历史,纳税人公益诉讼在内战前出现的主要原因有两个:一是美国人早期对于税收压迫的敏感性;二是美国早期对于英国普通法的继受。而纳税人公益诉讼在内战后不断发展的原因主要有三个:一是当时美国许多州法院在缺乏管辖权的情况下受理本州第一起纳税人公益诉讼案件;二是19世纪下半叶美国民粹主义-进步主义情绪的高涨;三是内战后美国州和地方政府在公共事务中角色的扩大。纳税人公益诉讼的发展中,其诉权的正当性基础主要依托于"股权理论"——将纳税人与政府的关系比喻为"公司-股东"的关系。虽然这样的类比存在一定的缺陷,但联邦最高法院在1923年的"弗洛辛汉姆诉梅伦案"中对纳税人与州与地方政府这种类比关系进行了肯定。在司法实践中,纳税人公益诉讼早期发展的主要障碍呈现在三个方面:纳税人的原告资格、大量诉讼对于政府和法院的压力、司法权对行政权的过度干预。由于考量因素不同,各州和地方发展出了不同的纳税人公益诉讼模式,但总体而言,各州和地方对于纳税人公益诉讼的规范构造侧重于四个方面:原告资格、诉讼范围、法律限制和激励措施。

第二章　纳税人公益诉讼在联邦层面受阻

美国纳税人公益诉讼兴起于地方和州层面,后逐渐发展至联邦层面。相较于地方和州层面对于纳税人公益诉讼的提倡,联邦层面显得更为保守。1923年,联邦层面在"弗洛辛汉姆诉梅伦案"中第一次作出关于纳税人公益诉讼的判决,但联邦法院并未在此案中授予纳税人原告资格。在后续的案例中,联邦法院秉持遵循先例原则,始终未改变其立场,直至1968年的"弗拉斯特诉科恩"案。

第一节　20世纪上半叶美国的经济与政治变革

20世纪上半叶,美国的政治和经济均取得了重大发展,并一跃成为世界超级大国。此间,发生的重要历史事件包括反托拉斯运动、两次世界大战、经济大萧条、"罗斯福新政"、战后世界格局的重建等。这些经济与政治变革相互关联,并对纳税人公益诉讼在联邦层面的发展产生影响。

1. 经济变革

第二次工业革命之后,美国经济迅速崛起,从一个地方性的分散的农业经济国转变为一个迅速膨胀的工业化国家。①"19世纪末,美国国内的工业产值和国民财富不断增加,到1900年,美国工业总产值约占世界工业总产值的30%,成为世界上最富有也是最大的工业国。"②随着美国工业的高速发展,在自由竞争的国内环境下,资本集中度迅速提升,也产生了各种各样的经济集中。这些巨型企业或者巨型企业联合主要通过提高市场占有率以及价格控制等手段来打击竞争者,达到垄断市场的目的,

---

① 参见郭跃:《美国反垄断法价值取向的历史演变》,载《美国研究》2005年第1期。
② 牛文光:《美国社会保障制度的发展》,中国劳动社会保障出版社2004年版,第126页。

进而影响商业活动的正常开展和正常的市场竞争。① 在19世纪后期,大多数美国评论家都认为这是"公司的时代",各种公司的数量大大增加,更为重要的是单个公司的规模有了史无前例的增长和随之而来的巨大影响力,以至于一份向1895年美国律师协会会议宣读的报告断言:"任何其他国家都不存在如此不受限制的公司权力。"②

随着兼并运动的加剧和垄断组织的增多与扩大,美国经济、社会和政治层面均遭受重创。首先,大批中小企业被吞并或破产,广大消费者也难逃被其奴役的厄运,国家经济运行机制遭破坏,经济活动陷入无序状态。其次,垄断组织对森林和矿产资源进行掠夺性开发,致使美国森林面积由内战前的8亿英亩锐减到1901年的不足2亿英亩,生态环境遭到严重破坏,引起举国关注。最后,经济上取得了巨大成功的垄断资本家为了保护既得利益,开始更加积极地参与到政治活动中去,并逐渐获得了巨大的发言权,在政党分赃制的传统之下,他们开始寻求成为大党的党魁,进行全国性的政治交易,由此导致政治腐败频生。

为了遏制垄断组织的不断扩张,19世纪末的联邦政府将反托拉斯(Anti-Trust,反独占和反垄断的代名词)作为首要目标。1890年,作为联邦反垄断法基础的《谢尔曼法》颁布,该法案不仅禁止企业间横向联合以进行限制竞争行为、垄断和兼并行为,而且允许团体和个人对违反法案的企业进行公益诉讼。颁布《谢尔曼法》无疑是联邦推进公益诉讼的里程碑事件。在公害问题日渐突出的时刻,允许民众为维护国家和社会的公共利益挺身而出,其在一定程度上助推了纳税人公益诉讼在联邦层面的出现。

2. 政治变革

19世纪末至20世纪初是美国历史上的进步运动时期,也是联邦权力扩张时期。首先,美国内战以及战后重建使联邦政府的权力达到了前

---

① See A. D. Neale, *The Antitrust Laws of the U. S. A.*, *The origins and Historical Development of Antitrust*, Cambridge University Press, 1960, pp.11-18.

② 参见李胜利:《美国联邦反托拉斯法的历史经验与世界性影响》,中南大学2012年博士学位论文。

所未有的高度,林肯塑造的"第二宪法"将联邦重新界定为统一的民族国家,极大地增强了联邦的地位。其次,工业化社会的到来以及城市化进程的推进则带来了诸多跨越各州边界的经济问题和社会问题。1887年《州际商务法》创建的州际贸易委员会被公认为是美国历史上第一个现代管制机关,它的建立开启了联邦行政机构应对全国性问题的先河。最后,面对自由竞争环境下成长起来的大型垄断企业以及蔓延全国的社会问题,州政府处理起来已经力不从心,在市场和地方双重失灵的困境下,建立联邦管制体系成为底线选择。在老罗斯福、塔夫脱、威尔逊以及胡佛四位总统的主持下,至20世纪20年代,美国的联邦行政管制体系初步形成。[1]

美国联邦政府权力的扩大和公共服务职能的扩展必然导致财政支出的增长。在内战前夕,联邦政府的财政支出维持在7000万美元左右;在19世纪后半叶,联邦政府的财政支出扩增到35000万美元左右;而在20世纪初期更是达到接近70000万美元。[2] 联邦的财政支出主要用于公共工程建设、军事支出及抚恤金、教育支出、救助支出等,联邦的开支不仅体现在对经济领域的干预上,更是与普通大众的基本生活紧密联系。

20世纪20年代之后,刚经历一战的美国经济逐步走向繁荣,而哈定、柯立芝和胡佛三任总统均坚持"自由放任"的经济政策,认为联邦政府的责任是引导和指导,而不是在一个庞大的官僚制度之下实施管理。哈定、柯立芝、胡佛三届政府对控制和管制大公司的需求置之不理,"反托拉斯法"在20年代实际上得不到执行,限制、放弃、取消国家干预,全靠"看不见的手"主宰国家经济,最终使美国经济从繁荣走向全面危机,濒临崩溃边缘,并引发了1929年至1933年世界性的经济大萧条。

在此背景下,1933年上台的罗斯福总统果断地抛弃了自由放任理念,大力推进以国家干预为指导的"新政"。"新政"分为两个阶段,1933年至1935年为复兴时期,1935年至1939年以改革立法和救济为主。罗斯福总统根据纽约州的政治实践,吸取进步主义的思想营养,利用国家力量,通过立法,如1935年通过了《社会保障法》、《全国劳工关系法》《1935

---

[1] 参见宋雅琴:《美国行政法的历史演进及其借鉴意义——行政与法互动的视角》,载《经济社会体制比较》2009年第1期。

[2] 参见刘畅:《美国财政史》,社会科学文献出版社2013年版,第76、115页。

年银行法》、《公用事业控股公司法》和《1935年税收法》等,加强了对金融体制的管理与控制,在国家干预下开展农业救济与工业复兴,同时建立联邦救济体制。罗斯福总统通过"新政"的一系列措施逐步恢复了陷入危机的美国经济,并且革除了资本主义制度中的某些弊端。①

与一战中短暂的扩大联邦政府职权相比较,"罗斯福新政"促使联邦政府与国会的结构的扩大,而这些扩大的机构都是为行使和适应其本身扩大的权力而存在的。而且,新政增强了联邦政府与州政府的权力,使其可以深入到一些过去未曾也无法管理的领域,美国社会也进入了一个联邦政府对经济与商业大规模管理和干预的时代。同时,在增强权力的同时也加大了联邦的社会责任,人民的经济与社会福利成为政府职责重要的一部分,开启了美国式的福利社会建设。美国联邦政府权力和责任的加大及对公共事务的参与也导致美国民众对联邦政府行政事务监督的加强,纳税人将公益诉讼推广到联邦层面是自然而然的事情。

第二节　对于1923年"弗洛辛汉姆诉梅伦案"的考察

1923年的"弗洛辛汉姆诉梅伦案"是美国联邦层面的纳税人公益诉讼的开端,其所制定的基本规则对后续联邦层面的纳税人公益诉讼产生了极大影响。因此,有必要对此案进行较为细致的梳理。

1. 为何是"弗洛辛汉姆诉梅伦案"?

当前,学界一般将1923年的"弗洛辛汉姆诉梅伦案"作为联邦层面的纳税人公益诉讼的开端。这是因为,在"弗洛辛汉姆诉梅伦案"中,联邦首次对纳税人公益诉讼问题进行裁决,正面回应了纳税人是否具备挑战联邦政府的资格。事实上,在1899年和1907年,均发生过纳税人起诉联邦政府财政行为的案例,只是两个案子的联邦法官均回避了纳税人是否具备原告资格这一问题。

1899年,哥伦比亚特区公民布拉德菲尔德(Bradfield)以"美国公民、

---

① 参见余志森:《20世纪上半叶美国历史发展曲折性初探——从强国到超级大国的曲折路径》,载《历史教学问题》2019年第4期。

纳税人和哥伦比亚特区居民"的身份起诉联邦财政部长,要求法院对财政部向哥伦比亚特区一家医院的拨款颁发禁止令,理由是那家医院是由修道院设立,向其拨款违背了《美国联邦宪法》第一修正案里禁止国会通过任何关于建立宗教信仰的法律的条款。但联邦最高法院认为该医院仅仅是在罗马天主教会的主持下经营的这一事实不足以改变医院公司的纯粹世俗性质。因此,该拨款法案并未违宪。①

在1907年的"威尔逊诉肖案"中,纳税人威尔逊(Wilson)控告联邦政府以国家财政资金和发行债券建造巴拿马运河。在原告看来,联邦政府并无权力从事境外挖掘运河的工作。但最高法官认为:"美国联邦政府与巴拿马共和国之间有一项条约,该条约授予政府建造和维护运河的专属权利。此外,政府有权管理美国境内的商业活动,更为重要的是,政府在其领土内和州界线外都拥有类似的权力,美国联邦政府已经在1903年11月18日与巴拿马共和国签订的条约中获得巴拿马运河上的领土。"②对于纳税人是否有权起诉联邦政府,最高法官认为:"如果法院对一名公民进行干预,而该公民没有披露其权益的数额,则通过停止从美国财政部支付款项来停止建筑工程,这将是一种司法权力的行使,至少可以说,这是一种新颖和非同寻常的权力;对此种权力会存在许多反对意见,我们不会停止考虑这些或类似的反对意见;然而,在此案中我们并不打算对此进行裁决,我们宁愿把我们的决定放在考虑联邦权力的一般范围上。"③

2. 基本案情

1923年3月16日,哥伦比亚特区上诉法院(Court of Appeals of District of Columbia)收到来自哥伦比亚特区最高法院(Supreme Court of the District of Columbia)上诉,上诉人是哥伦比亚特区公民弗洛辛汉姆(Frothingham),其对哥伦比亚特区最高法院的判决提出上诉,该判决维持了驳回禁止生育法案执行的提议,此案即是开启联邦层面的纳税人公益诉讼的著名的"弗洛辛汉姆诉梅伦案"④。此案中,弗洛辛汉姆认为国

---

① See Bradfield v. Roberts, 175 U. S. 291 (1899).
② Wilson v. Shaw, 204 U. S. 24, 31 (1907).
③ Wilson v. Shaw, 204 U. S. 24, 31 (1907).
④ See Frothingham v. Mellon, 288 F. 252 (1923).

会于 1921 年 11 月 23 日批准的《生育法案》是国会不正当地行使权力,但政府律师认为原告没有资格起诉政府,并且本案和联邦最高法院正要处理的一个案件涉及同样的问题,均涉及重大公众利益问题。出于这些原因,政府律师在弗洛辛汉姆同意的情况下,要求哥伦比亚特区上诉法院加快案件的处理,并及时向最高法院提出上诉,以便与另一个案件一起辩论和裁决。哥伦比亚特区上诉法院批准了这一请求,并在形式上维持原先的判决,同时批准向最高法院提出上诉。

1923 年 5 月,美国联邦最高法院受理了"弗洛辛汉姆诉梅伦案"的上诉,并且将上述两个案子合并审理,称之为"马萨诸塞州诉梅伦案"①:一是由马萨诸塞州向联邦最高法院提起的原始诉讼,马萨诸塞州代表他自己和他的公民状告美国财政部长(Mellon)、劳工部儿童局局长、美国公共卫生服务部门的卫生局局长以及美国教育专员,其中最后三人组成了由《生育法案》设立的母婴卫生委员会,马萨诸塞州的目的是禁止执行该法案;二是对哥伦比亚特区上诉法院的一项法令提出的上诉,原告是哥伦比亚特区公民弗罗辛汉姆,被告与上述被告相同,诉讼事由也与上述相同,希望联邦最高法院撤销哥伦比亚特区上诉法院对于原告诉讼请求的驳回判决。由于"马萨诸塞州诉梅伦案"与"弗洛辛汉姆诉梅伦案"一脉相沿,故学界一般将两案统称为"弗洛辛汉姆诉梅伦案"。

此案中,国会通过《生育法案》授权联邦政府对各州进行拨款,旨在降低各州的母婴死亡率。在马萨诸塞州看来,此举违背了《美国联邦宪法》第十修正案,侵犯了各州的自治权,各州或者选择放弃第十修正案的自治权,或者选择放弃联邦拨款。在弗洛辛汉姆看来,根据该法案进行的资金挪用将增加联邦纳税人未来的税收负担,从而在没有正当法律程序的情况下拿走她的财产。联邦最高法院认为,马萨诸塞州没有代表自己或其公民提出可由法院审理的争议,而纳税人弗洛辛汉姆没有资格对该法案提出质疑,因为她仅仅作为联邦纳税人身份没有相应的标的物利益,也没有受到该法案的伤害或威胁。因此,联邦最高法院最终没有授予马萨诸塞州和弗洛辛汉姆的原告资格。

---

① See Massachusetts v. Mellon, 262 U. S. 447 (1923).

3. 法官观点

在"弗洛辛汉姆诉梅伦案"①中,联邦最高法院法官阐明了联邦最高法院对于纳税人公益诉讼的态度。综合而言,联邦最高法院法官对此案的观点主要集中于国会颁发的《生育法案》是否违宪、司法权可否过度干预其他权力、一个州能否代表自己和本州公民提起诉讼、联邦纳税人可否起诉联邦政府四个问题,观点由联邦最高法院大法官萨瑟兰(Sutherland)陈述。

首先,国会颁发的《生育法案》是否违宪。1921年,国会颁布的《生育法案》设立了母婴卫生委员会与各州政府合作,对各州进行为期5年的拨款用于保护婴儿的健康和降低母婴死亡率。各州有选择接纳的权力,并且定期向联邦政府提交相关营运和开支的报告,联邦政府有权对不遵守拨款规约的州暂停拨款。在原告马萨诸塞州看来,此举并不是以拨款为目的,而是在诱导各州放弃自己的部分主权,对于母婴健康管理是保留给各州的主权,联邦政府的拨款计划违背了《美国联邦宪法》第十修正案的内容,而且无论是否接受拨款,拨款的财政负担都要由所有的州承担,这是对其他不接受州和北方工业州(包括马萨诸塞州)的掠夺。在联邦最高法院大法官萨瑟兰看来,国会颁布《生育法案》的目的仅仅是为那些致力于降低母婴死亡率的州提供财政援助,并没有涉及联邦税收问题,也没有涉及联邦监管问题,因为国会没有试图规定各州及其公民的行为。关于联邦政府拨款行为的合宪性问题的关键在于联邦是否未经授权使用公共资金,对联邦财政造成损害。根据《美国联邦宪法》第1条第8款的规定,国会有权征收直接税、间接税、进口税与货物税,以偿付国债、提供合众国共同防御与公共福利。此条款授权国会用税收为联邦公民提供公共福利,并且未对此作过多的限制,联邦对于各州母婴计划的拨款属于"公共福利"的范畴,唯一值得怀疑的是联邦的拨款是否来自税收。事实上,联邦拨款的钱不一定是来自税收。换句话说,税收不是补充联邦财政的唯一手段,联邦财政的很大比例是依靠贷款、出售战争物资和出售土地。但是,依据《美国联邦宪法》第4条第2款的规定,国会有权处置并制定合众

---

① See Massachusetts v. Mellon, 262 U. S. 447 (1923).

国领土或其他财产的一切必要法章和条例。该条款广泛授权国会处置联邦政府的任何财政资源,对联邦政府而言,在资金进入财政部并与其他资金混合后,国会拥有处置这些资源的广泛权力。因此,联邦最高法院大法官萨瑟兰认为国会颁布的《生育法案》并没有违背宪法规定,也未对各州主权造成损害。

其次,司法权可否过度干预其他权力。在联邦最高法院大法官萨瑟兰看来,联邦政府的职能是按比例分配的,立法部门承担了制定法律的职责,而行政机关负责执行这些法律规定的职责,司法机构有责任在提交法院审理的案件中适当地解释和适用这些规则。一般而言,任何一个部门都不得侵入对方的界域,也不得控制、指导或约束对方的行动。而且,无论是代表本州和本州公民起诉的马萨诸塞州还是作为纳税人原告的弗洛辛汉姆,均没有受到《生育法案》的实际影响或伤害。因此,联邦最高法院被要求作出裁决,针对的不是人身权或财产权,也不是对物质领域的管辖权,而是对抽象的政治权力、主权和政府问题的裁决。此案主要是政治问题,而不是司法问题,联邦最高法院作为司法机关,有着自身最为初始的裁判界限,既不能对主权界限问题作出裁决,也不能过多干预联邦立法和行政事务。

再次,一个州能否代表自己和本州公民提起诉讼。在原告的辩护律师看来,马萨诸塞州与本案有利害关系,足以使其有权作为一方原告提起诉讼。《生育法案》对原告马萨诸塞州施加选择权,要么放弃《美国联邦宪法》第十修正案保留的部分权力,要么放弃其在《生育法案》项下的拨款份额,使其有足够的利益维持本诉讼。而且,联邦政府与接受该法案的州之间通过合作建立一个政府体系,原告马萨诸塞州被排除在外,这给其足够的利益,以便恢复其作为联邦联盟中的一个州的地位。同时,原告马萨诸塞州还希望作为其公民的代表维持诉讼,因为他们的权利受到侵犯。在"密苏里州诉伊利诺伊州案"和"堪萨斯州诉科罗拉多州案"等先例中,[1]已经确定各州可以为了保护其公民的个人和财产权利以及一般的福利而

---

[1] See Missouri v. Illinois, 180 U. S. 208 (1901); Kansas v. Colorado, 185 U. S. 125 (1902); Kansas v. Colorado, 206 U. S. 46 (1907); Georgia v. Tennessee Copper Co., 206 U. S. 230 (1907); New York v. New Jersey, 256 U. S. 296 (1921); etc.

代表其公民提起诉讼。但联邦最高法院大法官萨瑟兰认为,本案实质上是针对财政部和母婴卫生委员会的,但他们不是任何一个特定州的公民,联邦最高法院不能把这作为一个州和另一个州公民之间的行动,因此不属于《美国联邦宪法》第 3 条第 2 款规定的联邦最高法院的原始管辖范围。而且,即使联邦通过税收筹集的资金被滥用,一个州也不能代表其公民提起诉讼,由于《美国联邦宪法》取代了《美国邦联条约》,美国的收入不是从各州征收的,而是从个人征收的,马萨诸塞州在这里要求法院传递的不是该州的权利,而是纳税人的联邦权利,这些纳税人虽然是马萨诸塞州公民,但也是美国公民,并且以后者的身份缴纳联邦税。如果马萨诸塞州在没有实际利害关系的前提下能够随意起诉联邦政府部门,那么其他州也可以随时起诉,这将严重影响行政部门的公务履行。

最后,联邦纳税人可否起诉联邦政府。原告辩护律师认为纳税人监督政府的行为是正当的,并且在市政和州层面已经得到印证。本案中,《生育法案》的实施已经超出联邦政府的权力范围,并且将导致联邦纳税人税负的增加。对此,联邦最高法院大法官萨瑟兰则认为,纳税人公益诉讼在市政层面盛行,是因为市政纳税人对于市政当局的税收利益更为直接和迫切,此举也得到了大量的州案例的支持。支持将衡平法救济扩大到单一纳税人的理由是基于公司纳税人与公司之间的特殊关系,这与股东与私营公司之间的关系存在一定的相似之处。但美国纳税人与联邦政府的关系非常不同,个人纳税人在美国国库资金中的利益与数百万其他人分享,相对而言是微小和不确定的。如果说从公共资金中支付的任何款项对未来税收有影响,那么这些款项是如此遥远、波动和不确定,以至于没有任何理由向法院提出预防性的个人上诉。任何法规的管理,都可能对大量纳税人产生影响,其本质上是公众的问题,而不是个人的问题。如果一个纳税人可以支持并提起诉讼,那么其他所有纳税人都可以就公共资金支出及其有效性提出质疑,这将使得联邦政府职能的瘫痪。而且,弗洛辛汉姆是当前的联邦纳税人,但不代表她是联邦未来的纳税人。

第三节　关于"弗洛辛汉姆诉梅伦案"的学理争论

"20世纪40年代前夕,美国的行政公益诉讼处于开端时期"①,当时的学术刊物上充斥着对政府行动进行公众监督的探讨。在此背景下,美国理论界对1923年的"弗洛辛汉姆诉梅伦案"进行了关注,并引发了相关的学理争论,争论主要集中于以下两点。

1. 对于"弗洛辛汉姆诉梅伦案"判决的肯定或批评

美国理论界对于公众是否能够作为"私人检察长"监督政府存在肯定与否定两种意见。与此相对应,1923年的"弗洛辛汉姆诉梅伦案"之后,理论界对于案件的裁决也存在两种不同的声音,一种表示支持和理解,另一种是对裁决提出批评。

对"弗洛辛汉姆诉梅伦案"而言,支持的声音也不尽相同。其中,一部分支持者认为,"弗洛辛汉姆诉梅伦案"的判决之所以合理,主要是能够避免联邦法院充斥着纳税人质疑每一笔小额支出的案件,这些案件并无实质意义,并且会影响行政机关的自由裁量权。而且,国会应该是纳税人资金使用方式的唯一评判者,因为根据《美国联邦宪法》第1条第8款的规定,国会具有为合众国创造"公共福利"的权力。② 另一部分支持者认为,"弗洛辛汉姆诉梅伦案"的判决主要是出于对司法经济的关注,如果允许联邦纳税人随意挑战联邦政府,将极易导致联邦司法资源的滥用,因此联邦最高法院法官的裁决是审慎的。③ 还有一部分支持者认为,联邦最高法院可能是从全局考虑这个案件,其裁决主要是基于以下几个方面考虑得出的:(1)不可能说在政府的全部收入中,原告的那部分税款都用于此特定拨款;(2)原告要求联邦法院颁布禁令的理论是为了防止未来的税收,而所讨论的拨款实际上可能会给纳税人带来金钱上的收益,而不是损

---

① 王名扬:《美国行政法》(下),北京大学出版社2016年版,第467页。
② See Kenneth Culp Davis, Standing to Challenge Governmental Action, *Minnesota Law Review*, 1955, Vol.39, p.391.
③ See John J. Egan Ⅲ, Analyzing Taxpayer Standing in Terms of General Standing Principles: The Road not Taken, *Boston University Law Review*, 1983, Vol.63, p.732.

失;(3)允许这样的诉讼将毫无理由地妨碍政府的主权,干扰政府的日常运转。①

此外,另一部分支持者从更长远的角度对联邦最高法院的判决进行了考量,这部分支持者认为:其一,有些人认为州纳税人在州政府的利益可能比联邦纳税人在联邦政府的利益更小,但利益更为遥远的州纳税人是否在州法院有起诉资格与此问题无关,因为联邦法院必须独立决定是否满足联邦宪法关于"案件或争议"的要求。其二,由于经济中充斥着来自联邦预算的支出,超过了所有州和地方预算的总和,联邦官员的作为或不作为产生了深远的影响,如果允许任何联邦纳税人对这些联邦活动提出质疑,那么诉讼就会激增。其三,由于大部分联邦支出的性质不同,大约 2/3 用于国防和外交等敏感领域,对纳税人公益诉讼中提起的联邦行动进行司法审查尤其不合适。这些支出现在相对不受司法干预,因为它们通常不会造成足以证明在联邦法院有起诉资格的个人伤害,且鉴于外交和国防领域更需要立法和行政自由裁量权的灵活性,法院在审查这些领域的行政和立法行动方面存在体制缺陷,以及发现必要文件和信息的问题,因此这种缺乏司法审查的情况似乎是可取的。其四,尽管在州和地方层面,纳税人公益诉讼和其他选举期间审查官方行为的手段对于避免违宪和违法至关重要,但这些手段在联邦层面上的重要性较低。华盛顿是国家的政治中心,联邦官员比许多地方和州官员更容易受到公众曝光和批评的压力,而地方和州官员的活动往往相对默默无闻,而且国家一级的官方行动反映了整个国家的执政党的状态,因此具有更大的反腐败和反非法的内在保护。②

同样,对"弗洛辛汉姆诉梅伦案"的批评的声音也呈现多样化。在一部分批评者看来,"弗洛辛汉姆诉梅伦案"所依据的裁判理由不成立。在案件中,联邦最高法院法官认为联邦纳税人之于联邦的利益是微小和不确定的,只有遭受直接伤害或危险的联邦纳税人才有资格起诉联邦政府,而纳税人之所以能够起诉市政当局,是因为他们和市政当局的税收利益

---

① See Note, *Harvard Law Review*, 1924, Vol.37, p.751.
② See Taxpayers' Suits: A Survey and Summary, *The Yale Law Journal*, 1960, Vol.69, No.5, pp.918-919.

更为直接和迫切。根据联邦最高法院法官的观点,市政纳税人在市政支出中比联邦纳税人在联邦支出中有更大、更直接的股份。这一主要想法在1923年可能是合理的,但现在却与事实相反。例如,通用汽车公司在1955年支付了超过10亿美元的联邦税,这意味着通用汽车在每项联邦支出中都拥有约2%的股份。当联邦政府执行一项耗资100亿美元的计划时,通用汽车的部分大约为2亿美元——从绝对意义上说,这不是一个"微小"的数目。即使通用汽车或其他一些公司在某些市政府的支出中所占份额超过2%,其股份也不可能达到2亿美元。此外,杜邦公司、美国钢铁公司、新泽西州标准石油公司和美国电话电报公司在1955年均缴纳了5亿美元左右的联邦税,通用公司并不是个例。[①] 如果以税收规模作为标准,正如联邦最高法院在"弗洛辛汉姆诉梅伦案"中所假定的那样,那么应该认为联邦纳税人可以质疑联邦支出,市政纳税人不可以质疑市政支出。因为,1923年的法院没有考虑到30多年后,联邦税率在州和地方税收中没有对应的税率,而且联邦税的税基通常是州或市税税基的数倍。此外,尽管联邦最高法院在"弗洛辛汉姆诉梅伦案"中试图根据与股东派生诉讼的不充分类比来区分市政纳税人的诉讼,但却没有试图区分州一级的纳税人公益诉讼,因为州一级的纳税人公益诉讼可能涉及比联邦纳税人更遥远、更微小的利益。例如,加州纳税人的利益可能不会比原告弗洛辛汉姆在1923年的利益更大。[②]

一部分批评者认为,同样与纳税人距离较为遥远,绝大部分州法院则反对最高法院在"弗洛辛汉姆诉梅伦案"中确立的原则。1929年的收集的案件显示,当时有19个州认为州纳税人可以挑战州政府的支出,只有4个州(路易斯安那州、纽约州、新墨西哥州和华盛顿州)否认州纳税人有这种原告资格。[③] 至1955年,至少有32个州支持州纳税人的原告资格,而没有一个州的法律明确规定州纳税人没有资格挑战州政府的支出。这意味着自1929年以来,大约有13个州首次支持这种原告资格,以前否认

[①] See Kenneth Culp Davis, Standing to Challenge Governmental Action, *Minnesota Law Review*, 1955, Vol.39, p.387.

[②] See Taxpayers' Suits: A Survey and Summary, *The Yale Law Journal*, 1960, Vol.69, No.5, p.918.

[③] See Note, *American Law Review*, 1929, Vol.58, p.588.

这种原告资格的4个州都制定了法律,或者支持这种原告资格,或者使法律变得模糊。① 以前否认拥有州纳税人地位的四个州值得特别关注,路易斯安纳州通过1929年的"波登诉路易斯安那州教育委员会案"推翻了1914年的"萨顿诉布伊案",授予州纳税人原告资格;②新墨西哥州通过1952年的"米勒诉库珀案"推翻了1926年的"阿斯普伦德诉汉内特案",允许州纳税人挑战公立学校的宗教教学活动;③纽约州在1914年的"希夫林诉科姆福特案"中明确禁止纳税人挑战州政府,但1945年纽约州上诉法院表示,当提出一个异常重要的问题时它愿意忽视原告资格问题,纽约州的公民和居民将一直有资格挑战州的行动;④华盛顿州则在1947年修改其原则:"我们从未认为在州检察长拒绝采取行动保护公共利益的适当情况下,纳税人不能代替其职责"。⑤

还有其他批评者认为,1923年"弗洛辛汉姆诉梅伦案"所确立的原则使得联邦纳税人无法对联邦的支出行为提出质疑,但依据1946年的《联邦行政程序法》的规定,纳税人可以在"受到不利影响"的情况下对行政行动进行司法审查,并且这样的"不利影响"的范围较为宽泛。也就是说,如果联邦纳税人能够证明他实际上受到了不利影响,那么他应该有资格质疑行政支出的合法性。⑥ 而且,从某种层面而言,如果联邦的支出权力(包括国会的支出法案和行政机关的支出行为)能够在宪法层面经受司法

---

① See Kenneth Culp Davis, Standing to Challenge Governmental Action, *Minnesota Law Review*, 1955, Vol.39, pp.388-389.值得注意的是,有其他学者认为新墨西哥州和纽约州并没有推翻之前的判决,这两个州仍然不允许州纳税人挑战州支出。See Taxpayers' suits: A Survey and Summary, *The Yale Law Journal*, 1960, Vol.69, No.5, p.901.

② See Borden v. Louisiana State Board of Education, 168 La. 1016, 123 So. 655 (1929); Sutton v. Buie, 136 La. 234, 66 So. 956 (1914).

③ See Miller v. Cooper, 56 N. M. 355, 244 P. 2d 520 (1952); Asplund v. Hannett, 31 N. M. 641, 249 Pac. 1074 (1926).

④ See Schieffelin v. Komfort, 212 N. Y. 520, 106 N. E. 675 (1914); Kuhn v. Curran, 294 N. Y. 207, 61 N. E. 2d 513 (1945).

⑤ See Reiter v. Wallgren, 28 Wash. 2d 872, 184 P. 2d 571, 573 (1947).

⑥ See Jeffrey C. Ketterson and Donald J. Maizys, Frothingham-Revisited and Rejected: Standing of Federal Taxpayers to Challenge Allegedly Unconstitutional Expenditures of Federal Funds, *Seton Hall Law Journal*, 1969, Vol.2.

审查,那么这些支出计划的基础就会更加牢固。最起码应该由总检察长作为全体公民的代表对联邦政府的支出行为进行监督,如果连这个都没有,未加限制的联邦支出权力将走向何方?① 另外,虽然联邦最高法院声称联邦纳税人的利益遥远而不确定,但它可能是任何的实质性利益。联邦声称纳税人公益诉讼可能会阻碍政府机制,但许多州允许纳税人通过法律采取行动,而没有过度妨碍他们的政府和司法通道。② 事实上,"法院只注意到了政治问题的标准而回避了必须决定的国会措施的合宪性问题"③,"忽视了保障不法行为不得逃避合法审查的基本需要,如果纳税人没有原告资格,就意味着涉及金钱花费的行政行为不得在法院受复审"④。

2. 宪法性障碍还是司法自我克制规则

在"弗洛辛汉姆诉梅伦案"中,联邦最高法院法官阻断了纳税人公益诉讼在联邦的道路。对此,美国学界存在争议:此案是否为纳税人公益诉讼设立了宪法性障碍(constitutional bar),或者法院只是实施了一项非宪法强制的司法自我克制规则(a rule of judicial self-restraint)。

在部分美国学者看来,"弗洛辛汉姆诉梅伦案"所指向的是一种宪法性障碍。因为,联邦最高法院法官在案中对原告马萨诸塞州和纳税人弗洛辛汉姆均给予了合宪性的论断。对马萨诸塞州而言,"归根结底,原告马萨诸塞州的申诉是一个赤裸裸的论点,即国会仅仅通过颁布法令就篡夺了几个州的保留权力,很明显,这样提出的这个问题在性质上是政治性的,而不是司法性的,因此不是一个允许行使司法权的问题"。对纳税人弗洛辛汉姆而言,"如果一个纳税人可以支持并提起诉讼,那么所有其他纳税人都可以这样做,不仅是在审查法规方面,而且在管理需要公共资金支出且其有效性可能受到质疑的所有其他拨款法案和法规方面"。因此,"弗洛辛汉姆诉梅伦案"最重要的是法院抓住了"政治问题"和"政策考虑"

---

① See Note, *Georgetown Law Journal*, 1936, Vol.24, p.974.
② See Note, *Harvard Law Review*, 1924, Vol.37, p.751.
③ Finkelstein, Maurice, Judical Self-Limitation, *Havard Law Review*, 1924, Vol.3, p.361.
④ [美]伯纳德·施瓦茨:《行政法》,徐炳译,群众出版社1986年版,第424页。

的标准,以"合宪性标准"替代了"正当法律程序"的考量,通过对此案的司法性协调,让我们更容易地理解司法心理学的趋势。①

但是,这种"宪法性障碍"的论断遭到了很多美国学者的批评,更多的美国学者认为"弗洛辛汉姆诉梅伦案"只是宣布了一种"非宪法强制的司法自我克制规则"。其中,部分美国学者认为,美国联邦最高法院在"弗洛辛汉姆诉梅伦案"中仅仅是保持了一种司法克制,而不是宪法性障碍,因为在其他类似的案例中联邦最高法院会对法律问题作出裁决。例如,在前文所述的1899年的"布拉德菲尔德诉罗伯茨案"中,原告布拉德菲尔德(Bradfield)以"美国公民、纳税人和哥伦比亚特区居民"的身份起诉联邦财政部长,认为财政部向哥伦比亚特区一家修道院所开设的医院拨款违背了《美国联邦宪法》第一修正案,最终联邦最高法院对宪法问题作出裁决,而不是否定原告的起诉资格。另外,在1905年的"霍姆诉麦考尔案"中,纽约州颁布了一项法令,要求雇佣公共工程人员时优先考虑纽约和美国公民,公共建设合同违法要求的可以取消,原告作为纽约州纳税人对此提起诉讼,认为违反了《美国联邦宪法》第十四修正案。此时纽约州尚未开放纳税人公益诉讼,此案上诉到了联邦最高法院,联邦最高法院对此案的宪法问题进行审理,而没有直接否定纳税人的原告资格,认为禁止承包商使用非公民雇员的州法律的适用没有违反《美国联邦宪法》第十四修正案,因为州有权限制公共工程的公共资金支出。②

在其他支持"非宪法强制的司法自我克制规则"的美国学者看来,公共诉讼——一种由私人提起的诉讼,主要是为了在执行公共义务时维护公共利益——长期以来一直是英美法律的一个特征。如果关于适当司法业务的宪法概念是建立在历史上,那么几乎不可能得出纳税人的行为不符合"案件或争议"的宪法要求的结论。如果过度强调司法的边缘,则可能陷入宪法阴影的社会,而宪法本身的目的在于保障公民的权利。与"弗

---

① See Finkelstein, Maurice, Judicial Self-Limitation, *Harvard Law Review*, 1924, Vol.37; Norman Dorsen, The Arthur Garfield Hays Civil Liberties Conference: Public Aid to Parochial Schools and Standing to Bring Suit, *Buffalo Law Review*, 1962, Vol.12.

② See Kenneth Culp Davis, Standing to Challenge Governmental Action, *Minnesota Law Review*, 1955, Vol.39, pp.389-390.

洛辛汉姆诉梅伦案"一脉相承的公共行动本身就是对行政控制不足的一种回应,其也是我们制度框架下的一种很重要的手段。虽然最高法院法官认为"弗洛辛汉姆诉梅伦案"本身是一个"政治问题",但在我们的制度框架下,司法权进行干预是有必要的。司法权本身的能力和危险不能与原告资格要求严格相关,同时法院的公法职能不仅仅是传统诉讼的副产品,由法官制定和演变而来的司法标准一直是为了约束规则,而不是陷入规则的旋涡。在这个国家发展起来的司法权是一种强大的力量,是一种兼具善和恶的力量,但它也可以被驯养并更好地为整个制度框架服务。因此,对"弗洛辛汉姆诉梅伦案"而言,将其限定为"宪法性障碍"是不合适的,至少从长远来看是这样。①

第四节　后续案件的梳理

联邦最高法院在"弗洛辛汉姆诉梅伦案"的裁决基本确立了联邦层面对于纳税人公益诉讼的态度,之后联邦层面的纳税人公益诉讼案例秉持遵循先例原则而基本未授予联邦纳税人起诉资格。本节主要考察1923年至1968年间联邦层面的纳税人公益诉讼的发展状况,包括主要诉讼范围和法官观点。

1. 主要诉讼范围

1923年至1968年,虽然联邦层面的纳税人公益诉讼的范围呈现多样化,但总体而言主要指向以下三个方向。

首先,联邦纳税人对联邦政府的各项拨款的质疑。联邦纳税人主要认为联邦政府的拨款违宪,或者存在不公平性(如以所有联邦纳税人的钱资助其中一小部分联邦纳税人等)。例如,1937年亚拉巴马州的电力公司起诉联邦政府,认为其向艾奥瓦州的某些市政公司提供贷款以帮助建设市政电灯和发电厂的行为不公平,是以国家全部纳税人的钱资助部分市政公司,将构成与国家其他电力公司的不正当竞争关系,损害其他电力

---

① See Jaffe, Standing to Secure Judicial Review: Private Actions, *Harvard Law Review*, 1961, Vol.75, pp.302-305.

公司的合法权益；①1925年来自纽约的联邦纳税人挑战联邦财政部长、战争部长、海军部长和退伍军人局局长，要求法院颁布禁令禁止这些官员及其下属官员执行1924年《国会法案》的规定，认为该法案主要为二战退伍军人和其他目的提供调整后的补偿是不公正、非法和不合理的阶级立法，并且是违宪和无效的。②

其次，针对联邦政府违背宗教信仰自由的行为的质疑。在联邦纳税人看来，联邦政府的财政支出等行为支持了某一个宗教组织，由此违背了《美国联邦宪法》第一修正案的"政教分离"条款。例如，1928年哥伦比亚特区的联邦纳税人艾略特（Elliott）起诉联邦财政部长，认为其将联邦公共资金的一部分用于支付参议院和众议院中的牧师和美国海军及陆军的薪资的行为违背了《美国联邦宪法》第一修正案中"政教分离"条款；③1967年来自纽约的纳税人弗拉斯特（Flast）指控联邦政府将公共资金用于购买教科书和其他材料，以及资助宗教和宗派学校的阅读、算术和其他科目的教学，此举违背了《美国联邦宪法》第一修正案及1965年《初等和中等教育法》；④1967年一些私人和公司起诉联邦邮政局局长，要求其不得发行一款纪念圣诞的邮票，因为上面画有"圣母像"，此举将会违背《美国联邦宪法》第一修正案的"政教分离"条款。⑤

最后，对于联邦政府授予行政许可和筹款问题的质疑。对联邦纳税人而言，他们作为缴纳了联邦税的公民，有权监督社会公共资源的流向，授予行政许可本身即是一种将社会公共资源给予私人使用的行为，因此应当受到约束。例如，1939年田纳西电力公司起诉联邦政府，认为其授予田纳西河流管理局电力的特许经营权扰乱了市场秩序，田纳西河流管理局将电能批发出售给市政当局和工业工厂，且无多少利润，严重影响了其他电力公司的营业。⑥ 对于联邦政府的筹款行为，在联邦纳税人看来，

---

① See Alabama Power Co. v. Ickes, 91 F. 2d 303 (1937).
② See Wheless v. Mellon, 10 F. 2d 893 (1926).
③ See Elliott v. White, 23 F. 2d 997 (1928).
④ See Flast v. Gardner, 267 F. Supp.351 (1967).
⑤ See Protestants & Other Americans, etc., v. O'Brien, 272 F. Supp. 712 (1967).
⑥ See Tennessee Electric Power Co. v. Tennessee Valley Author (1939).

联邦政府不合理的筹款行为将会增加自身未来的税收负担。例如,1937年联邦纳税人戴维斯(Davis)起诉联邦财政部,认为《社会保障法》第802条和第804条违宪,且超出了国会的权力范围,因此根据《社会保障法》所征收税款的行为也是违背宪法的。①

2. 法官观点

梳理1923年至1968年的联邦层面的纳税人公益诉讼案例,基本上均未授予联邦纳税人原告资格,其中主要裁决理由有三个:一是联邦的法案或行为未违背宪法或法律(没有提出可以审理的争议);二是纳税人没有直接利害关系;三是司法权的有限性。对于"弗洛辛汉姆诉梅伦案"的态度,虽然联邦法院的案例中不乏有一些批评意见,但大多是依据遵循先例原则予以引用和遵循。

首先,联邦的法案或行为未违背宪法或法律。在起诉联邦政府的案例中,认为政府行为或颁布的法案违宪或违法的案例居于多数,联邦法官在裁决这些案例时一直秉持较为审慎的态度,不会轻易认定联邦的法案或行为违宪或违法。例如,在1937年的"阿拉巴马电力公司诉伊克斯案"中,原告认为联邦政府向艾奥瓦州的某些市政公司提供贷款以帮助建设市政电灯和发电厂的行为将构成与国家其他电力公司的不正当竞争关系,损害其他电力公司的合法权益,但联邦法院认为联邦政府并不打算成为电力公司的竞争对手,并且在发电厂建成后将不会拥有权利、所有权或权益,市政当局的竞争可能造成的损害并不构成对电力公司任何合法权利的剥夺或损害,市政当局经营发电厂并不违背任何法律,电力公司无权将其排除在竞争之外。② 在1937年的"戴维斯诉波士顿和缅因州铁路公司案"中,原告认为《社会保障法》违宪,是为了某部分纳税人的利益而占有全部纳税人的部分财产,征税行为已经超出了国会的权力范围,但联邦法院认为国会具有实施"公共福利"的权力,"以全部纳税人的财产资助部分纳税人"属于"公共福利"范围,因此没有违背宪法。③

---

① See Davis v. Edison Electric Illuminating Co., 18 F. Supp.1 (1937).
② See Alabama Power Co. v. Ickes, 91 F. 2d 303 (1937).
③ See Davis v. Boston & M. R. Co., 89 F. 2d 368 (1937).

其次,纳税人没有直接利害关系。在联邦的纳税人公益诉讼中,出于对"弗洛辛汉姆诉梅伦案"的遵循,认为联邦纳税人与联邦距离过于遥远,不具有特殊的利害关系的案例也较多。例如,在1967年的"弗拉斯特诉加德纳案"①中,原告认为联邦政府将公共资金用于资助宗教和宗派学校的阅读、算术和其他科目的教学违背了《美国联邦宪法》第一修正案的"政教分离"的条款,但联邦法官认为联邦纳税人没有资格提起诉讼,因为联邦纳税人对财政部资金的利益是微小的、不确定的,并且通常与所有公民分享,因此联邦纳税人缺乏资格,法院也缺乏对标的物的管辖权。在1967年的"布斯诉通用动力公司案"②中,原告声称联邦政府在一次欺诈阴谋下以极低的租金获得了卫生区土地的有价值租约,该租约是对地区纳税人的欺诈,但联邦法官认为原告没有起诉联邦的资格,联邦确实承认市政纳税人对市政财产享有公平权益,市政纳税人有资格禁止市政公司剥夺该公平财产权,但在联邦层面与市政层面不同,原告并无依据《民事法律》提出实际遭受损害或威胁,也没有提出本法院可以受理的实际争议。在1936年的"格林伍德县诉杜克电力公司案"③中,原告认为联邦政府为了提供就业而在全国投资和建设大规模公共工程的做法侵害了纳税人的权益,但联邦法官认为为提供就业而向全国性公共工程计划支出公共资金属于国会权力范围,而且此举不会对联邦纳税人利益造成直接侵害或威胁,因而原告不具备起诉资格。

最后,司法权的有限性。在联邦层面的纳税人公益诉讼中,有部分案例认为法院的职权有限,对于联邦政府财政行为的审查将会使司法权走得太远,超出了它原本的职能和损害权力分立架构。例如,在1967年的"哥伦比亚特区公民协会联合会诉艾里斯案"④中,原告要求法院对于联邦援助的哥伦比亚特区一个公路项目颁布禁止令,并宣告其是非法的。联邦法院认为联邦政府的政策或行动的可取性并非属于司法管辖范围,法院不是政府的一个监督部门,否则政府的最终权力将流向法院,从而破坏权力分立结构,这不是开国元勋们所考虑或打算创造的。在1940年的

---

① See Flast v. Gardner, 267 F. Supp.351 (1967).
② See Booth v. General Dynamics Corp., 264 F. Supp.465 (1967).
③ See Greenwood County v. Duke Power Co., 81 F. 2d 986 (1936).
④ See D. C. Federation of Civic Assos. v. Airis, 275 F. Supp (1967).

美国联邦纳税人公益诉讼的历史命运

"佩尔金斯诉卢肯斯钢铁公司案"[①]中,原告要求联邦法院对于政府与钢铁制造商签订的采购合同颁布禁令,联邦法院认为司法机关的权力仅限于纠正个人的合法权利,为了维持一项撤销政府某些活动的诉讼,原告必须有起诉的资格,即他自己的法律承认的个人权益正受到政府的侵犯或威胁。换言之,起诉资格的要求不仅仅是程序问题,而是实体法的一项基本原则,必须充分保持这一原则的活力,以免削弱我们权力架构的稳定性。

对于"弗洛辛汉姆诉梅伦案",大多联邦层面的纳税人公益诉讼案例均予以引用和遵循,其中引用较多的观点是:(1)援引司法权宣布一项法令违宪,攻击它的一方必须表明,不仅该法令是无效的,而且他正遭受或立即面临一些直接伤害或危险,而不仅仅是他遭受了某种不明确的损害。[②] (2)如果一个纳税人可以支持并提起诉讼,那么所有其他纳税人都可以这样做,不仅是在本审查法规方面,而且在其他所有拨款法案和法规方面,这种结果的赤裸裸的暗示,以及随之而来的不便,远远支持了我们已经得出的结论,即这种性质的诉讼是无法维持的。[③] (3)联邦法院不会审查政府的外交政策,也不会审查国会出于福利目的拨款的明智性,这是一个专门属于立法和行政部门管辖的领域。一般而言,任何一个部门都不得侵入对方的界域,也不得控制、指导或约束对方的行动,这也是由司法权的有限性决定的。[④] (4)与市政纳税人不同,联邦纳税人在美国国库资金中的利益与数百万其他人分享,其相对于联邦的利益是遥远、波动和不确定的,因而不能使他有资格攻击联邦政府规约或行动的合宪性。[⑤] 当然,也有一些案例对"弗洛辛汉姆诉梅伦案"的判决提出了批评。例如,

---

[①] See Perkins v. Lukens Steel Co., 310 U.S. 113 (1940).

[②] See Wheless v. Mellon, 10 F. 2d 893 (1926); United States ex rel. Brookfield Constr. Co. v. Stewart (1964); etc.

[③] See United States ex rel. Stowell v. Deming, 19 F. 2d 697 (1927); Protestants & Other Americans, etc., v. O Brien, 272 F (1967); etc.

[④] See Swallow v. United States, 325 F. 2d 97 (1963); Shelton v. Wade, 130 F. Supp.212 (1955); Protestants & Other Americans, etc., v. O Brien, 272 F (1967); etc.

[⑤] See Sapp v. Hardy, 204 F. Supp.602 (1962); Reynolds v. Wade, 249 F. 2d 73 (1957); etc.

在1967年的"弗拉斯特诉加德纳案"①中,法官认为自"弗洛辛汉姆诉梅伦案"以来的近半个世纪里,随着经济和政府规模的迅速扩大,纳税人利益的性质发生了变化,州纳税人对于本州财政的利益可能比1923年的联邦利益更"遥远、波动和不确定",然而州纳税人仍保留提出纳税人公益诉讼的权利。虽然存在一些批评意见,但大多数案例还是认为无论"弗洛辛汉姆诉梅伦案"是否存在争议,其对当前的案子仍然具有约束力,因此选择予以遵循。

第五节　1936年"美利坚合众国诉巴特勒案"的特殊性

在"弗洛辛汉姆诉梅伦案"之后,基本所有的联邦层面的纳税人公益诉讼案例均遵循先例原则选择不授予原告起诉资格,只有1936年的"美利坚合众国诉巴特勒案"②是例外。本节主要考察"美利坚合众国诉巴特勒案"的基本案情、法官观点和特殊性。

1. 基本案情

1935年,来自农产品加工公司"胡萨克磨坊"(HOOSAC MILLS)管理者巴特勒(Butler)向美国联邦地方法院提起诉讼,认为美国联邦1933年颁布的《农业调整法》违宪。1933年的《农业调整法》是在1929年至1933年美国经济大萧条的背景下颁布的,作为一种弥补农业萧条的手段,该法案意在利用对农产品加工商征收部分税收来支持农产品价格。因为加工方承担的税收被视为"调整计划的独立部分",负担税收的加工方因此有资格挑战该法令的合宪性。③ 但是,联邦地方法院认为《农业调整法》所征收的税收有效并下令支付,而美国第一巡回上诉法院则以《农业调整法》违宪为由推翻了这一判决。

---

① See Flast v. Gardner, 267 F. Supp.351 (1967).
② See Taxpayers' Suits: A Survey and Summary, *The Yale Law Journal*, 1960, Vol.69, No.5, p.916.
③ 参见王国侠:《我国纳税人诉讼可行性研究》,华东政法大学2017年博士学位论文。

美国联邦纳税人公益诉讼的历史命运

同年12月,美国联邦政府则将该案上诉至联邦最高法院,也就是"美利坚合众国诉巴特勒案"①。在联邦政府看来,《农业调整法》是有效的,因为根据《美国联邦宪法》第1条第8款的规定,国会有权依据"公共福利"制定相关的支出政策。该法案是在农业大萧条时期帮助农民的一项政策,属于"公共福利"范围,因此没有违背宪法。但是,在联邦最高法院看来,如果该法案属于"公共福利"一词的范围,则制定该法案确实属于国会的权力范围,但法院不必就该法案是否属于"公共福利"范围进行解释和讨论。该法案的目的显然是通过在经济压力下迫使不合作的少数人民采取所希望的行动来规范农业,然而,宪法并没有授予国会管理农业的权力,而是保留给各州。依据《美国联邦宪法》第十修正案,"宪法未赋予联邦政府的权力都属于各州和人民",该法案背景下的税收和所筹集资金的拨款和支出方向都是违背宪法的,因为国会既无权根据该法案的目的对农民直接强制执行其命令,也不能通过征税和支出的方式间接实现这些目的。

最终,联邦最高法院认为1933年的《农业调整法》是国会违宪的权力主张,并且对农产品加工方征税的主张也是无效的。根据"美利坚合众国诉巴特勒案"的判决,联邦最高法院在"弗洛辛汉姆诉梅伦案"之外确立了这样一个规则,即只有当原告支付税收是某个调整计划的一部分,并且当这些税收不是流入国库,而是出于某种目的而用于该项计划的支出时,才可以授予原告起诉资格。在一般情况下,仍然适用"弗洛辛汉姆诉梅伦案"判决所确立的规则。

2. 法官观点

在"美利坚合众国诉巴特勒案"②中,法官的主要目标在于明确1933年《农业调整法》的某些条款是否与联邦宪法相冲突。《农业调整法》的计划是通过减少产量来提高农民某些农产品的价格,根据与农业部长达成的协议,该法案通过向农民支付款项,从而减少他们的种植面积和作物,而用于此目的的钱,作为一种税收,是从那些农产品加工商那里征收的。

---

① See United States v. Butler, 297 U. S. 1 (1936).
② See United States v. Butler, 297 U. S. 1 (1936).

联邦最高法院大法官罗伯茨(Roberts)陈述了四点意见,肯定原告的起诉资格。

首先,联邦政府辩称,被调查者没有资格质疑税收的有效性。其立场是,该法案仅仅是一项对棉花加工活动征收消费税的税收措施,棉花加工活动是征收此类税的适当对象,所得收入进入联邦财政部,因此可用于任何用途的拨款。而且,根据"弗洛辛汉姆诉梅伦案"的判决,被上诉人巴特勒试图做的是根据国会拨款质疑这笔钱的预期用途,而通过供认,这笔钱将成为政府的财产,纳税人将不再对其有直接利益关系。联邦最高法院大法官罗伯茨认为,如果我们在这里仅仅关注纳税人为限制公共资金支出而提起的诉讼,那么这个案件可能是对上诉人有利的。在"弗洛辛汉姆诉梅伦案"中,法官认定美国纳税人不得以非法挪用将耗尽公共资金从而增加未来的税收负担的理由质疑联邦财政部的支出。显然,纳税人在联邦政府资金中所声称的利益以及未来税收负担的增加是微小和不确定的。但在这里,被上诉者被要求以交税的形式支付金钱,他们抵制这种苛求,认为这是未经授权的计划中的一个步骤。这种情况清楚地表明了两个案件的不同。政府实质上要求我们将《农业调整法》分为两部法规,一部对某些商品的加工商征收消费税,另一部独立于第一部法规进行拨款。作为一项计划的一部分,颁布的两项法规不应该被视为是不同和不相关的,即该法案的一部分目的仅仅是对加工商征收消费税,以增加政府支持的收入,另外的立法的唯一目的是将农产品的购买力恢复到与前一天相当的水平。我们得出的结论是该法案是一项规范农业生产的法案,该项税收只是此类目的的一个手段,此与"弗洛辛汉姆诉梅伦案"存在明显的区别,因此作为切身利益受到损害的被上诉者有资格质疑该项征收的合法性。

其次,联邦政府声称,即使被上诉者可以质疑法案中所体现的拨款是否恰当,他们的攻击也必须失败,因为《美国联邦宪法》第1条第8款授权国会为"公共福利"筹集税收。这一争论提出了本案的重大问题,同时也涉及联邦三个部门的职权问题。在这种情况下,联邦最高法院大法官罗伯茨认为不应误解法院的职能。这时有人说,法院有权否决或控制人民代表的行动,这是一种误解。宪法是人民制定和确立的国家的最高法律,所有立法必须符合其规定的原则。当国会法案因不符合宪法授权而在法院受到适当质疑时,联邦司法部门只有一项职责,即将宪法条款置于被质疑的法规之外,并决定后者是否与前者相符。法院所做的,或能够做的,就是宣布其对该问题经过深思熟虑后作出判决。它所拥有的唯一权力,就是审判权,但法院既不批准也不谴责任何立法政策,其微妙而困难的任务是确定和宣布立法是否符合或违反宪法的规定,这样一来,它的职责就结束了。现在的问题在于联邦政府拥有什么权力,或者说人民实际上赋予了什么权力。联邦政府是一个授权政府,它只拥有明确授予它的权力,以及从授予的权力中合理暗示的权力,其他权力属于州和人民。虽然《美国联邦宪法》第1条第8款授予国会为"公共福利"筹集税收的权力,但对于"公共福利"的范围不应该作扩大解释,否则联邦政府的权力将不受任何限制。《美国联邦宪法》本身就被设想为是一个国家政府的框架,具有特殊和列举的权力,而不是一般和无限的权力。"公共福利"旨在为联邦公民谋求幸福,但不是以压迫少数人为手段,国会不能以行使权力为借口,通过对少数人征税来达到目标。而且,作为授权政府,联邦并未得到管制农业生产的授权,因此国会为此目的制定的立法是被禁止的。

最后,联邦政府认为,如果《农业调整法》的征税行为确实是国会无权干预的州政府事务的话,那么是否可以利用征税权筹集必要的资金,然后对农民进行补贴以获得他们的支持,从而购买国会无权指挥的合规性?政府声称,如果该计划是非强制性的,那么无论人们如何反对该计划的有效性,这在宪法上都是合理的,因为该计划的目的是通过自愿合作实现的。但联邦最高法院大法官罗伯茨认为,这项规定实际上并不是自愿的。当然,农民不大可能会拒绝遵守,因为这种拒绝的代价是利益的损失,《农业调整法》为他们提供的金额足以对他施加压力,使其同意拟议的法规。如果选择不接受收益,他们将从作物中获得更少的收益,其结果很可能是财务破产。但是,《农业调整法》的强制性目的和意图并没有因为它而变得模糊不清。事实上,由于农产品加工者仍然是一个少数群体,征税权的行使对他们来说是强迫性的行为,是压迫一个少数群体而使更多的农民受益,而且征税行为本身即具有强制性。对农民一方来说,也是没有选择的选择,这是经济压力所胁迫的结果,因此所谓的选择权是虚幻的。

在"美利坚合众国诉巴特勒案"中,联邦政府多次提及"弗洛辛汉姆诉梅伦案",主要认为两个案子类似,本案对于各州权力的干涉和"弗洛辛汉姆诉梅伦案"中对各州权力的干涉一样,只要受让人自愿选择接受即可,而且,只要纳税人的基本利益没有受到直接侵犯,纳税人是不能起诉联邦政府的,因此联邦政府认为本案应当与"弗洛辛汉姆诉梅伦案"一样不能授予被上诉人原告资格。但是,联邦最高法院法官罗伯茨在"美利坚合众国诉巴特勒案"中坚持认为两案不同,"美利坚合众国诉巴特勒案"更接近于一种对于地方事务的监管行为,而不是普通征税行为,这种情况已经超出了宪法的授权范围,这是其与"弗洛辛汉姆诉梅伦案"的主要区别。而且,联邦政府的征税和拨款计划并不是所说的一种自愿行为,无论是受益的农民还是居于少数的农产品加工商,在经济压力和税收胁迫下均无法作出其他选择,因此受强迫的少数农产品加工厂(联邦纳税人)有权提出异议。

在本案中,联邦最高法院大法官斯通(Stone)提出不同的意见,布兰代斯(Brandeis)大法官和卡多佐(Cardozo)大法官也赞同此不同意见,他们认为本案应当支持联邦政府颁布的《农业调整法》,理由主要有四点:首先,法院宣布一项法令违宪的权力受两项判决指导原则的制约,这两项原则在司法意识中永远不应缺失。一是法院只关注制定法规的权力,而不是他们的智慧;二是尽管政府行政和立法部门违宪行使权力受到司法约束,但司法权的行使仍然要秉持自我克制感。因为从法规中删除不明智的法律,权力不在于法院,而在于选票和民主政府的程序。其次,国会对农产品加工征收消费税的宪法权力毋庸置疑,目前的征税被认定无效,并不是因为国会没有权力征收这种税来用于公共支出,包括用于"公共福利"的支出,而是因为其收益的用途不被批准。再次,由于目前农业萧条的程度和影响是全国性的,因此没有理由说援助农民的公共资金支出不在国会特别授予的征税权范围之内,以提供"公共福利",法院的意见没有考量现实需求和其他情况。最后,虽然国会征税权范围内的征税可能被视为无效,因为这是监管农业生产计划中的一个步骤,因此侵犯了保留给各州的权力。但是,这项征款是行使征税权,因为它的目的是支付"公共福利"支出,而不是政府的其他支出。虽然所有联邦税不可避免地会对各州的内部经济产生一些影响,但没有人认为对使用农产品作为原材料的制造商征收加工税会对整个农业生产或制造产生任何明显的不利影响;相反,这是一项旨在解决农业萧条的积极措施。即便有法官提出异议,但考虑到本案与"弗洛辛汉姆诉梅伦案"的实质性差异,联邦最高法院仍然判决联邦政府败诉,宣布《农业调整法》违宪。

3. "美利坚合众国诉巴特勒案"的特殊性

1923年的"弗洛辛汉姆诉梅伦案"确立了联邦层面对于纳税人公益诉讼的态度,此后几十年联邦层面的纳税人公益诉讼的发展基本遵循其确立的规则。但是,1936年的"美利坚合众国诉巴特勒案"是唯一的例外,此案不仅宣布联邦纳税人巴特勒胜诉,而且树立这样的规则,即当原告支付税收是某个调整计划的一部分,并且当这些税收不是流入国库,而是出于某种目的而用于该项计划的支出时,可以授予原告起诉资格。

"美利坚合众国诉巴特勒案"之所以能够成功,是因为此案和"弗洛辛汉姆诉梅伦案"存在本质的区别。"弗洛辛汉姆诉梅伦案"对各州母婴健康问题的拨款是以联邦公共财政为支撑,税收由全体联邦纳税人承担,体现为一种征税权的行使。而"美利坚合众国诉巴特勒案"的征税行为和拨款行为限定于农业调整计划中,对农产品加工商征税以授予农民更多的利益,不仅是一种农业监管行为,更是对少数人的强制性征税和压迫行为,此也成为其违宪的基础。

虽然"美利坚合众国诉巴特勒案"在"弗洛辛汉姆诉梅伦案"之外确立了一条新的规则,但由于制定的征税法令与支出计划相联系相当少见,所以"美利坚合众国诉巴特勒案"对"弗洛辛汉姆诉梅伦案"的例外的后果很小,其并没有改变纳税人公益诉讼在联邦的状况,直到1968年的"弗拉斯特诉科恩案"。一般情况下,联邦政府及其官员免受纳税人公益诉讼的挑战。[①]

20世纪上半叶,美国经历了剧烈的经济和政治变革,并对纳税人公益诉讼在联邦层面的发展产生影响。学界一般将1923年的"弗洛辛汉姆诉梅伦案"作为联邦出现的第一起纳税人公益诉讼案例,该案是在联邦公

[①] See Taxpayers' Suits: A Survey and Summary, *The Yale Law Journal*, 1960, Vol.69, No.5, p.917.

共服务职能不断扩大的背景下展开的,联邦纳税人弗洛辛汉姆认为联邦对于各州母婴健康问题的拨款超出职权范围并使其未来税负增加,但最高法院在审理后拒绝授予原告起诉资格。最高法院法官的论点主要涉及四点:国会颁发的《生育法案》是否违宪、司法权可否过度干预其他权力、一个州能否代表自己和本州公民提起诉讼、联邦纳税人可否起诉联邦政府。在"弗洛辛汉姆诉梅伦案"之后,美国理论界对此案展开了争论,争论主要集中于两点:一是对此案判决的肯定或批评,二是此案是否为纳税人公益诉讼设立了宪法性障碍还是法院只是实施了一项非宪法强制的司法自我克制规则。1923年的"弗洛辛汉姆诉梅伦案"基本确立了联邦对于纳税人公益诉讼的态度,直至1968年的"弗拉斯特诉科恩案"才有所缓解,其间联邦出现的纳税人公益诉讼案例涉及联邦政府的各项拨款问题、违背宗教信仰自由问题、授予行政许可和征税问题,但基本都以遵循先例原则不授予原告起诉资格。唯一的例外是1936年的"美利坚合众国诉巴特勒案",此案与"弗洛辛汉姆诉梅伦案"存在本质的区别,且其确立的新的规则出现的概率较小,因而没能突破"弗洛辛汉姆诉梅伦案"的基本限制。

第三章 纳税人公益诉讼在联邦层面短暂推行

1923年的"弗洛辛汉姆诉梅伦案"所确立的规则直到今天仍然有效,1968年的"弗拉斯特诉科恩案"将其基本规则撕开一个较大的口子,此也是"弗拉斯特诉科恩案"与"美利坚合众国诉巴特勒案"的区别。但是,"弗拉斯特诉科恩案"所撕开的口子并没能延续太久,20世纪末这个口子随即逐渐被封上。

第一节 纳税人公益诉讼在联邦层面获得生机的缘由

20世纪中期,美国联邦层面的纳税人公益诉讼迎来短暂的发展机会,究其原因,主要与以下四点相关联。

1. 1946年《联邦行政程序法》的出台

事实上,美国纳税人公益诉讼的发展始终与行政法或行政程序法的发展相伴生。1940年以前,美国的行政诉讼遵循这样的规则,即在"当事人权利受到侵害时才具备起诉资格"。这个时代,法院关于司法审查的起诉资格和私人相互间诉讼的起诉资格适用同样的标准。20世纪40年代以后,由于行政国家的兴起,政府创立了很多控制机构,如控制交通、电讯、航空、州际商业等机构,这些机构越来越受到被控制对象的控制,而公众的利益越来越得不到保护,因而开始求助法院的监督以维护自身利益。同时,传统的私法模式的行政法律关系也越来越不适应当时的行政需要,扩张的行政权力得不到有效的规制。

在此背景下,1940年的"联邦电讯委员会诉桑德斯兄弟无线电广播站案"[1]率先对司法审查起诉资格进行突破。该案中,桑德斯兄弟无线广播站起诉联邦电讯委员会对另一无线广播站颁发营业执照,使得同一区

---

[1] See Fcc v. Sanders Brothers Radio Station, 309 U. S. 470 (1940).

域的广告收入不足以维持两个广播站,两个广播站相互竞争将导致彼此破产。联邦电讯委员会认为法律没有规定对竞争者的损害是拒绝颁布执照的理由,但最高法院认为,虽然颁发执照不必考虑竞争者的损害,但桑德斯兄弟作为一个竞争者,他的利益受到颁布新执照的不利影响,仍然有资格请求法院审查联邦电讯委员会的决定。

在桑德斯案之后,1943年的"纽约州工业联合会(法人)诉伊克斯案"①进一步创造了"私人检察总长"理论。此案中,原告是煤炭消费者,被告是工业部长和煤炭局局长,原告认为被告规定的煤炭价格过高,根据1937年《煤炭法》的规定,请求联邦第二巡回上诉法院审查。被告主张原告没有起诉资格,因为原告的决定没有侵犯原告的实际权利,否则不符合《美国联邦宪法》第3条规定的"案件"或"争议"的要求。但上诉法院在判决中认为,国会为了保护公共利益,可以授权检察总长对行政机关的行为申请司法审查,国会也有权以法律指定其他当事人作为私人检察总长,主张公共利益。由此,此案所创造的"私人检察总长"理论将司法审查的起诉资格推向另一个高度。

1946年以前,美国联邦司法审查的起诉资格,除宪法关于司法权的规定普遍适用以外,没有其他普遍适用的法律。起诉资格如何决定,由法院的判例和个别的成文法规定。联邦成文法对司法审查起诉资格首先作出普遍性规定的是1946年的《联邦行政程序法》。该法第10节第a款规定:"任何人由于行政行为而受到不法侵害,或者在某一有关法律意义内的不利影响或侵害,有权对该行为请求司法审查。"该条款"任何人由于行政行为而受到不法侵害"是传统起诉资格的标准,而"或者在某一有关法律意义内的不利影响或侵害"则是40年代初期发展的起诉资格标准。②正是《联邦行政程序法》的出台和第10节对于原告资格的界定,给予法院审查行政行为时更大的解释空间,促进了纳税人公益诉讼、环境公益诉讼等公共行动的发展。③

---

① See Associated Industries of New York State, Inc. v. Ickes, 134 F. 2d 694 (2d Cir. 1943).
② 参见王名扬:《美国行政法》(下),北京大学出版社2016年版,第463~464页。
③ 参见韩姗姗:《美国纳税人诉讼制度及其对中国之借鉴》,载《财税法论丛》(第11卷),法律出版社2010年版,第248页。

2. 沃伦法院与司法能动主义的推进

1953年至1969年,厄尔·沃伦(Earl Warren)担任美国联邦最高法院首席大法官,因而称此段时间的联邦最高法院为"沃伦法院"。所谓司法能动主义,不同的学者有不同的主张①,但总体而言,其主要与司法克制主义相对,指代法院对宪法的最终解释权、对立法和行政权力的监督、保持对在民主进程中无法获得自我保护的弱势群体的关注。从历史上看,司法能动主义与司法克制主义并没有绝对的好坏,司法克制主义能够维持法律的稳定性和对立法、行政权力的不过度干预,而司法能动主义则能够推动法院参与国家的政治决策、保持对立法权及行政权的监督、促使宪法永葆活力。

19世纪之前,美国主要恪守司法克制主义,法院既不会提出法律违宪,也不会过多干涉立法和行政机关的活动。1803年的"马布里诉麦迪逊案"②是一个里程碑事件,其创造了"司法审查"的概念,推动法院职权的扩张和发展。19世纪末20世纪初的"洛克纳时代"(Lockner Era)是司法能动主义的第一次高潮时期,联邦最高法院在自由主义经济和私人财产神圣不可侵犯等信条的影响下,不断宣布政府所颁布的法律违宪,并一度导致"罗斯福新政"的艰难推行,罗斯福总统提出了"填塞法院计划",最后大法官们冷静下来,选择重新回归司法克制主义。③

20世纪50年代,沃伦法院在自由派大法官的推动下掀起了司法能动主义的第二次高潮。在这些自由派大法官看来,司法机关应该发挥积极性和自主性,推进"活的宪法"的发展,维护每一个公民的尊严,保持对

---

① 如加里·沃塞曼认为司法主动论者谋求使用最高法院的权力来解决政府其他部门忽视的经济和政治问题;詹姆斯·M.伯恩斯认为既然国会、白宫及州议会无力应付许多迫在眉睫的问题,而一些人又得不到司法公正和他们的宪法权利,那么就该由最高法院来这么做,最高法院应当成为引导美国人民表达价值观的全国重大讨论会中的领袖等。参见[美]加里·沃塞曼:《美国政治基础》,陆震伦译,中国社会科学出版社1994年版,第145页;[美]詹姆斯·M.伯恩斯:《民治政府》,陆震伦译,中国社会科学出版社1996年版,第123页。

② See Marbury v. Madison, 5 U. S. 137 (1803).

③ 参见冯静:《作为宪法权利的契约自由在洛克纳时代的变迁——以劳动契约领域为例》,上海交通大学2012年博士学位论文。

一个自由、平等和公平社会的追求。1954年,沃伦法院在"布朗诉教育委员会案"①中作出第一个重要判决,宣布种族隔离违宪。由此开始,沃伦法院通过一系列里程碑式的判决,如1964年的"纽约时报公司诉沙利文案"②、"亚特兰大市中心汽车旅馆诉美利坚合众国案"③、1962年的"贝克诉卡尔案"④、1967年的"洛文诉弗吉尼亚州案"⑤和1966年的"米兰达诉亚利桑那州案"⑥等,奠定了法院保障公民言论自由、种族平等、公平选举、婚姻自由、被讯问时的沉默权("米兰达警告")等基本权利的基础。正是沃伦法院对公民人权的持续关注和努力,沃伦法院时期也因此被誉为美国联邦最高法院史上最重要的、最有影响的历史时期之一。也正是在沃伦法院时期,纳税人公益诉讼在联邦层面迎来了突破和发展的生机。⑦

3. 民权运动与公益诉讼的高速发展

20世纪50年代至70年代,美国爆发了严重的民权运动。这场民权运动不仅对美国现代民主制的发展起到了关键作用,也对美国公益诉讼的高速发展起到了较大的促进作用。有学者曾说,"民权运动在许多方面都是锻造现代公益法的熔炉"⑧。

这场民权运动起源于内战后黑人追求与白人同等权利的斗争。内战后,虽然林肯废除了奴隶制度,但种族隔离制度依然存续,白人与黑人的矛盾依然尖锐。黑人不仅在政治和经济上都无法获得与白人同等的地位,而且经常受到种族歧视和压迫。这种累积的矛盾在20世纪50年代逐渐爆发,黑人选择用非暴力的方式维护自身权益,除了静坐、游行、抵制等措施之外,还选择诉诸法律层面,用法律武器对抗不平等的社会现状。

---

① See Brown v. Bd. of Educ., 347 U. S. 483 (1954).
② See New York Times Co. v. Sullivan, 376 U. S. 254 (1964).
③ See Heart of Atlanta Motel v. United States, 379 U. S. 241 (1964).
④ See Baker v. Carr, 369 U. S. 186 (1962).
⑤ See Loving v. Virginia, 388 U. S. 1 (1967).
⑥ See Miranda v. Ariz., 384 U. S. 436 (1966).
⑦ 参见白雪峰:《美国沃伦法院述评》,载《南京大学学报(哲学·人文科学·社会科学版)》2005年第4期。
⑧ Nan Aron, *Liberty and Justice for All: Public Interest Law in the 1980S and Beyond*, Boulder, Westview Press, 1989, pp.8-9.

美国联邦纳税人公益诉讼的历史命运

具有划时代意义的是 1954 年的"布朗诉教育委员会案"[①],此案由 4 个州案件上诉至联邦最高法院,原告是非裔美国未成年人,这些非裔美国未成年人通过他们的法定代表人寻求法院的帮助,以允许他们进入白人就读的公立学校读书,并认定种族隔离政策违背了《美国联邦宪法》第十四修正案。最终,联邦最高法院经过审理认定 19 世纪以来存续的所谓"隔离但平等"的种族隔离做法违宪,黑人学生有权进入白人学校接受同等教育。"布朗诉教育委员会案"之后,民权运动得到极大发展,越来越多的种族隔离措施被废除。同时,在民权运动的发展中,越来越多的群体加入进来,如女权运动、言论自由运动等。

与民权运动相伴生的,是 20 世纪 60 年代之后美国公益诉讼的高速发展。"布朗诉教育委员会案"后,越来越多的律师意识到可以用司法手段解决社会不公和其他问题,因此越来越多的律师投身公益诉讼中。"1963 年 6 月,美国总统肯尼迪在白宫召集了大约 250 名全国律师代表,呼吁他们为国家分忧,运用自己的智慧,代表黑人和其他弱势群体,利用法律武器解决社会不公和各种歧视问题。"[②]同时,美国一些国家机构和金融机构也设立专项基金为公益诉讼提供资金支持。例如,全国有色人种协进会(National Association for the Advancement of Colored People, NAACP)致力于对人权公益诉讼方面的资助,美国民权自由联盟(the American Civil Liberties Union, ACLU)资助有关言论自由和民权自由方面的公益诉讼,塞拉俱乐部(Sierra Club)对环境案件给予支援,计划生育组织(Planned Parenthood)则对生育权方面的公益诉讼予以资助。[③] 可以说,公益诉讼是民权运动的一种新形势,它将游行、示威、抗议等传统的街头政治变为法庭政治,通过诉讼实现对制度的改良。正是在民权运动的推动下和公益诉讼高速发展的浪潮中,纳税人公益诉讼在联邦层面的发展迎来转机。

---

① See Brown v. Bd. of Educ., 347 U. S. 483 (1954).
② 贺海仁:《域外公益诉讼的缘起与启示》,载《环球法律评论》2010 年第 4 期。
③ 参见胡云红:《比较法视野下的域外公益诉讼制度研究》,载《中国政法大学学报》2017 年第 4 期。

4. 1960 年前后美国理论界关于纳税人公益诉讼的大讨论

在 1923 年的"弗洛辛汉姆诉梅伦案"之后,伴随着美国行政程序法的发展,美国理论界对于纳税人公益诉讼的发展予以了广泛的讨论。对美国学者而言,大都期望纳税人公益诉讼能够成为美国行政公益诉讼的突破口。① 因此,相关的讨论主要涉及关于公共行动(public action)、纳税人公益诉讼的必要性和联邦层面的纳税人公益诉讼。

(1)关于公共行动

对公共行动而言,美国学者认为其最重要的原型是作为强制执行令(mandamus)的特权令状和禁令(injunction)的衡平法法案,而后以法官的宣告性行为作为替代方案。

对特权令状而言,其主要以国王的名义提起公共诉讼,根据曼斯菲尔德勋爵(Lord Mansfield)的描述:"引入它是为了防止司法的失败和警察的缺陷,因此在法律没有规定具体补救办法的所有情况下,正义和良好的政府中应该存在此种救济方式。"②从 17 世纪特权令状的起源至 19 世纪中期,主要用于管控中央政府级别以下的机关,国王和大臣们主要受议会控制。在大多数情况下,令状所涉及的是地方政府机关,但也包括所有从法令或宪章中获得权力的机构,如大学等。

事实上,在早期,有记录的案件几乎都是以强制执行令作为"补救措施"为原告服务,而不是在事前允许原告提出公共诉讼。③ 也就是说,强制执行令对那些受压迫的人来说一直是一种补救的令状,它的职责是恢复和保持人们权益而已,并不能在事先发现政府的不当行为时提起公共诉讼,因为法院此时认为原告不具备利害关系。对于利用强制执行令进行公共诉讼的问题得到较为彻底地解决是 1897 年和 1898 年的两个案

---

① 参见韩姗姗:《美国纳税人诉讼制度及其对中国之借鉴》,载《财税法论丛》(第 11 卷),法律出版社 2010 年版,第 248 页。
② See Jaffe, The Right to Judicial Review, *Harvard Law Review*,1958,Vol.71, p.401.
③ See Louis L. Jaffe, Standing to Secure Judicial Review: Public Actions, *Harvard Law Review*,1961,Vol.74,No.7,p.1271.

美国联邦纳税人公益诉讼的历史命运

子。在1897年的"女王诉路易沙姆联盟卫士案"[1]中,一个地方政府寻求强制执行令以要求另一个地方政府执行疫苗接种法,但法院拒绝授予,因为"申请人没有具体的权利受到侵犯","本法院不能强制公共机构对任何选择申请命令的人执行其法定职责"。然而,在1898年的"女王诉科坦案"[2]中,一位教区牧师寻求强制执行令以针对发放啤酒许可证的政府机关,反方律师引用了上面的Lewisham案,认为原告不具备起诉资格,但法官坚持认为"他已经具备足够的利益关系"。此案之后,英国司法当局基本秉持相同的观点。

对禁令而言,英国总检察长已经有了一个非常广泛的但不是无限的权力来寻求禁令以针对违反法定义务、公共妨害和公共资金浪费的行为,这种权力被特别行使来控制公共当局。不得不承认,关于纳税人或公民的公共行动法案,英国的历史稀少而模糊。即使利用强制执行令进行公益诉讼,在制度上也没有很明确的规定。但是,公共行动主要是由强制执行令和禁令演变而来。

1835年,英国《市政公司法》颁布后,公共行动得以在英国广泛发展,到20世纪,公共行动已在英国的大多数司法管辖区广泛确立。在英国,司法控制在中央行政控制仍然缺乏的时期得到了最充分的发展。也有学者将公共行动与"自治"相联系。在英国法律中,公共利益的概念一直保持着公司的性质(而在欧洲大陆,这一点几乎完全消失了),公众经常被赋予参与政府工作的一部分。这也是自治实践的结果,自治精神贯穿于英国政府的所有机制之中。相反,在欧洲大陆,君主专制的传统阻碍了自治精神和实践的发展,对于行政机关的过度干预被认为是不合适的,公民也没有获得公共诉讼的原告资格。[3]

美国的公共行动主要传承自英国,但美国各州对于原告资格的规定发展出不一致的规则。其中,强制执行令主要和公民(citizen)身份相匹

---

[1] See The Queen v. Guardians of the Lewisham Union, I Q.B. 498 (1897).
[2] See The Queen v. Cotham, I Q.B. 802 (1898).
[3] See Galeotti, *The Judicial Control of Public Authorities in England and in Italy*, Stevens & Sons, 1954, p.212.

配,而禁令主要和纳税人(taxpayer)身份相匹配。① 美国有些州青睐公民—强制执行令(citizen-mandamus)诉讼,有些州青睐纳税人—禁令(taxpayer-injunction)诉讼,但总体而言,纳税人—禁令更加适合美国,也得到了较为广泛的使用。强制执行令和禁令虽不平行发展,却形成一种互补关系。1837年,美国纽约出现最早的公民—强制执行令诉讼,一个城镇的道路专员寻求强制执行令以在邻近城镇开辟一条道路时,纽约最高法院允许该行动,理由是原告即使缺乏足够的能够自行获胜的"利益或头衔",也可以作为"公民"获得救济。而1847年,也是在纽约最早出现纳税人—禁令诉讼,此已在前文述及,并迅速扩展至其他州,到20世纪60年代,几乎所有州的判决或成文法都允许地方行动受到质疑。②

(2)纳税人公益诉讼的必要性

根据美国学者的观点,法院的最基本职能应该是保护和救济个人。所有法律,无论是如何制定的,无论在何处实施,都是以个人利益为出发点。国会对教育、道路修建、最低工资或更高关税的要求同样是对个人保护的要求,因为许多人都在提出这一要求。但是,当政府声称已经为他所处的环境中的人的利益制定了一项规则时,就需要一种特殊意义上的保护。在这种环境中,在人类所有的正义诉求中,法院可能是最合适的,而法院所要考虑的主要有两点:个人的困境,以及法院在我们社会中的有限权限。③ 但无论如何,法院均需要在大环境下尽可能地维护个人的利益诉求,无论此种利益诉求只代表其个人还是大众。

在社会和政治司法机关面前,一个声称自己特别受到冤屈的个人相对来说是无助的。但当他攻击政府官员时,他不具代表性的性格尤其是一个弱点。但是,大多数成熟的社会都愿意——并且认为这在社会上是有益的——承认个人的困境和代表性,他不仅可以起诉自己的同伴,而且可以起诉政府本身以要求公平和平等的待遇。国家以法官的身份设立了

---

① See Peck, Standing Requirements for Obtaining Review of Governmental Action in Washington, *Washington Law Review*, 1960, Vol.35, p.362.

② See Taxpayers' Suits: A Survey and Summary, *The Yale Law Journal*, 1960, Vol.69, No.5, p.895.

③ See Louis L. Jaffe, Standing to Secure Judicial Review: Public Actions, *Harvard Law Review*, 1961, Vol.74, No.7, p.1283.

经过专门培训和授权的个人,以便即使面对社会的敌意,也能伸张正义,并执行社会为该案件制定的政策。原告困境的紧迫性为审查官方行为的合法性提供了最好的理由,即使这项工作可能对司法程序的能力造成巨大压力。

对于行政行为的司法审查是公法体系的一个重要的创造性特征。当然,也有针对纳税人公益诉讼的反对意见存在。这些意见主要认为,依靠司法控制意味着依靠公民个人或纳税人相当不寻常的精力、时间和金钱的花费,而且对于司法机关也是一种压力的存在。或许,一个好的政府比一个好的法院更能保护人民的自由,因为它们在潜在错误发生之前就已经开始运作了。攻击纳税人公益诉讼的另一个理由是:拖延和阻挠。如果有人提出疑问,官员们可能会犹豫是否继续,而诉讼本身需要时间,拖延可能会大大增加公共成本。[1] 可是,与司法成本相比较,维护公众利益所产生的价值要高出好几倍。而且,可以找到加速诉讼的方法,如果州宪法允许,针对州官员的诉讼可以通过最高法院的原始令状进行审理,并尽可能使用简易程序。同时,对纳税人公益诉讼的法定监管采取鼓励和限制的形式。例如,一些州允许向胜诉的原告补偿律师费,这一规定被认为适合激励纳税人公益诉讼,至少在司法自由裁量权的控制下是如此;一些州要求满足最低数量的纳税人或者提交一定数量的保证金才能提起诉讼,此举对于限制纳税人公益诉讼具有较好效果。

总而言之,我们可以说,反对纳税人公益诉讼的最有说服力的理由是其削弱了司法职能,扭曲了政治进程。但是,纳税人公益诉讼提供了对官方行动的适度控制,也许有更好的方法,但我们还没有看到采用这些方法的合适性,而纳税人公益诉讼甚至可能是最好的行政控制系统的宝贵补充。至少,它们与我们的民主前提并不矛盾,而且可以说它们强化了这些前提。州法院和立法机构对纳税人公益诉讼的广泛接受和日益增长证明了一种深切的需要,并为纳税人公益诉讼的使用提供了充分的支持。

(3)联邦层面的纳税人公益诉讼

1960年为止,美国纳税人公益诉讼在联邦层面和州与地方层面呈现

---

[1] See Peck, Standing Requirements for Obtaining Review of Governmental Action in Washington, *Washington Law Review*, 1960, Vol.35, pp.366-367.

出不同的发展态势。在"弗洛辛汉姆诉梅伦案"中,最高法院提出了纳税人公益诉讼是否存在"司法争议"的问题。最终,联邦最高法院法官认为原告没有切身利益关系,联邦与州和地方不同,纳税人在联邦的税收利益与"数百万人分享",是波动且不确定的,因此,纳税人在联邦层面不存在司法争议,而是司法机关对于其他平等机关的职权干预。

根据联邦最高法院所表达的意思,最高法院没有能力裁决一个协调其他分支机关(立法和行政)的行动的合法性问题,除非原告受到区别于"某种不确定痛苦的直接伤害或威胁"。由此,除非"诉讼的性质、造成伤害的种类以及当事人之间的关系"使得司法裁决与传统法院所裁决的事务大体一致,才可认定为可予以审理的"司法争议",否则法院不会对问题作出裁决。但是,当最高法院坚持"严格遵守这些界限"时,恐怕已经夸大了传统的精确性。就传统而言,我们已经看到,在英国国王法庭的特权诉讼中,原告的起诉资格往往模糊不清或未说明。而且许多著名的陈述表达了国王对合法性的普遍关注,至少在禁止令中(the writ of prohibition),有明确的权力允许任何人启动诉讼程序。尽管在大多数强制执行令案例中,事实上可能存在特殊伤害,但很少有明确的先例要求特殊伤害,而且在许多案例中,特殊伤害不属于满足"侵犯权利"的严格要求。[①]

在建国后的宪法传统中,美国人已经接受了司法机构是宪法捍卫者的观点,而宪法被认为是"保护个人权利与界定他与州的关系"的地方。这大致是所谓的"公民自由"的领域,当政府权力的行使在通常情况下会对公民权利产生明显影响时,就不会存在"原告资格"的问题。"弗洛辛汉姆诉梅伦案"认为如果州允许提起诉讼,地方和州的纳税人可以就地方和州的支出提出这些问题,但联邦纳税人不能提出这类诉讼。如果允许各州纳税人挑战政府和宪法,而联邦自身在同样问题上却采取截然相反的态度不是很戏剧化吗?曾有学者认为,因为近2/3的联邦支出用于"国防和外交事务的敏感领域",在那里更需要谨慎对待司法控制,而且华盛顿

---

① See Louis L. Jaffe, Standing to Secure Judicial Review: Public Actions, *Harvard Law Review*, 1961, Vol.74, No.7, p.1308.

是美国的政治焦点,联邦官员也更可容易受公众曝光的压力的影响。①但是,正是联邦支出处于一定的重要位置,更应该受到公众的监督,而且此也是公民的宪法权利之一。另外,在敏感领域之外还有一大片与公民日常生活息息相关的普通领域,如教育、医疗、建筑等,这些特定领域的公共行动应该得到法律授权,因为它们既不涉及对联邦政府核心领域的干涉,又与公民权益紧密相连而迫切需要公众的监督。②

有学者直接指出"弗洛辛汉姆诉梅伦案"需要重新解释,以便允许联邦纳税人挑战联邦支出。首先,联邦最高法院认为与州和市政公司相比,联邦纳税人对联邦财政的贡献"相对较小",但在1966年,几乎任何公司支付给联邦政府的税收,与支付给市政公司的税收相比,都不再"相对微小"。其次,按照联邦《行政程序法》的规定,"受到不利影响"的公民具有原告资格,美国联邦参众两院一致通过的委员会报告将其解释为"事实上受到不利影响",而在纳税人公益诉讼中联邦纳税人实际上受到联邦支出的不利影响,特别是通过一个大的和持续的不利影响。再次,1923年,在联邦支出能力显著发展之前,对立法进行司法审查的制度可能是明智的,而不需要对支出的合法性进行司法检查。然而,到了1966年,一个对立法进行司法审查的系统没有覆盖到支出,而支出已经占据联邦政府计划总影响的一半,另一半是制度。最后,国会在其他行动是否符合宪法方面受法院的指导,但在支出是否符合宪法方面则不受法院的指导,当法院被切断解决宪法问题的渠道时,国会议员和其他人将陷入混乱,因为我们习惯于在这些问题上求助于法院,我们的历史背景使我们依赖法院,所以我们需要法院的帮助。③

---

① See Taxpayers' Suits: A Survey and Summary, *The Yale Law Journal*, 1960, Vol.69, No.5, pp.918-919.

② See Henry M. Hart, Jr., Herbert Wechsler, *The Federal Courts and the Federal System*, Foundation Press, 1953, p.166.

③ See Kenneth Culp Davis, "Judicial Control of Administrative Action": A Review, *Columbia Law Review*, 1966, Vol.66, pp.664-665.

第二节　对于1968年"弗拉斯特诉科恩案"的考察

1968年的"弗拉斯特诉科恩案"无论是对于美国的公共行动还是纳税人公益诉讼均是一个重要事件。此案之后,联邦纳税人对于联邦政府行政行为的监督迎来了短暂的兴起。本节重点梳理和考察"弗拉斯特诉科恩案"的基本案情和法官观点。

1. 基本案情

在"弗拉斯特诉科恩案"[①]中,弗拉斯特(Flast)等7个缴纳过联邦所得税的联邦纳税人以联邦纳税人的身份控诉联邦卫生、教育和福利部长科恩(Cohen)等人,理由是联邦政府1965年颁布的《中小学教育法案》第1条和第2条中使用联邦公共资金为各州有宗教背景的学校购买教科书和其他用品的行为违背《美国联邦宪法》第一修正案中"政教分离"的规则,并因此构成了为宗教目的的强制性税收。当联邦纳税人弗拉斯特将此案提交到纽约南部地区法院要求复审,但该法院驳回了弗拉斯特的诉讼请求,理由是遵循"弗洛辛汉姆诉梅伦案"先例,弗拉斯特缺乏质疑联邦支出的起诉资格。

此案被上诉至联邦最高法院。最高法院认为,当上诉人弗拉斯特所指控的联邦财政行为违背了《美国联邦宪法》对于联邦征税和支出行为的限制性规定的时候,他完全具备原告资格以依据《美国联邦宪法》第3条规范援引联邦司法权。上诉人弗拉斯特的指控完全符合这里所创设的"双重纽带法则"(both nexuses of the test),即联邦纳税人所挑战的是依据《美国联邦宪法》第1条第8款所授权国会的行为,受到质疑的计划也涉及联邦税收资金的大量支出。此外,上诉人弗拉斯特指控联邦财政支出违背了《美国联邦宪法》第一修正案的"政教分离"条款。因此,上诉人的诉状中已经包含了足够的指控,使他们有资格援引联邦法院的管辖权。

最终,联邦最高法院撤销了纽约南部地区法院以联邦纳税人弗拉斯特不具备原告资格的驳回判决,因为根据此案所宣布的"双重纽带法则"

[①] See Flast v. Cohen, 392 U. S. 83 (1968).

的测试,联邦纳税人弗拉斯特的申诉已包含了足够的指控,可以援引联邦法院的管辖权。

2. 法官观点

对于"弗拉斯特诉科恩案"①,联邦最高法院首席大法官沃伦(Warren)陈述了其肯定原告起诉资格的理由,沃伦首席大法官先是澄清了联邦最高法院对于本案的管辖权是合适的,接着阐述了三点肯定的意见:

首先,当前联邦最高法院面临的问题是在有"弗洛辛汉姆诉梅伦案"作为先例的情况下仅主张纳税人身份的当事人是否有资格在联邦法院提起诉讼。尽管"弗洛辛汉姆诉梅伦案"针对联邦纳税人的诉讼而设立的障碍从未被打破,但这一判决一直是一些混乱的根源,也遭到了相当多的批评。本案中,政府一方坚持认为"弗洛辛汉姆诉梅伦案"宣布了一项宪法性限制,这是《美国联邦宪法》第3条对联邦法院管辖权的限制所迫使的,并且是基于对分权原则的考虑。然而,上诉人坚持认为,"弗洛辛汉姆诉梅伦案"所表达的不过是一种司法自我克制的政策,当有令人信服的理由对纳税人的诉讼行使管辖权时,可以忽略这一政策存在。首席大法官沃伦认为,"弗洛辛汉姆诉梅伦案"判决中发表的意见可以被解读为支持任何一种立场,但其核心部分在于联邦司法权自身的张力,而非宪法性限制。其实,时过境迁,"弗洛辛汉姆诉梅伦案"发表的许多观点在今天都不适用。例如,与市政公司相比,"联邦纳税人的利益微小而不确定",实际上如今许多公司纳税人的联邦纳税义务高达数亿美元,这些纳税人在联邦财政部的税收权益远远大于他们在任何市政财政部的税收权益;"弗洛辛汉姆诉梅伦案"担心授予纳税人起诉资格将导致"无数类似的案子将联邦法院淹没",这一担忧已被后来颁布的《联邦民事诉讼规则》解决,可以采取集体诉讼和联合诉讼的手段。无论当前关于"弗洛辛汉姆诉梅伦案"的辩论有什么优点,它的存在本身就表明,未来应该重新审视在联邦法院起诉时的限制,以及这些限制在纳税人公益诉讼中的应用。

其次,联邦法院的管辖权受《美国联邦宪法》第3条的定义和限制。就本案的裁决问题而言,联邦法院的司法权在宪法上受限于"案件"和"争

---

① See Flast v. Cohen, 392 U. S. 83 (1968).

议",这两个词的表面之下包含宪法的复杂性。"案件"和"争议"界定了司法机构在三方权力分配中的角色,以确保联邦法院不会介入政府其他部门负责的领域。而"可诉性"是一个用来表达"案件"和"争议"对联邦法院施加双重限制的艺术术语。"可诉性"的意义和范围很难厘定,这与"案件"与"争议"的不确定的历史先例有关,也与"可诉性"已经成为宪法和政策考量的混合性结果有关。因此,为了避免司法权对其他权力的干预和破坏,一般不授予法官提供咨询意见的权力,而是将司法权紧紧限定在《美国联邦宪法》第3条的框架下。"原告资格"是"可诉性"的一个方面,虽然也带有复杂性和不确定性,但它的基本含义可以确定,就是"原告资格"注重于原告本人而不是原告所寻求解决的问题。因此,不能以原告所寻求解决的问题对于行政和立法机关造成损害作为反对理由,而是只专注于原告本人是不是适格的当事人。原告是不是适格的当事人,主要在于原告和本案是否有足够的利益关系。对于纳税人是否有足够的利益挑战联邦政府,由于《美国联邦宪法》第3条并未明确设置障碍,因而仍然存在着确定在何种情况下联邦纳税人将被视为具有个人利害关系和利益的问题,以便根据第3条的宪法限制赋予纳税人"原告资格"。

最后,"双重纽带法则"的测试。联邦法院适用的各种"原告资格"的规则尚未抽象地制定出来。实际上,在确定"原告资格"时,探求起诉方的身份和寻求裁决的结果之间是否存在逻辑联系是适当和必要的,不同的诉讼主张对于"原告资格"的要求不同。对起诉方的身份与他提出的诉讼请求之间的关系进行此类调查不仅能够判断他对于案件争议结果的利益关系,而且对于确保他是援引联邦司法权的适当一方至关重要。而测试两者关系主要依靠"双重纽带法则":一是纳税人必须在这种身份和立法类型之间建立逻辑联系,因此纳税人所攻击的必须是国会基于《美国联邦宪法》第1条第8款所授权的征税和支出行为,仅指控税收基金在管理基本监管法规中的附带支出是不够的;二是纳税人必须在这一身份与所指控的宪法侵权的确切性质之间建立联系,根据这一要求,纳税人必须严格证明被质疑的立法超出了对行使国会税收和支出权施加的具体的宪法限制,而不仅仅是笼统地说该法令超出了《美国联邦宪法》第1条第8款授予国会的权力。根据"双重纽带法则",本案上诉人攻击的是基于《美国联邦宪法》第1条第8款授予国会的"公共福利"支出,并且上诉人声称被质疑的支出违反了《美国联邦宪法》第一修正案的"政教分离"条款，而美国的宪法历史已经表明第一修正案禁止使用税收和支出支持宗教的建立。① 因而，本案上诉人满足"双重纽带测试"，应当被授予"原告资格"。"弗洛辛汉姆诉梅伦案"与本案有很大不同，其攻击的也是《美国联邦宪法》第1条第8款授予国会的"公共福利"支出，符合第一个条件，但它并不符合第二个条件，因为它没有提出国会1921年颁布的《生育法案》违背了对其征税和支出权力的具体宪法限制，它只说明该支出超出《美国联邦宪法》第1条第8款的授权范围，因此违反了《美国联邦宪法》第十修正案"未授予联邦权力保留给州"条款。虽然联邦最高法院对上诉人在本案中主张的是非曲直没有发表任何意见，但根据联邦最高法院的测试，他们的申诉包含了足够的指控，以使他们有资格援引联邦法院的管辖权来对案情作出裁决。

联邦最高法院道格拉斯（Douglas）大法官表示赞同首席大法官沃伦的观点。道格拉斯大法官认为"弗洛辛汉姆诉梅伦案"或许在当时是一种明智的裁决，但现在与过去的环境不同。虽然联邦纳税人在联邦的税收利益很小，麦迪逊曾提及"即使只是拨款三便士也可能标志着政府对教会事务的巨大入侵"。根据财务标准，联邦纳税人在诉讼结果中的利益可能会很低，但以特定的宪法授权角度来衡量可能又非常大。人们一直认为司法干预越少越好，因此可能造成对行政和立法权力的干扰。司法系统是联邦系统运作中不可或缺的一部分，随着政府复杂性的日益增长，它往往是唯一能够获得有效救济的地方。联邦法院不会吝啬授予私人检察长起诉权，联邦法院也不必担心"司法泛滥"，法院有自由裁量权，可以判断

---

① 历史生动地表明，起草"政教分离"条款并争取通过该条款的人所担心的一个具体罪恶是，税收和消费能力将被用来偏袒一个宗教而不是另一个宗教，或支持整个宗教。詹姆斯·麦迪逊是公认的《美国联邦宪法》第一修正案"政教分离"条款的主要缔造者，他在著名的纪念和反对宗教评估的抗议中指出，"同一权力机构可以迫使公民仅将其财产的三便士用于支持任何一个机构，也可以迫使他在任何情况下服从任何其他机构。"麦迪逊及其支持者非常清楚地担心，如果政府能够利用其征税和支出权力来帮助一个宗教而不是另一个宗教，或者帮助整个宗教，宗教自由最终将成为受害者。"政教分离"条款旨在作为防止此类潜在滥用政府权力的具体保障，而第一修正案的该条款是对国会行使第1条第8款赋予的征税权和支出权的具体宪法限制。See Flast v. Cohen, 392 U. S. 83 (1968).

轻浮的问题还是实质问题。

联邦最高法院斯图尔特（Stewart）大法官也表示赞同首席大法官沃伦的观点。斯图尔特法官认为，"弗拉斯特诉科恩案"与"弗洛辛汉姆诉梅伦案"不同，"弗洛辛汉姆诉梅伦案"的纳税人没有提出具体的宪法限制，而是质疑《美国联邦宪法》第1条赋予国家立法机关的权力的范围。今天"弗拉斯特诉科恩案"的判决将有助于确保联邦纳税人不会被迫贡献他们的财产以支持任何一个组织。在得出上诉人因此有起诉资格的结论时，联邦最高法院没有破坏由"弗洛辛汉姆诉梅伦案"确立并在今天重申的"有益原则"，即"纳税人不得利用联邦法院作为一个论坛，就政府行为或联邦系统中的权力分配表达其'普遍的不满'"。

联邦最高法院福塔斯（Fortas）大法官也表示赞同首席大法官沃伦的观点。福塔斯大法官认为，国家禁止用联邦税收和支出支持宗教的建立是本案的宪法基础，虽然本案中纳税人的税收利益可能很小，但其宪法利益很大。

联邦最高法院哈兰（Harlan）大法官发表了反对意见。首先，联邦纳税人不存在质疑联邦政府公共开支的权利。联邦纳税人当然可以对联邦政府强加给他们的税收义务的合宪性提出质疑，此类质疑可通过对美国追讨税收债务进行诉讼，或对故意不支付或报税的起诉进行辩护。但是，当联邦纳税人对他们以前或现有税收义务的有效性没有异议的前提下，是否可以对宪法授权国会的公共支出有效性提出质疑？税收由联邦政府征收并成为公共资金的一部分，以提供"共同防御和公共福利"。不管这句话还有什么其他含义，它肯定意味着联邦政府持有公共资金，不是作为缴纳税款者的利益相关者或受托人，而是作为广大民众的代理人，因此纳税人关于使用这些资金的目的的任何权利被所有公民的共同权利纳入并消灭。

其次，"双重纽带法则"存在逻辑错误。"双重纽带法则"第一点提到的"指控宪法第1条第8款下的财政行为"，一般而言，指的是为"公共福利"或"共同防御"的支出。本案中，通过向指定的宗教团体提供直接援助属于"公共福利"支出。试想一下，如果援助那些旨在阻止其他宗教组织发展的资金肯定不属于"公共福利"，但和前面的行为有什么区别？难道因此就不授予原告起诉资格了吗？"双重纽带法则"第二点提到的"需要违背具体宪法限制",以此来判断纳税人的诉讼利益也是不准确的,"弗洛辛汉姆诉梅伦案"中的纳税人提出联邦的开支违背宪法对于国会的授权,她在诉讼中的利益怎么能说必然不如现在的上诉人那么强烈呢?

最后,公共行动,无论其前提是什么宪法规定,都可能对联邦司法的持续有效性造成重大危害。它们会使司法职能受到压力,并将司法权力推向极限。联邦最高法院完全有理由担心,不受限制的公共行动可能会改变联邦政府三个部门之间的权力分配。仅仅说法院的现任成员不会抓住这些滥用的机会还不够,因为即使没有有意识的滥用,这些行动也将大大有助于将本法院最终转变为宪法修订委员会。所以这种权力不能只存在于联邦法院。正如霍姆斯大法官明智地指出的那样,政府的其他部门"在相当大的程度上是人民自由和福利的最终捍卫者,就像法院一样"。联邦司法机构的权力只有在审慎使用、认识到这种代议制政府的优势和危害的情况下,才足以应对他们所承受的巨大负担。

第三节 关于"弗拉斯特诉科恩案"的学理评议

司法实践的变幻莫测始终与理论界的讨论相伴随。1968年的"弗拉斯特诉科恩案"并没有推翻"弗洛辛汉姆诉梅伦案",而是在"弗洛辛汉姆诉梅伦案"所设立的一般规则下撕开了一个口子,为联邦层面的纳税人公益诉讼创造了机会。在"弗拉斯特诉科恩案"之后,美国理论界展开了对与该案相关的讨论。讨论内容主要涉及以下三个方面。

1. 联邦司法权的"宪法第 3 条"限制

在"弗拉斯特诉科恩案"中,联邦最高法院法官主要认为联邦司法管辖权受限于《美国联邦宪法》第 3 条"案件"与"争议"。当原告与案件结果的利益关系符合《美国联邦宪法》第 3 条标准时,才能援引联邦司法管辖权,这也是"双重纽带法则"判断原告与本案利益关系时的一个判断准则。[1]《美国联邦宪法》第 3 条第 2 款为"司法权所及范围如下:一切基于

---

[1] See Kenneth Culp Davis, Standing: Taxpayers and Others, *The University of Chicago Law Review*, 1968, Vol.35, pp.601-603.

第三章 纳税人公益诉讼在联邦层面短暂推行

本宪法、合众国法律以及根据合众国权力所缔结或将缔结之条约所发生之普通法与衡平法案件;一切涉及大使、公使及领事之案件;一切有关海事法与海上管辖权之案件;以合众国为当事人之争议;两个或数个州间之争议;一州与另一州公民间之争议;各州公民间之争议;同州公民间要求占有他州让与之土地之争议;一州或其公民与外国或外国公民间之争议"①。《美国联邦宪法》第3条第2款罗列和限定了联邦司法权处理的"案件或争议"的范围。从字面意思理解,所谓的"案件",一般是在宪法的含义范围内,当涉及美国宪法、条约或法律的任何问题已呈现"司法权能够对其采取行动的形式"时,就会产生案件②。而所谓的"争议",必须明确和具体,涉及具有不利法律利益的各方的法律关系,必须是一场真正的、实质性的争论,承认通过具有决定性的法令给予具体救济,这与根据假设的事实状态提出法律内容的意见不同。③

有学者认为,《美国联邦宪法》第3条限制至少包括三个必要要素:第一,诉讼必须符合法律或衡平法,并且必须根据常规司法程序提起;第二,诉讼的目的必须是保护或执行合法权利,或防止、纠正或惩罚错误;第三,必须有利益真正不利的对立各方将其论点提交法院裁决。"案件或争议"限制的实质是联邦法院不会提供咨询意见。在"弗拉斯特诉科恩案"中,联邦最高法院相当详细地讨论了《美国联邦宪法》第3条是否对所有联邦纳税人的诉讼规定了绝对的宪法性禁止,在以否定的方式回答这一问题的过程中,法院认识到难以将决定原告资格问题的要素区分为宪法原则和司法政策两类(也就是"绝对宪法性禁止"还是"司法自我克制")。然而,联邦最高法院也没有指出这种区分的相关性。联邦最高法院本可以将"弗洛辛汉姆诉梅伦案"中对纳税人公益诉讼的绝对禁止视为对"案件或争议"要求的错误解释,并在重新制定"适当"宪法边界所需的范围内驳

---

① 参见《美国宪法及其修正案》,朱曾汶译,商务印书馆2014年版,第10页。
② See In re Summers, 325 U. S. 561, 566-67 (1945). 转引自 Robert L. Kahan, Federal Taxpayers and Standing: Flast v. Cohen, *UCLA Law Review*, 1969, Vol.16, p.445.
③ See Aetna Life Ins. Co. v. Haworth, 300 U. S. 227, 240-41 (1937). 转引自 Robert L. Kahan, Federal Taxpayers and Standing: Flast v. Cohen, *UCLA Law Review*, 1969, Vol.16, p.445.

回该判决。相反,法院选择将"弗洛辛汉姆诉梅伦案"视为支持司法自我克制的非宪法性原则。可能与调整"非宪法强制性"判决相比,法院更不愿意修改"宪法强制性"判决。其实,将对于原告资格的长期限制归类为宪法原则或司法政策似乎仅具有学术重要性。①

还有学者认为,《美国联邦宪法》第 3 条司法机关的"案件或争议"的限制,主要是要求当事人证明事实损害,包括损害、因果关系和可补偿性。虽然联邦最高法院没有对损害作出明确的定义,但它指出它必须是有形的,抽象的、对原告没有实质性影响的损害是不够的。② 但是,法院并有指出司法认定伤害的门槛水平,因此法院已承认最不真实的伤害符合宪法要求。③ 事实上,在最初的原告资格被放宽之后,法院发展了损害的因果关系和可补偿性部分,以限制诉诸司法的机会。为了满足因果关系部分的要求,原告必须证明所指控的伤害是由被告的行为造成的,或者可以追溯到被告的行为。补偿性要求诉讼当事人证明司法救济将对指称的损害进行补救。尽管这些要求的理论基础可能是可以辩护的,但在实践中,它们的适用方式极不平衡,这似乎是基于大法官对特定案件案情的渴望。④

除了"案件或争议"要求外,联邦法院还采用了一些其他理论来限制其司法职能的行使。限制联邦司法权的一系列理论可以统称为"可诉性",其主要是"宪法要求和政策考虑的混合体"。例如,对在三个政府部门之间保持适当平衡的关注——这一关注既有宪法层面,也有非宪法层

---

① See Robert L. Kahan, Federal Taxpayers and Standing: Flast v. Cohen, *UCLA Law Review*, 1969, Vol.16, pp.445-447.

② See O'Shea v. Littleton, 414 U. S. 488, 494-95 (1974). 转引自 John J. Egan Ⅲ, Analyzing Taxpayer Standing in Terms of General Standing Principles: The Road not Taken, *Boston University Law Review*, 1983, Vol.63, p.725.

③ See McGowan v. Maryland, 366 U. S. 420, 424 (1961); Harper v. Board of Electors, 383 U. S. 663, 664 (1966); Baker v. Carr, 369 U. S. 186, 188 (1962). 转引自 John J. Egan Ⅲ, Analyzing Taxpayer Standing in Terms of General Standing Principles: The Road not Taken, *Boston University Law Review*, 1983, Vol.63, p.726.

④ See John J. Egan Ⅲ, Analyzing Taxpayer Standing in Terms of General Standing Principles: The Road not Taken, *Boston University Law Review*, 1983, Vol.63, pp.725-727.

面——导致拒绝听取其他可由法院审理的问题,因为人们相信司法行动将构成对行政或立法权的侵犯。①

2. 联邦纳税人的原告资格问题

在"弗拉斯特诉科恩案"中,联邦最高法院法官讨论了原告资格与案件结果利益关系问题,由此导出"双重纽带法则"。事实上,困扰联邦层面的纳税人公益诉讼推进的主要障碍也是联邦纳税人的原告资格问题。在"弗拉斯特诉科恩案"之后,美国部分学者结合司法实践,围绕着联邦纳税人的原告资格问题展开了讨论。

有学者认为,原告资格是一种主要涉及诉讼当事人的利害关系或利益是否足以进行司法救济的门槛调查。"弗拉斯特诉科恩案"所设立的原告资格规则只是对"弗洛辛汉姆诉梅伦案"长期限制的一种权宜措施,并不能永远稳固地站得住脚。事实上,对纳税人公益诉讼适用一般起诉资格要求将对原告纳税人的利益进行更有意义的审查。具体而言,应当先确定受到质疑的联邦支出是否会对纳税人造成实际伤害,依据宪法对于原告资格的要求必须满足伤害、因果关系和可补偿性,伤害必须是有形伤害,并且是被告导致的,能通过司法救济获得补偿。此外,还需要满足审慎考虑的要求,即对具体诉讼的合理分析和实质性要求以确保只有在适当和必要时才会听取纳税人的质疑。通过将一般起诉资格要求适用于联邦纳税人的原告资格审查,将能在授予纳税人一定程度的司法救济的同时,防止"司法泛滥"②。

也有学者认为,宪法要求以伤害个人利益作为攻击据称违宪行为的先决条件的观点在历史上是没有根据的。事实上,在起草《美国联邦宪法》第 3 条时,陌生人为制止政府超出权限的行为而提起的公共诉讼在英国法律中已经确立。对于"案件或争议"的解释,当转向宪法前的英国法律来阐明它的含义时,可以发现陌生人对政府超出管辖权的行为的攻击

---

① See Robert L. Kahan, Federal Taxpayers and Standing: Flast v. Cohen, *UCLA Law Review*, 1969, Vol.16, p.446.

② See John J. Egan Ⅲ, Analyzing Taxpayer Standing in Terms of General Standing Principles: The Road not Taken, *Boston University Law Review*, 1983, Vol.63, pp.748, 763.

是威斯敏斯特法院的传统观点,禁令(the writ of prohibition)是最清晰的例子。柯克(Coke)大法官在《教牧人员代表会议》(Articulo Cleri.)中提到一个案例,神职人员向国王提出申诉,称法院不当地授予禁止令以反对教会管辖权,法官们的回答是"国王法庭可裁定禁止,并由双方当事人或任何陌生人告知,任何临时法庭或教会法庭可依法禁止"。没有一家英国法院拒绝过《教牧人员代表会议》的权威,或否认在陌生人的诉讼中可以授予禁止令。制宪者对权力分立和法官咨询意见的关注也与是否具备诉讼资格以挑战违背宪法授权或超越宪法授权的政府行为所涉及的问题无关。因此,很可能存在支持"个人利益"与原告资格限制的政策论据,但它们不能基于历史上产生的宪法强制这一理由。① 同时,对于"司法泛滥"问题,有学者指出,各州和联邦的经验表明,当司法系统向所有人打开大门的时候,并不会导致"滥诉"的发生。②

也有学者认为,如果法院拒绝明确阐明其判决的理由和政策,那么以先例为基础的法理体系就无法正常运作。从本质上而言,"弗拉斯特诉科恩案"中联邦最高法院法官的观点基本上是重言式的——纳税人被授予了原告资格,因为他有一个受法律保护的利益。这样的判决对未来律师辩护和法院判决没有什么帮助。一个更有用的方法是承认纳税人在挑战联邦支出时的利益确实处于不利的状态,但继续说明为什么在特定情况下,现行宪法和政策环境下不利于授予原告资格。如果法院开始阐明这些基本理论,就必然会对其相关性和效力进行理性讨论。这种做法对原告资格等领域的影响是显而易见的,法院再也不需要利用原告所谓的不存在个人利益来推翻诉讼地位和掩盖司法政策选择。希望通过坦率地处理这些问题,能够产生一个连贯的理论,而原告资格不再是一个"联邦司法管辖权的复杂领域"③。

也有学者认为,联邦最高法院对公民和纳税人原告资格的裁决主要

---

① See Raoul Berger, Standing to Sue in Public Actions: Is it a Constitutional Requirement? *The Yale Law Journal*, 1969, Vol.78, pp.819, 840.

② See Kenneth Culp Davis, The Liberalized Law of Standing, *The University of Chicago Law Review*, 1970, Vol.37, pp.470-471.

③ See Robert L. Kahan, Federal Taxpayers and Standing: Flast v. Cohen, *UCLA Law Review*, 1969, Vol.16, p.455.

集中在审理此类诉讼的实质的或抽象的困难上。"弗拉斯特诉科恩案"中联邦最高法院法官并未将此类诉讼视为实现宪法保障的手段,因此,"弗拉斯特诉科恩案"中的"双重纽带法则"似乎是人工的、不可靠的。实际上,由于需要顾及宪法保护的利益和少数群体保护的必要性,支出权要求与具体宪法禁止相结合的要求是可以理解的。而且,政府制度比公民诉讼能更好地保护民众利益,除非受到质疑的行为侵犯了少数人的权利。因此,致力于选举较好的政府比公民诉讼收效更大。在这种情况下,"弗拉斯特诉科恩案"中所确立的"双重纽带法则"最主要的作用是建立受影响的少数群体的适当代表——权益受到政府行为侵犯的联邦纳税人。①

还有学者认为,联邦纳税人在试图援引联邦法院的管辖权挑战政府税收和支出计划时遇到了几乎无法克服的障碍。虽然"弗拉斯特诉科恩案"及其后续案例通过解除"弗洛辛汉姆诉梅伦案"的一些限制从而促进联邦纳税人进入联邦法院的便利,但"弗拉斯特诉科恩案"的判决同时确立了自己的宪法先决条件("双重纽带法则"),纳税人原告无法轻易满足这些先决条件。除了需要满足宪法要求外,联邦纳税人还必须处理非宪法性障碍——法定管辖权要求和司法政策考量,这些障碍往往被证明比宪法要求更可怕。总而言之,尽管"弗拉斯特诉科恩案"在纳税人原告资格方面取得了进展,但联邦纳税人在法庭上赢得一席之地的任务仍然非常艰巨。②

3. "双重纽带法则"的缺陷

"弗拉斯特诉科恩案"所确立的"双重纽带法则"被作为纳税人与诉讼结果利益关系的准则,为联邦纳税人挑战联邦政府的财政行为提供了机会。但是,美国学者在探索和确立联邦纳税人的原告资格理论过程中,对"弗拉斯特诉科恩案"所确立的"双重纽带法则"的学理构造和实用价值提出了诸多批评。

有学者认为,"双重纽带法则"只是为了打破"弗洛辛汉姆诉梅伦案"

---

① See David S. Bogen, Standing Up for Flast: Taxpayer and Citizen Standing to Raise Constitutional Issues, *Kentucky Law Journal*, 1978, Vol.67, pp.171-172.

② See Note, Taxpayer Standing to Litigate, *The Georgetown Law Journal*, 1973, Vol.61, p.780.

绝对壁垒的一种权宜之计，但它其实是站不住脚的。首先，"双重纽带法则"所处理的是原告的身份和他的诉求之间的关系，但这种逻辑关系对于满足《美国联邦宪法》第3条所要求的"个人利益"和"有形的损害"是没有关系的，纳税人的身份和在"宗教自由"中所拥有或感受的利益关系之间也没有必然联系。事实上，纳税人和一个靠免税市政债券生活的人都可以对"宗教自由"感兴趣。其次，如果一个案件的诉讼结果确实与纳税人有个人利害关系，那么它在任何方面都不取决于"双重纽带法则"所主张的"具体宪法限制"，法律异议的来源——无论这些异议是具体的宪法限制、非具体的宪法限制、偏离法定授权还是其他都能满足条件。最后，《美国联邦宪法》第一修正案中的"政教分离"条款不仅仅是为了保护纳税人，更是为了保护这个新生国家中所有相信宗教自由并害怕强制遵守国家宗教的公民。因此，似乎任何公民都可以像弗拉斯特一样拥有原告资格，他们也满足"双重纽带法则"中身份和诉讼请求关系的要求，他们的身份是公民，诉讼请求是法案违背《美国联邦宪法》第一修正案。①

也有学者认为"双重纽带法则"不合逻辑。首先是"双重纽带法则"第一点提到"纳税人必须质疑《美国联邦宪法》第1条第8款授权国会行使的征税和支出权"，此论断可能因联邦最高法院的判决而成为法律，但似乎不合逻辑，因为联邦政府的所有支出都可能是行使国会征税和支出的权力。而第二点提到"纳税人所指控的联邦政府的法案需要违背具体宪法限制"，"'弗拉斯特诉科恩案'与'弗洛辛汉姆诉梅伦案'的区别在于后者没有违背具体的宪法限制"。可是，法院没有解释为什么它认为第一修正案比第十修正案更具体，第一修正案确实规定了具体的宪法限制，但看不出第一修正案在哪些方面比第十修正案更"具体"。联邦最高法院唯一提到的一点理由是"美国历史生动地说明，制宪者在制定第一修正案时要求不应该用征税和支出的形式违反它"，联邦最高法院的历史主张毫无疑问是正确的，但我们的历史不是也生动地说明，那些起草并通过第十修正案的制宪者们不允许用征税或支出的形式违反它？②

---

① See Kenneth E. Scott, Standing in the Super Court—A Functional Analysis, *Harvard Law Review*, 1973, Vol.86, pp.661-662.

② See Kenneth Culp Davis, Standing: Taxpayers and Others, *The University of Chicago Law Review*, 1968, Vol.35, pp.604-607.

也有学者认为,"双重纽带法则"与纳税人在诉讼结果中的个人利益无关。"双重纽带法则"第一点要求"纳税人所指控的是《美国联邦宪法》第1条第8款授权国会的行为",但是,为什么纳税人的个人利益要由国会被授权的立法权力来决定呢?纳税人的税收负担的潜在增加当然并不会因为拨款给越南战争而不是帮助宗教学校而减轻,显然,纳税人的个人利益的产生不是由于支出所依据的权力,而是由于"纳税人的税收的支出"是非法的。此外,"双重纽带法则"第二点要求"控诉的法案违背具体宪法限制",但纳税人所控诉的法案是不是违背"具体宪法限制",并不对纳税人个人利益产生影响;相反,纳税人的个人利益纯粹和被非法使用的税款的数额相关,其他理论都近乎虚构。①

还有一些学者认为,联邦最高法院应该确认用税收支持宗教学校是否侵犯了公民的信仰自由权利。如果这种伤害值得承认,"双重纽带法则"的要求是无关紧要的;如果这种伤害不需要司法救济,"双重纽带法则"是一个不适当的浪费司法资源的原告资格标准。② 事实上,"双重纽带法则"运用了一个人工制定的标准取代对于起诉方在本案中的具体利益损害的调查,这样的标准是靠不住的,如果在相同的案子中起诉方攻击的是联邦政府的预算而不是支出,是不是就得不到一样的救济?③

第四节 后续案件的梳理

"弗拉斯特诉科恩案"之后,美国联邦最高法院在后续案例中时而肯定、又时而否定"弗拉斯特诉科恩案"所创设的规则,为此也给美国联邦的纳税人公益诉讼推进带来很大的不确定性。"弗拉斯特诉科恩案"之后,美国纳税人公益诉讼的案例大幅度增长,这与该案突破联邦法院长期对

---

① See Note, Taxpayer Standing to Litigate, *The Georgetown Law Journal*, 1973, Vol.61, p.753.
② See Note, The Supre Court 1981 Term, *Harvard Law Review*, 1982, Vol.96, p.206.
③ See Mark V. Tushnet, The New Law of Standing: A Plea for Abandonment, *Cornell Law Review*, 1977, Vol.62, p.693.

于纳税人公益诉讼的限制有关系。① 据统计，1975年以后，美国联邦法院每10年平均要受理150多起纳税人公益诉讼案件（包括在联邦法院审理的各州和地方纳税人公益诉讼案件）。② 本节主要对"弗拉斯特诉科恩案"之后的案例进行梳理，包括主要诉讼范围和法官观点。

1. 主要诉讼范围

通过对1968年"弗拉斯特诉科恩案"至20世纪末期联邦层面的纳税人公益诉讼案例进行梳理，可以发现其诉讼范围涉及联邦政府的财政支出、税收、行政许可、选举、保护珍稀动植物等。其中，较为主要的是攻击联邦政府的财政支出行为、违背宗教信仰自由行为、政治活动、税收行为和行政许可行为。

首先，攻击联邦政府的财政支出行为。在此类诉讼中，联邦纳税人主要认为政府的财政支出违背宪法规定或未能按照规定公开支出项目。例如，在1972年的"萨诺夫诉舒尔茨案"③中，原告认为根据1961年的《对外援助法案》，联邦支付在越南的军事活动是违法的。在1974年的"美利坚合众国诉理查森案"④中，原告要求美国中央情报局（CIA）公布详细的支出信息，并且认为1949年的《美国中央情报局法案》（CIAA）是违宪的，因为CIAA违反了联邦宪法关于报告联邦支出的要求。

其次，认为联邦政府的行为违背了宗教信仰自由。受"弗拉斯特诉科恩案"的影响，越来越多的案例指责联邦政府利用公共开支等行为对某一宗教组织进行扶持，违背了《美国联邦宪法》第一修正案的"政教分离"原则。例如，在1988年的"鲍文诉肯德里克案"⑤中，原告认为国会颁布的《青少年家庭生活法案》向宗教组织提供赠款，此举违背了《美国联邦宪法》第一修正案的"政教分离"条款。在1982年的"福吉谷基督教学院诉

---

① See Nancy C. Staudt, Taxpayers in Court: A Systematic Study of a (Misunderstood) Standing Doctrine, *Emory Law Journal*, 2003, Vol.52, pp.779-780.
② 参见陈晴：《以权利制约权力：纳税人诉讼制度研究》，法律出版社2015年版，第204页。
③ See SARNOFF v. SCHULTZ, 409 U. S. 929 (1972).
④ See United States v. Richardson, 418 U. S. 166 (1974).
⑤ See Bowen v. Kendrick, 487 U. S. 589 (1988).

美国政教分离联合会案"①中,原告要求福吉谷(VALLEY FORGE)基督教学院将财产转移回美国,理由是1949年的《联邦财产和行政服务法》中将联邦资金拨给宗教组织的条款违背《美国联邦宪法》第一修正案;在1980年的"美国政教分离联合社团诉美国卫生、教育和福利部"②中,原告认为被告依据1949年的《联邦财产和行政服务法》将政府财产转移给公认的宗教组织的行为违背了《美国联邦宪法》第一修正案的"政教分离"条款。

再次,攻击联邦政府的政治活动。在联邦纳税人看来,受税收支持的政府在选举、人员结构等方面应该合法合规,受纳税人监督。例如,在1974年的"施莱辛格诉预备役军人停止战争委员会案"③中,原告认为根据《美国联邦宪法》第1条第6款的规定,国会议员在其任职期间没有资格在武装部队预备役委员会中担任成员,因此对国防部长和三位各军种的部长提起集体诉讼,他们都是国会议员的储备成员,要求禁止他们在武装预备役委员会中任职。在1976年的"公共市民社团诉西蒙案"④中,原告以联邦纳税人的身份起诉联邦财政部长,认为其应当追回给予白宫工作人员的所有工资,因为白宫工作人员将主要精力都用于总统竞选,而不是管理国家。

最后,攻击联邦政府的税收行为和行政许可行为。对税收行为而言,联邦纳税人主要针对联邦政府超越权限或者不合理的税收行为。例如,在1984年的"艾伦诉赖特案"⑤中,原告主要对美国国税局关于授予私立学校免税地位的行为提出了质疑,作为公立学校学生的父母,原告认为美国国税局给予歧视性的私立学校免税地位,侵犯了他们的权利。在1975年的"沙伊德诉政府部门长官案"⑥中,原告要求在她1972年的联邦所得

---

① See Valley Forge Christian College v. Americans United for Separation of Church & State, Inc., 454 U. S. 464 (1982).
② See Americans United for Separation of Church & State, Inc. v. U. S. Dep't of Health, Ed. & Welfare, 619 F. 2d 252 (3d Cir. 1980).
③ See Schlesinger v. Reservists Comm. to Stop the War, 418 U. S. 208 (1974).
④ See Pub. Citizen, Inc. v. Simon, 539 F. 2d 211 (D. C. Cir. 1976).
⑤ See Allen v. Wright, 468 U. S. 737 (1984).
⑥ See Scheide v. Commissioner, 65 T. C. 455 (1975).

税申报表上,采取"战争罪扣除",理由是缴纳此类税款将构成涉嫌战争罪的"共谋",违反了纽伦堡第 7 号原则。对于行政许可问题,在联邦纳税人看来,政府的部分行政许可行为是不符合规定或将对其造成损害。例如,在 1970 年的"资料服务组织诉坎普案"①中,原告起诉货币总监授权国家银行从事资料处理服务的行为,理由是此种授权违背了《银行业务公司法》,并对资料处理服务联合会成员的营业利益造成损害。

2. 法官观点

在"弗拉斯特诉科恩案"之后,联邦法院在许多纳税人公益诉讼案例中运用"双重纽带法则"授予申诉方原告资格,纳税人公益诉讼在联邦获得短暂的兴起。但美国司法实践存在反复性,也有许多案例存在异议。综合而言,援引和遵循"弗拉斯特诉科恩案"判决的法官观点主要集中于原告的起诉资格和案件的可诉性两个方面。

在原告的起诉资格方面,联邦法院法官主要认为"弗拉斯特诉科恩案"所确立的原告资格标准为联邦纳税人挑战联邦政府打开了一道缺口,无论对于"弗拉斯特诉科恩案"及其所确立的"双重纽带法则"有何意见,都应该遵循先例给予纳税人起诉资格。例如,在 1988 年的"鲍文诉肯德里克案"②中,原告主要质疑联邦政府的《青少年家庭生活法案》为宗教组织提供赠款,违背了《美国联邦宪法》第一修正案的"政教分离"条款,但联邦政府坚持认为原告在本案中缺乏起诉资格,因为其挑战的实际上是对行政行动的挑战,而不是根据《美国联邦宪法》第 1 条第 8 款授权国会的税收和支出行为,然而联邦最高法院法官认为仅仅因为国会授权的资金已经通过并由国务卿管理就认为是行政活动是不妥当的,事实上"弗拉斯特诉科恩案"本身就是针对联邦卫生、教育和福利部长的诉讼,他根据被挑战的法令被赋予了管理国会创建的支出计划的权力。在 1978 年的"哈洛纳诉麦当劳案"中,原告要求法院颁布禁令禁止向麦当劳主席的私人法律费用拨款。对于原告的起诉资格问题,联邦法院法官认为"法院对每一

---

① See Association of Data Processing Service Organization, Inc. v. Camp, 397 U. S. 150 (1970).

② See Bowen v. Kendrick, 487 U. S. 589 (1988).

个对立法机关的政策决定有异议的公民所提起的诉讼敞开大门是不明智的做法,法院绝不是第二个让输掉战斗的人员进行重新比赛的政治舞台。然而,在某些情况下,私人公民的利益高于支出所代表的政策决定,并达到立法机关与法院同样负责保护的公民权利水平,这些权利就是美国最高法院在'弗拉斯特诉科恩案'上所确立的,我们同意该法院在这一点上的想法"[①]。在1970年的"资料服务组织诉坎普案"[②]中,原告主要认为货币总监授权国家银行从事资料处理服务的行为违背了《银行业务公司法》所规定的银行业务范围,对于案件的原告资格问题,联邦法院法官认为可以放在《美国联邦宪法》第3条的"案件或争议"框架内考虑,同时也要满足案件可以在对抗的状态下以历史上被视为能够通过司法解决的形式提出。

在案件的可诉性方面,联邦法院法官主要认为原告资格是可诉性的一个方面,原告资格主要关注人,而可诉性主要关注案件的争议。只要司法权不过度超越自身职能范围,即不会对三权架构产生负面影响。例如,在1972年的"萨诺夫诉舒尔茨案"中,原告根据1961年的《对外援助法案》认为联邦支付在越南的军事活动是违法的,由于国会没有对越南宣战,总统的战争行为违反了宪法的权力分配,对于此案的"政治性"和"可诉性"问题,联邦法院法官认为"在权力分立的架构中,在任何涉及政治问题的案件上,除非宪法承诺将该问题提交给一个协调的政治部门,或者缺乏司法上可发现和可管理的解决标准,或者在没有明确的非司法自由裁量权的初始政策决定的情况下不可能作出决定,或者法院不可能在表示尊重政府部门的情况下进行独立决议,或者是对已经作出的政治决定毫无疑问地坚持的特殊需要,或者不同部门就一个问题发表的各种声明可能导致尴尬,司法权可以介入案件进行审理"[③]。

也有一些案件存在异议,异议主要针对原告与案件结果的利益关系和司法权的有限性问题。在原告与案件结果的利益关系方面,联邦法院法官认为"弗拉斯特诉科恩案"所创设的规则是极其例外的情况,大部分

---

① Halona v. MacDonald,1978 Navajo App.LEXIS 7 (1978).

② See Association of Data Processing Service Organization, Inc. v. Camp, 397 U. S. 150 (1970).

③ SARNOFF v. SCHULTZ, 409 U. S. 929 (1972).

情况下还是要考量原告与案件结果之间的利益关系，只有具备直接伤害和危险才能拥有足够的起诉资格。例如，在1971年的"蒂尔顿诉理查德森案"①中，原告控诉国会1963年颁布的《高等教育设施法》向教会学校提供了援助，此举违背了《美国联邦宪法》第一修正案，但联邦法院法官认为该援助是一次性的单一用途的补助金，这些宗教学校为学生提供的主要是世俗教育，因而不属于违反《美国联邦宪法》第一修正案，也不适用"弗拉斯特诉科恩案"所创设的规则。在1975年的"沙伊德诉政府部门长官案"②中，原告要求在她1972年的联邦所得税申报表上，采取"战争罪扣除"，理由是缴纳此类税款将构成涉嫌战争罪的"共谋"，违反了纽伦堡第7号原则，但联邦法院法官认为本案不符合"双重纽带法则"的要求，越南战争并不是"提供国防和一般福利"，而是"募集和维持陆军"及"配备和保持海军"，而且原告指控的是越南战争违背国际法而不是"具体宪法限制"，因而不能适用"弗拉斯特诉科恩案"所创设的规则，而原告本身也没有因为越南战争而受伤或存在危险，因而与本案结果没有足够的利害关系。

在司法权的有限性方面，联邦法院法官主要认为司法机关过度介入立法和行政行为的审查或破坏权力分立原则，最终对司法权的有效性造成损害。例如，在1984年的"艾伦诉赖特案"③中，原告认为作为公立学校学生的父母，美国国税局授予歧视性的私立学校免税地位侵犯了他们的权利，联邦法院法官认为联邦对于私立学校的援助并没有对原告造成司法上可承认的伤害，《美国联邦宪法》第3条将司法权限定在"案件或争议"就是要求国家的每个部门必须将行动限定在符合分权原则的基础上，不当的司法干预则会有损其他部门的执法，也有损权力分立原则。在1982年的"福吉谷基督教学院诉美国政教分离联合会案"④中，原告要求被告宗教组织将财产转移回美国，理由是1949年的《联邦财产和行政服务法案》中将联邦资金拨给宗教组织的条款违背《美国联邦宪法》第一修

---

① See Tilton v. Richardson, 403 U. S. 672 (1971).
② See Scheide v. Commissioner, 65 T. C. 455 (1975).
③ See Allen v. Wright, 468 U. S. 737 (1984).
④ See Valley Forge Christian College v. Americans United for Separation of Church & State, Inc., 454 U. S. 464 (1982).

正案,联邦法院法官认为《美国联邦宪法》第一修正案并不能给《美国联邦宪法》第 3 条对援引司法权的"必须有实际的威胁或伤害"的要求创造例外,《美国联邦宪法》第 3 条将司法权限定在符合分权原则并且在传统上被认为能够通过司法程序解决的范围内,因此原告不具备起诉资格。

20 世纪中期,纳税人公益诉讼在美国联邦层面获得短暂推行,究其原因,主要与彼时美国《联邦行政程序法》的出台、沃伦法院与司法能动主义的推进、民权运动与公益诉讼的高速发展、1960 年前后美国理论界关于纳税人公益诉讼的大讨论相关联。1968 年的"弗拉斯特诉科恩案"开启了纳税人公益诉讼在联邦层面的短暂推行,但"弗拉斯特诉科恩案"并没有推翻 1923 年的"弗洛辛汉姆诉梅伦案",只是联邦最高法院法官通过创设"双重纽带法则"为联邦层面的纳税人公益诉讼打开了一个缺口。"弗拉斯特诉科恩案"之后,美国理论界展开了新一轮的讨论,内容主要涉及三个方面,即联邦司法权的"宪法第 3 条"限制、联邦纳税人的原告资格问题、"双重纽带法则"的缺陷。通过对后续案件进行梳理,20 世纪后期联邦层面纳税人公益诉讼的主要范围是攻击联邦的财政支出、征税和颁发营业执照等行为,而法官观点主要集中于原告资格和可诉性方面,也有一些异议存在,主要针对控诉人与案件的利益关系和司法权的有限性问题。

第四章 纳税人公益诉讼在联邦层面衰落

1968年的"弗拉斯特诉科恩案"为联邦层面的纳税人公益诉讼打开了一道缺口,但后续案例法官态度依然反复多变。从大趋势观之,联邦对于纳税人公益诉讼是采取越来越保守的态度。在1992年的"卢扬诉野生动物保护者案"中,联邦法官概括了起诉资格的最低宪法标准,基本否定了纳税人公益诉讼在联邦存在的可能性。

第一节 20世纪后期的相关历史背景

20世纪后期,联邦法院对待纳税人公益诉讼处于反复无常的态度,并最终走向封闭和保守。纳税人公益诉讼的发展脱离不了相关历史背景的影响,其主要包括以下三点。

1. "新联邦主义"

在美国建国早期,"二元联邦主义"(dual federalism)被视为联邦制的主要呈现。在"二元联邦主义"框架下,州权力具有至高无上的地位,它和联邦各自有自己的权力自治领域,承担特定的责任。

20世纪30年代的"罗斯福新政"开启了联邦政府全面干预经济的先河,为挽救濒于崩溃的资本主义制度和克服国内日益加深的社会危机,联邦政府颁布了紧急银行法、农业调整法、工业复兴法等法案,加大了联邦政府对国民经济的干预力度。"罗斯福新政"之后,地方问题逐渐国家化,"二元联邦主义"开始衰落。从公共交通到毒品交易、从证券交易到教育,联邦和州往往做着同一件事情,因而称此阶段为"合作联邦主义"[①](cooperative federalism)。"合作联邦主义"主张州和联邦分享权力,州是联邦的合作伙

---

① 参见张千帆:《从二元到合作——联邦分权模式的发展趋势》,载《环球法律评论》2010年第2期。

伴,此时联邦政府权力逐步扩大,州权不再具有至高无上的地位。

20世纪60年代,约翰逊总统进一步发展"合作联邦主义",由于推行"向贫困开战"政策,联邦政府在社会福利等方面的权力进一步加大,联邦政府的公共开支也达到顶峰。国家经济宏观调控有其优点,但造成的负面影响同样不可忽视。虽然联邦权力的扩大可以集中解决很多公共问题,但久而久之,造成"大政府"之势,导致很多新矛盾出现,主要表现为联邦政府机构繁多、冗杂、效率低下。同时,众多机构需要联邦政府进行庞大财政支出,必然加重赤字状况,从而加重民众税收。

在1969年8月8日全国性广播电视讲话中,尼克松总统正式提出了"新联邦主义"(new federalism)口号。他指出"美国正面临城市危机、社会危机及对政府的信任危机。其原因是在过去的几十年中,权力和责任集中于华盛顿,造成了一个运转不灵、反应迟钝、效率低下的庞大官僚机构,要克服这些危机必须让权力、资金、责任从华盛顿流向各州和人民,实行新联邦主义的时候到了"。"新联邦主义"时期,联邦将许多中央政府项目下放给地方、简化服务以及通过分类财政补贴和分享岁入来重新确定各级政府资金,通过权力的不断下放,州政府和地方政府将承担更多的政府责任。①

1969年尼克松总统提出"新联邦主义"之后,历届政府均致力于重新分配中央与地方的权力,减轻联邦的开支和责任。尼克松、卡特和里根政府不断倡导分享财政补贴和岁入,给予州政府在项目实施方面更大的自由裁量权。20世纪80年代的里根总统时期,联邦政府致力于削减国内开支、权力下放、放松管制以及减少政府干预市场的行为。里根总统意图实现小政府的目的,让政府更接近人民,给人民更大的参与权。具体而言,里根政府通过缩减联邦项目(如社会保障和联邦医疗保险计划)来平衡预算,还提议减税和增加国防开支。1981年出台的《综合预算调节法》(OBRA)确立了9个新的分类财政补贴,并通过巩固或终止139个计划来加强州政府的角色。里根政府相信,通过改革可以形成一个"自谋生

---

① 参见[美]凯瑟琳·K.安德斯、科蒂斯·A.舒克:《新联邦主义:对州和地方政府的影响》,苗爱民、杨晋译,载《公共管理与政策评论》2016年第5期。

计"(fend-for-yourself)的环境,州政府和地方政府将承担更多的政府责任。① 90年代以后的联邦政府依然秉持着"新联邦主义"的口号,致力于精简联邦官僚机构和把权力从中央政府下放到地方政府。其中,克林顿政府主张富有革新精神、不带官僚气息的联邦政府,力求提高联邦政府的工作效率,同时也要求联邦政府要向州和地方大规模移交权力。小布什政府一方面在传统领域,如教育投资、减少联邦债务、推动社会福利以及改善医疗等领域继续推行保守主义政策,延续"新联邦主义"还政于州的做法;另一方面因为其任上相继遭遇"9·11"恐怖袭击事件和"卡特琳娜观风"等公共安全事件的影响,因而美国公共政策的决策权相对更加向联邦政府集中。②

2. 沃伦法院之后的司法克制主义转向

沃伦法院之后,1969年至1986年由沃伦·厄尔·伯格(Warren Earl Burge)担任联邦最高法院的首席大法官,一般称此段时间的联邦最高法院为"伯格法院"。1986年至2005年则由威廉·哈布斯·伦奎斯特(William Rehnquist)担任联邦最高法院首席大法官,一般称此时期的联邦最高法院为"伦奎斯特法院"。伯格法院时期仍然践行司法能动主义,但与沃伦法院遵从法律精神不同,伯格法院主要以大众舆论作为指引方向,因而被称为"无根的能动主义"③。伦奎斯特法院时期则开始转向保守,但这种转向是温和和渐进的。

长久以来,联邦最高法院的风格并不是由首席大法官一人决定,而是由组成最高法院的九名大法官决定。虽然伦奎斯特法院的大法官处于动态调整中,但较为稳定的大法官包括伦奎斯特、斯卡利亚(Scalia)、托马斯(Thomas)、肯尼迪(Kennedy)、奥康纳(O'Connor)、金斯伯格(Ginsberg)、布雷耶(Breyer)、苏特(Souter)、史蒂文斯(Stevens)。其中,

---

① 参见[美]凯瑟琳·K.安德斯、科蒂斯·A.舒克:《新联邦主义:对州和地方政府的影响》,苗爱民、杨晋译,载《公共管理与政策评论》2016年第5期。

② 参见游腾飞:《美国联邦制纵向权力关系研究》,上海人民出版社2016年版,第237~242页。

③ 参见程汉大:《司法克制、能动与民主——美国司法审查理论与实践透析》,载《清华法学》2010年第6期。

伦奎斯特、斯卡利亚、托马斯、肯尼迪、奥康纳属于保守派,而金斯伯格、布雷耶、苏特、史蒂文斯则属于自由派阵营。正是因为保守派和自由派势力敌,伦奎斯特法院也被称为"分裂的法院",但在许多重要的案例中,保守派经常以5∶4的微弱优势取胜。① 伦奎斯特法院的保守倾向和时代背景相关联,20世纪末美国在越南战争中失利,联邦政府财政赤字越发严重,国内民众反对越战,反对扩张,希望有一个稳定的社会环境。在这样的环境下,联邦最高法院开始从司法能动主义转向司法克制主义。伦奎斯特法院时期,联邦最高法院在公民权利、种族问题、刑事被告权利等方面都保持一定程度的克制,没有如沃伦法院时期那般激进和自由。在伦奎斯特法院的保守派大法官看来,维护国家稳定比维护公民的一些自由、平等权利更重要。② 在州权问题上,伦奎斯特法院通过"普林茨诉合众国案"③"合众国诉洛佩斯案"④等案例不断限缩联邦政府的权力,认为应当重申宪法内含的各州主权,应当重新划定宪法所规定的联邦与州的权力界限。⑤ 在伦奎斯特法院时期,由于其保守性特征,联邦最高法院对于纳税人公益诉讼的态度也在逐渐转向保守。

伦奎斯特法院之后,2005年至今联邦最高法院首席大法官由小约翰·罗伯茨(John Glover Roberts Jr.)担任,由此联邦最高法院进入了"罗伯茨法院"时代。罗伯茨法院时期,联邦最高法院延续了伦奎斯特法院的保守属性,在言论自由、宗教信仰自由等问题上均持保守立场,同时反对堕胎,主张严格执行宪法和法律的规定。例如,在言论自由问题上,罗伯茨法院认为应当限制不雅言论,施行有限的言论自由;在同性婚姻问题上,罗伯茨法院认为同性恋是个人自由,而婚姻是社会制度,美国宪法并未默示同性的"结婚权"。⑥ 在罗伯茨首席大法官看来,司法应当保持

---

① 参见[美]马克·图什内特:《分裂的法院——伦奎斯特法院与宪法的未来》,田飞龙译,中国政法大学出版社2011年版,第39~58页。
② 参见郝丽芳:《美国联邦司法政治研究》,南开大学2013年博士学位论文。
③ See Printz v. United States, 521 U. S. 898 (1997).
④ See United States v. Lopez, 115 S. Ct. 1624 (1995).
⑤ 参见王丹丹、李邵根:《宪法视野中美国州权的演变》,载《法律史评论》(第7卷),法律出版社2015年版。
⑥ 参见姜峰:《同性婚姻、宪法权利与民主审议——以罗伯茨大法官的反对意见为中心》,载《法学评论》2015年第6期。

最低限度,联邦大法官们应当进行"窄"而"浅"的判决。① 在州权问题上,罗伯茨法院也延续了伦奎斯特法院的保守性特征,一再强调在州和联邦政府关系中,州拥有充分的选择权和自主权,联邦政府不能以各种理由和方式干预各州的事务。② 在罗伯茨法院的司法克制主义风格影响下,纳税人公益诉讼在联邦层面的保守性发展从20世纪末一直延续至今。

3. 环境公益诉讼的高速发展

在公益诉讼方面,上文提到的1943年的"纽约州工业联合会(法人)诉伊克斯案"创造了"私人检察总长"理论,而该理论为公益诉讼的发展奠定了法律基础。

"美国作为世界上最早对现代公益诉讼实施立法的国家,其最典型的公益诉讼即是环境保护公益诉讼,该诉讼是环境保护者为了制止行政机关破坏环境的行为而进行的诉讼。"③美国的环境公益诉讼肇始于20世纪70年代。1970年,美国通过了《清洁空气法》,该法规定任何人都能依法以自己的名义,对公民个人、社会组织、企业、公司、行政机关以及美国政府提起诉讼,而且确定了"事实上损害"的标准,但凡污染环境的行为对相关主体造成了事实上的损害,相关主体也就获得了原告资格。还有1972年的"塞拉俱乐部诉莫顿案",该案作为美国环境公益诉讼中的经典判例,将环境资源的生态价值、美学价值及娱乐价值等认定为民众的合法权益,这将"事实上损害"的内容由经济利益扩张至经济利益与精神利益,促使原告资格的外延更为广泛。④

其后,美国联邦政府出台了大量关于环境保护的法律,如1972年的《海洋倾废法》和《噪声控制法》、1973年的《濒危物种法》、1976年的《安全饮用水法》和《资源保护与恢复法》、1977年的《有毒物质控制法》等。这些法律中基本包含了公民诉讼的原告资格及其相关内容,共同形成了比

---

① 参见郝丽芳:《美国联邦司法政治研究》,南开大学2013年博士学位论文。
② 参见荣霞:《试析首席大法官罗伯茨对〈医改案〉的判决》,载《江南论坛》2013年第9期。
③ 王名扬:《美国行政法》(下),北京大学出版社2016年版,第467页。
④ 参见唐益亮:《美国环境公益诉讼原告资格的变迁及其启示》,载《人民法院报》2019年1月28日。

较完备的环境公益诉讼制度。20世纪80年代左右,美国环境公益诉讼的案件数量达到历史的最高峰,但法院也出现了案多人少的现象,加上新类型环境公益诉讼的接连出现,法官办案压力较大。因此,联邦政府在90年代通过"卢扬诉野生动物保护者案"①限缩了环境公益诉讼原告的起诉资格。

第二节　前期案例的严格解释

"弗拉斯特诉科恩案"之后,联邦法院法官对于纳税人公益诉讼的态度反复不一,有时候遵循先例授予纳税人原告资格,有时候又进行严格解释。其中,有三个案例对"弗拉斯特诉科恩案"进行了较为典型的严格解释,也为后期纳税人公益诉讼在联邦的基本终结奠定了基础。这三个案例分别是1974年的"施莱辛格诉预备役军人停止战争委员会案"和"美利坚合众国诉理查森案",还有1982年的"福吉谷基督教学院诉美国政教分离联合会案"。② 本节主要考察三个案件的基本案情和法官观点。

1. 1974年的"施莱辛格诉预备役军人停止战争委员会案"③

本案中,原告是反对美国介入越南战争的预备役军人停止战争委员会,还有5名成员,他们都是美国公民和纳税人。他们认为根据《美国联邦宪法》第1条第6款的规定,国会议员在其任职期间没有资格在武装部队预备役委员会中担任成员,国防部长和3位各军种的部长都是国会议员的储备成员,因此对他们提起集体诉讼,要求禁止他们在武装预备役委员会中任职。联邦地方法院认为,被告有资格以公民身份起诉,而不是纳税人身份,并根据案情给予部分救济。哥伦比亚特区巡回上诉法院维持原判决。国防部长等人将案子上诉至联邦最高法院,他们认为原告没有起诉资格,最高法院法官认为公民的起诉资格是基于具体伤害,无论是实

---

① See Lujan v. Defenders of Wildlife, 504 U. S. 555 (1992).
② See John J. Egan Ⅲ, Analyzing Taxpayer Standing in Terms of General Standing Principles: The Road not Taken, *Boston University Law Review*, 1983, Vol.63, pp.737-741.
③ See Schlesinger v. Reservists Comm. to Stop the War, 418 U. S. 208 (1974).

际伤害还是威胁伤害。因此,法院认定原告作为公民缺乏起诉资格,因为起诉资格不能以所有公众共同持有的所谓利益为前提,所有公民所共有的伤害必然是抽象的。最终,上诉法院的判决被推翻,案件被发回地方法院进一步审理。

对于此案,联邦最高法院首席大法官伯格认为原告并不具备起诉资格。在伯格首席大法官看来,本案主要在于确立原告作为联邦纳税人和美国公民是否具备起诉资格。首先,作为联邦纳税人的原告并不符合"弗拉斯特诉科恩案"所确立的"双重纽带法则",因为原告提出的并不是《美国联邦宪法》第1条第8款授权国会的税收和支出行为,而是行政部门允许国会议员在其部门中任职的行为,因此不能通过联邦纳税人的身份援引"弗拉斯特诉科恩案"而获得救济。其次,作为美国公民,根据"弗拉斯特诉科恩案"的法官观点,联邦司法权受《美国联邦宪法》第3条"案件或争议"的限制。而在后续的案例中表明,这种"案件或争议"本质上要求具备"事实上的损害",与"事实上的损害"相比,"抽象的损害"是不够的。本案原告的指控所代表的是普遍的利益,仅仅是"抽象的损害",并不能满足《美国联邦宪法》第3条的"案件或争议"的要求。

随后,联邦最高法院大法官斯图尔特表示赞同伯格的观点。在斯图尔特大法官看来,《美国联邦宪法》第3条明确表示只有遭受具体的、直接的损害才具备诉讼资格,仅仅具有抽象的、普遍的损害是不够的。本案之所以不授予原告诉讼资格,是因为本案原告和"弗洛辛汉姆诉梅伦案"中的原告一样,仅仅提出了一种普遍性的损害,而不是《美国联邦宪法》第3条所规定的直接而明显的损害。

联邦最高法院大法官道格拉斯提出了反对意见。道格拉斯大法官将《美国联邦宪法》第1条第6款中的"在行政机关任职期间不得担任两院议员"与"弗拉斯特诉科恩案"中的《美国联邦宪法》第一修正案进行了类比,从历史的角度说明,在制宪期间,防止行政机关人员在国会任职就是为了防止行政对立法产生影响并导致腐败发生,此说明《美国联邦宪法》第1条第6款也是对国会权力的一种"具体的宪法限制"。因此,本案原告符合"双重纽带法则"第二点的要求,即提出"具体的宪法限制"。联邦最高法院大法官马歇尔(Marshall)也提出了反对意见。在马歇尔大法官看来,原告已经提出"如果国会议员在行政机关任职,国会将会受到行政机关的不当影响",原告试图说服国会结束越南战争,如果由这些国防机关的人员在国会任职,将影响原告在国会的诉求,从而因为战争需要而导致原告的税收负担增加。因此,本案原告符合"双重纽带法则"第一点,即《美国联邦宪法》第1条第8款授权的税收和支出行为。

2. 1974年的"美利坚合众国诉理查森案"①

本案中,原告是联邦纳税人理查森(Richardson),他要求美国中央情报局(CIA)公布详细的支出信息,并且认为1949年的《美国中央情报局法案》(CIAA)是违宪的,因为《美国中央情报局法案》违反了联邦宪法关于报告联邦支出的要求。初审法院以被告缺乏资格为理由驳回了他的诉讼请求,而且认为这个问题是一个政治问题。此后,案件被提交到美国第三巡回上诉法院,该法院推翻了初审法院的判决,并认为原告符合"双重纽带法则"的测试,既在纳税人身份和该法案之间构筑了逻辑关系(符合《美国联邦宪法》第1条第8款授权国会的支出和税收行为),也在纳税人身份和联邦税收与支出权力的限制之间构筑了联系(符合宪法的具体限制)。之后,联邦政府将此案上诉至联邦最高法院,最高法院法官作出了相反的裁决,认为原告没有声称直接伤害,也没有对征税权或消费权提出质疑,因此原告没有起诉资格。原告也未能证明他所受的伤害与一般公众所受的伤害不同。最终,联邦最高法院推翻了下级上诉法院的判决,即原告有资格质疑联邦机构的支出报告方式,因为原告未能提出与公众遭受的直接人身伤害不同的指控。

对于此案,联邦最高法院首席大法官伯格认为原告不具备起诉资格。在首席大法官伯格看来,"弗拉斯特诉科恩案"并没有改变"弗洛辛汉姆诉梅伦案"所创设的"有益原则",即"纳税人不得利用联邦法院作为一个论坛,就政府行为或联邦系统中的权力分配表达其'普遍的不满'"。同时,本案原告也不符合"双重纽带法则"的测试,因为第一点要求原告所指控的是"《美国联邦宪法》第1条第8款所授权国会的税收与支出行为",而本案所指控的不是征税或支出能力,而是针对规范中央情报局会计和报告程序的法规,在原告作为"纳税人"的身份和声称国会没有要求中央情

---

① See United States v. Richardson, 418 U. S. 166 (1974).

报局提供更详细的支出报告之间没有"逻辑联系"。第二点要求原告所指控的行为违背了"具体的宪法限制",本案原告没有声称被挪用的资金违背了"税收与支出的具体宪法限制",而只是要求法院强迫政府向他提供有关中央情报局如何使用其资金的确切信息,因此也不符合第二点的要求。原告还声称,如果没有关于中央情报局支出的详细信息,他就不能正确地遵循立法或行政行动,从而履行作为选民的义务。联邦最高法院首席大法官伯格认为,这是一种'普遍的不满',根据"弗洛辛汉姆诉梅伦案"或"弗拉斯特诉科恩案"的说法,不足以证明"他因该行为而遭受或立即面临遭受直接伤害的危险"。

虽然联邦最高法院大法官鲍威尔(Powell)支持本案的结论,但他不同意本案使用"双重纽带法则"进行测试。鲍威尔大法官支持哈兰大法官在"弗拉斯特诉科恩案"中对"双重纽带法则"的批评,并认为它不是测试联邦纳税人是否具备起诉资格的可靠指标。在"弗拉斯特诉科恩案"中,法官一会儿提出应该将原告资格与案情分开,一会儿又提出利用"双重纽带法则"确定"原告身份和要求裁决的主张之间是否有逻辑关系"。同样,判决中对宪法限制和司法审慎规则进行了区分,但"双重纽带法则"无法确定是宪法限制还是司法审慎规则,因为它与法院关于原告资格的最低宪法要求之间没有任何有意义的联系。在"弗拉斯特诉科恩案"中,法官还提出"确立原告资格的要点"在于"原告是否与案件结果之间具有能够确定具体不利影响的个人利益关系",但看不到"双重纽带法则"是如何对"具体不利影响"进行调查的。鲍威尔大法官还认为,本案援引"双重纽带法则"突出了它的不合理性,因为本案涉及的《美国联邦宪法》第1条第9款"支出公开"和"弗拉斯特诉科恩案"的第一修正案的"政教分离"条款在"具体宪法限制"上无法相区别。鲍威尔法官不认为联邦层面的纳税人公益诉讼是宪法限制,但基于司法审慎考量仍然不建议推行它,而是建议利用法院的"传统审慎"限制来取代"双重纽带法则"。

联邦最高法院大法官道格拉斯和斯图尔特提出了反对意见。他们主要认为《美国联邦宪法》第一修正案授予个人不受政府因支持宗教而增加赋税的个人权利,《美国联邦宪法》第1条第9款同样赋予纳税人了解公共开支的个人权利。而且,美国中央情报局披露开支的数据是必要的,以明确纳税人是否受到任何损害。鉴于"弗拉斯特诉科恩案"的判决中认为纳税人可以在政府支出中拥有个人利益,从逻辑上讲,应该有要求披露这些支出的先行权利。

事实上,无论是"施莱辛格诉预备役军人停止战争委员会案"还是"美利坚合众国诉理查森案",虽然有些联邦法官意图拓宽联邦纳税人的起诉资格,但联邦最高法院不回应的态度导致此意图的失败,"弗拉斯特诉科恩案"所确立的联邦纳税人的起诉资格也在受到进一步的严格限制。①

3. 1982 年的"福吉谷基督教学院诉美国政教分离联合会案"②

本案中,原告是支持"政教分离"的组织及其成员,被告是福吉谷基督教学院,原告要求被告将财产转移回美国,理由是 1949 年的《联邦财产和行政服务法案》中将联邦资金拨给宗教组织的条款违背《美国联邦宪法》第一修正案。初审法院以原告缺乏起诉资格为由驳回了原告的诉讼,但美国第三巡回上诉法院撤销了初审法院的判决,认定原告作为公民身份有资格依据《美国联邦宪法》第一修正案声称此举侵犯了他们的个人权利。之后,被告将本案上诉至联邦最高法院,最高法院推翻了上诉法院的判决,认为《美国联邦宪法》第一修正案并不能给《美国联邦宪法》第 3 条对援引司法权的"必须有实际的威胁或伤害"的要求创造例外。而且,原告不能以纳税人获得起诉资格,因为本案所诉的是行政行为而不是国会的行为(不符合"双重纽带法则")(本案中,《联邦财产和行政服务法案》授权联邦卫生、教育和福利部长转让盈余财产,联邦卫生、教育和福利部长将其转让给了福吉谷基督教学院),本案的行政行为是依据《美国联邦宪法》第 4 条第 3 款"国会有权处置并制定合众国领土或其他财产的一切必要法章和条例"所授权,不是《美国联邦宪法》第 1 条第 8 款的税收和支出行为授权。最终,由于原告未提出需要解决的个人的、明显的、可触及的伤害,所挑战的是行政行为而不是国会的行为,因此联邦最高法院裁定原告有资格质疑联邦机构将财产转让给被告宗教机构的判决被推翻,最高法院认为给予其起诉资格将违反宪法对司法权的限制。

---

① See John J. Egan Ⅲ, Analyzing Taxpayer Standing in Terms of General Standing Principles: The Road not Taken, *Boston University Law Review*, 1983, Vol.63, p.740.

② See Valley Forge Christian College v. Americans United for Separation of Church & State, Inc., 454 U. S. 464 (1982).

美国联邦纳税人公益诉讼的历史命运

对于此案,联邦最高法院大法官伦奎斯特认为原告无论是作为纳税人还是公民,在本案中都没有起诉资格。根据《美国联邦宪法》第 3 条对司法权的限制,原告需要主张与本案相关的"事实损害",本案原告不具备这样的"事实损害"。对纳税人资格而言,本案原告所诉的是行政行为,而不是国会的行动,而且转让财产并不是基于《美国联邦宪法》第 1 条第 8 款的授权性税收和支出行为,而是《美国联邦宪法》第 4 条第 3 款的"处分财产"权力。原告也不存在支持其起诉资格的其他依据,虽然他们认为政府的转让财产违反了宪法,但他们未能确定由于所称的宪法错误而遭受的任何人身伤害,此不足以赋予《美国联邦宪法》第 3 条规定的起诉资格,虽然原告坚定地支持"政教分离"的宪法原则,但起诉资格并不是以诉讼当事人的辩护热情来衡量的。"弗拉斯特诉科恩案"中所提出的《美国联邦宪法》第一修正案并不能证明《美国联邦宪法》第 3 条对于原告起诉资格的要求存在例外,我们的宪法哲学并不主张联邦法院的职责是纠正宪法错误,相反,坚持《美国联邦宪法》第 3 条的"案件或争议"的要求才是最便捷的。

随后,联邦最高法院大法官布伦南(Brennan)提出了反对意见。对于"行政行为而不是国会行为",布伦南大法官认为对联邦政府的任何开支而言,最后的行动者都是行政机关人员,无论如何,第一修正案都是约束整个联邦政府,而不只是国会。对于"税收和支出行为还是财产分配行为",布伦南大法官认为任何政府公共资金的分配,无论是以财产还是金钱的形式,都会直接影响纳税人,并且这一论点同样适用于对"行政行为而不是国会行为"的反驳,因为损害纳税人的是分配本身,而不是分配本身实施的方式。本案的判决大都使用了"双重纽带法则"的字面语言,而忽略了对原告利益的调查,仅仅指出转让财产对原告税单的影响对判决是不必要的。

事实上,"福吉谷基督教学院诉美国政教分离联合会案"所提出的"行政行为而不是国会行为"推翻了"双重纽带法则"的第一点,因为此案和"弗拉斯特诉科恩案"都是针对相同的行政机关。此外,在对待公民身份方面,该案认为第一修正案并没有创造任何比其他宪法条款更具有个人可执行性的权利,这一裁定基本上削弱了"弗拉斯特诉科恩案"在第一修正案中对国会权力的具体宪法限制的发现。

4. 案例评析

在以上的三个案例中,联邦最高法院虽然均采用"双重纽带法则"进行测试,但已经将"双重纽带法则"限定在最为字面的含义内。其中最为明显的表现是,在三个案例中,联邦最高法院均认为原告控诉的是行政机关的行为,而不是国会的税收或支出行为,因而不符合"双重纽带法则"的第一点要求。事实上,"双重纽带法则"的主要目的就是为纳税人公益诉讼在联邦层面的推行撕开一个口子,只要纳税人指控的是政府的税收与支出行为,且该行为违背了具体的宪法限制,就有资格提起纳税人公益诉讼。如果将税收与支出行为的主体限定为国会,则属于狭隘的、浮于表面的规范解释方法,将"双重纽带法则"限定在一个没法体现原初意义的位置上。因此,虽然法院选择在形式上采用"双重纽带法则"进行检验,但法院的严格解释实际上消除了联邦纳税人挑战联邦政府的起诉资格,而从不考虑纳税人在这些案例中的利益。[1]

之所以将"双重纽带法则"限定在最为字面的含义内,是因为联邦最高法院对于纳税人公益诉讼原告资格的认知又重新回到了最开始的严格限制层面上。在联邦最高法院看来,《美国联邦宪法》第 3 条要求原告需要遭受具体的、直接的损害才能提起诉讼,抽象的、普遍的损害是不够的。因此,"随着时间的推移,进入联邦最高法院的案件逐渐形成了三个审查标准:政府必须耗费了公共财力、必须涉及《美国联邦宪法》第 1 条第 8 款授权国会的支出、这些支出必须侵犯'政教分离'条款"。[2]

第三节 对于 1992 年"卢扬诉野生动物保护者案"的考察

如果说之前的三个案例是对"弗拉斯特诉科恩案"所确立的"双重纽带法则"的严格解释的话,1992 年"卢扬诉野生动物保护者案"所概括的

---

[1] See John J. EganⅢ, Analyzing Taxpayer Standing in Terms of General Standing Principles: The Road not Taken, *Boston University Law Review*, 1983, Vol.63, p.741.

[2] 陈晴:《以权利制约权力:纳税人诉讼制度研究》,法律出版社 2015 年版,第 204 页。

起诉资格最低宪法标准则进一步否定了联邦纳税人挑战联邦政府的可能性。

1. 基本案情

事实上,1992 年"卢扬诉野生动物保护者案"①并不是纯粹的纳税人公益诉讼案例,只是"卢扬诉野生动物保护者案"所确立的原告资格三重要素对基本所有的公益诉讼均存在影响,包括环境公益诉讼、纳税人公益诉讼等,后期许多纳税人公益诉讼案例均引用了此案的观点,也基本否定了纳税人公益诉讼在联邦存在的可能性。

本案中,原告是野生动物保护组织,被告是美国内政部长。国会在 1973 年颁布的《濒危物种法》将保护濒危物种的责任分配给了美国内政部长和商务部长,并要求各联邦机构与相关部长协商,以确保该机构资助的任何行动不可能危及任何濒危或受威胁物种的继续存在或栖息地。两位部长最初颁布的联合规定将濒危物种的保护范围扩大到本国公民或机构在国外采取的行动,后来又将其缩小为美国和公海。因此,野生动物保护组织向地方法院提起诉讼,认为新的解释是错误的,并要求内政部长恢复原来的解释。对此,地方法院认为原告没有起诉资格。原告将其上诉至美国第八巡回上诉法院,第八巡回上诉法院推翻了地方法院的判决。

联邦内政部长将本案上诉至联邦最高法院,最高法院撤销了第八巡回上诉法院的判决,认为原告缺乏《美国联邦宪法》第 3 条的起诉资格要求,因为其不满足确立原告资格是三重要素。原告未能对控诉的被告的伤害的因果关系和可补偿性进行举证,因此撤销上诉法院的判决。最终,因为原告缺乏起诉资格,而将上诉法院判决撤销并发回重审。

2. 法官观点

在"卢扬诉野生动物保护者案"②中,联邦最高法院斯卡利亚大法官作了基本陈述(有部分观点是由其他联邦最高法院法官陈述)。斯卡利亚

---

① See Lujan v. Defenders of Wildlife, 504 U. S. 555 (1992).
② See Lujan v. Defenders of Wildlife, 504 U. S. 555 (1992).

大法官先简单介绍了本案的案情,并将重点论述放在原告是否具备起诉资格问题上。斯卡利亚大法官认为,《美国联邦宪法》将联邦权力划分为"立法权"、"行政权"和"司法权"时,并没有具体定义这些术语。宪法将"司法权"限定在"案件或争议"范围内,但以往的案例说明,行政调查也属于"案件",立法纠纷也可以称为"争议"。很显然,宪法分权的核心机制依赖于一种共识,即哪些活动适合立法机关、行政机关和司法机关。将"案件"和"争议"予以明确,以确定哪些纷争适合使用司法程序解决,即是所谓的"原告资格"。虽然援引司法权一部分需要基于司法审慎的考量,但核心要素仍然是《美国联邦宪法》第 3 条"案件或争议"要求的基本和不变的部分。

多年的案例表明,"原告资格"的最低宪法要求包括三个要素。首先,原告一定遭受了事实上的伤害,受侵犯的是受法律保护的具体和特殊的利益,实际的或即将发生的,而不是推测的或假设的;其次,伤害与被控诉的行为之间必须有因果关系——伤害必须公平地追踪被告被质疑的行为,而不是某些不在法庭上的第三方采取的独立行动的结果;最后,必须是"可能的",而不是"推测性",伤害可以通过一个有利的判决来弥补。援引联邦司法权的一方承担了建立这些要素的责任。由于它们不仅仅是诉状要求,而是原告案件中不可或缺的一部分,因此必须以原告承担举证责任的任何其他事项一样举证每一要素,如同在诉讼连续阶段要求的提供证据的方式和程度。

当诉讼是对政府作为或不作为的合法性提出质疑时,为了确立起诉资格所必须肯定(在简易判决阶段)或证明(在审判阶段)的是原告本人是不是政府作为(或不作为)的对象。如果他是,通常毫无疑问,政府的作为或不作为对他造成了伤害,阻止或要求采取行动的判决将得到赔偿。然而,在本案中,当原告声称的损害来自政府据称对他人的非法监管(或缺乏监管)时,则还需要更多的损害。在这种情况下,案件因果关系和可补偿性通常取决于受监管(或可监管)第三方对政府行动或不作为的反应,也许还要依赖其他的反应。对此,法院的自由裁量权并不能去假定它存在并进行控制。如果原告要获得起诉资格,需要援引事实证明这些第三方的选择或行动已经或将要产生因果关系,并能够通过司法程序纠正损害。因此,当原告本人不是他所质疑的政府作为或不作为的对象时,其原告资格并不排除,但实质上更难确立。

基于此,联邦最高法院认为上诉法院作出裁决时未能引用上述规则,原告不存在(至少)伤害和可补偿性。原告声称受到伤害的原因是,对某些海外资助活动缺乏协商"增加了濒危和受威胁物种的灭绝速度"。当然,使用或观察动物物种的欲望,即使是纯粹出于审美目的,也不可否认是原告资格的一种可认知的利益。但是,"事实上的伤害"测试所需要的不仅仅是对一个可认知的利益的伤害。它要求寻求审查的一方,他自己也在受伤者之中。为了成功取得原告资格,原告必须提交宣誓书或其他证据,通过具体事实证明,不仅列出的物种事实上受到国外资助活动的威胁,而且一名或多名原告组织的成员也将因此"直接"受到影响,除了他们对该项目的"特殊利益"外。

原告组织还出示成员宣誓书,声称打算在未来某个不确定的时间重新访问项目现场,届时他们可能会被剥夺观察濒危动物的机会,但这也是不够的,因为他们没有证明"即将发生"的伤害。受访者还错误地依赖其他一些新颖的理论,他们的理论包括"生态系统联系"理论,即任何使用受资助活动不利影响的相邻生态系统的任何部分的人,即使该活动位于远离其使用区域的地方,也具备起诉资格,但这种理论和法院在"卢扬诉野生动物保护者案"①中的裁决是不一致的。还有"动物联系"理论,即任何人只要与在全球任何地方研究或观赏濒危动物有利益关系的都有资格提起诉讼;"职业联系"理论,即任何对这些动物有专业利益的人都可以提起诉讼,但"动物联系"理论和"职业联系"理论都纯粹是推测性的、非具体的伤害。

同时,上诉法院认为原告具备起诉资格的另一个理由是他们遭受了"程序性的伤害"。《濒危物种法》所谓的"公民诉讼"条款在相关部分规定,任何人都可以代表自己提起民事诉讼,以禁止任何人,包括美国和任何其他政府机构违反了本章的任何规定。由于《濒危物种法》授权内政部长和商务部长监管权力时,要求各联邦机构与相关部长协商,以确保该机构资助的任何行动不可能危及任何濒危或受威胁物种的继续存在或栖息

---

① See Lujan v. National Wildlife Federation, 497 U. S. 871, 111 L. Ed. 2d 695, 110 S. Ct. 3177 (1990).

地。而"公民诉讼"条款则规定了所有人协商的"程序性权利"——因此任何人都可以向联邦法院提起诉讼,质疑部长(或者可能是任何其他官员)没有遵循公认正确的协商程序,尽管他或她无法声称因该过失造成的任何个别伤害。为了理解这一规定的显著性质,我们必须清楚本案的具体情况:本案不是原告试图强制执行一项程序性要求的情况,不是忽视这一要求可能会损害其单独的具体利益(例如,在拒绝其许可证申请之前举行听证会的程序要求,或在其附近修建联邦设施之前进行环境影响声明的程序要求);本案也不仅仅是许多人遭受具体伤害的情况,如大规模欺诈或大规模侵权情况;最后,本案也不是一个罕见的案例,国会通过向胜诉原告提供现金悬赏,为政府的利益在针对私人当事人的诉讼结果中创造了具体的私人利益。

斯卡利亚大法官认为,原告只对政府提出普遍存在的不满——只声称在适当适用宪法和法律时损害了他和每个公民的利益,并且寻求不会比普通公众更直接、更实际地受益的救济,此并没有陈述《美国联邦宪法》第3条的"案件或争议"。维护公众利益是国会和行政长官的职能,允许这种利益通过一项将其命名为个人权利的法规转化为一项个人权利,并允许所有公民起诉,无论他们是否遭受任何具体伤害,这将授权国会将行政长官最重要的宪法义务(《美国联邦宪法》第2条第3款的"监督法律被忠实地执行")转移至法院。

联邦最高法院大法官肯尼迪和苏塔提出了自己的看法。他们认为,野生动物保护组织未能证明他们受到了能够支持起诉资格的伤害。但是,虽然"生态系统联系"理论、"动物联系"理论和"职业联系"理论均不足以确立原告的起诉资格,但在不同的情况下,类似于这里提供的联系理论可能支持对起诉资格的主张。例如,在"日本捕鲸协会诉美国鲸类协会案"①中,原告毫无疑问具有足够的"事实上的伤害",因为观察鲸鱼和研究其成员将受到持续捕鲸的不利影响。联邦最高法院大法官史蒂文斯也提出了自身的看法,他认为国会1973年颁布的《濒危物种法》不会将协商要求适用于在外国的活动,但他认为原告具备起诉资格,因为它们在保护

---

① See Japan Whaling Assn. v. American Cetacean Society, 478 U. S. 221, 231, n. 4, 92 L. Ed. 2d 166, 106 S. Ct. 2860 (1986).

环境和研究濒危物种方面的利益即将受到损害,而且这种损害在目前的诉讼中是可以补救的。

联邦最高法院布莱克门(Blackmun)大法官和奥康纳大法官提出了否定意见。在他们看来,根据《联邦民事诉讼规则》,原告要获得起诉资格,并不需要证明他们实际上或立即受到了伤害,他们只需要展示一个关于起诉资格的实质性事实的"真实问题"。这不是一个沉重的负担,"真实问题"的存在,只要"所提出的证据能够让公平的裁判委员会为原告作出裁决"即可。法院的职能不是自己权衡证据并确定案件的真相,而是确定是否存在真正的需要审判的问题。然而,联邦最高法院从未提及"真实问题"标准。相反,最高法院指的是它认为被告未能提供的证据类型,即"宣誓书或其他证据"以通过具体事实证明伤害的存在。因此,最高法院混淆了证明标准的问题。

另外,联邦最高法院还认为因为原告对"生态系统联系"的指控未能证明其足够接近环境损害的地点,因而不能获得起诉资格。但是,环境的破坏可能会影响动物在广阔的地理范围内的旅行,如日本捕鲸活动对美国捕鲸鱼观察者的伤害,或者河流流经漫长的地理路线,如距离边境 39公里的污水处理厂对俄克拉何马州居民造成的伤害。联邦最高法院也认为"职业联系"的指控不能赋予其起诉资格,法院表示,动物园的亚洲象的饲养员有资格质疑其政府参与在世界另一地区消灭所有亚洲象,这是完全没有理由的。但是,布莱克门大法官和奥康纳大法官表示看不出遥远地点的动物毁灭是如何减轻对大象看守人的伤害的,如果未来无法获得维持饲养员生计的动物供应,肯定会有伤害。因此,"生态系统联系"和"职业联系"伤害的原告不应该被要求物理上的接近。

联邦最高法院还认为原告所遭受的任何"程序性损害"都不足以授予起诉资格,法院拒绝接受这样的观点,即"国会授予所有人一项抽象、独立、非工具性的权利,让行政部门遵守法律规定的程序,从而满足了事实伤害要求"。布莱克门大法官和奥康纳大法官认为这不是对《美国联邦宪法》第 3 条的合理解释。事实上,大多数政府行为都可以被归类为"程序性行为",因此由政府行为造成的许多伤害在某种普遍程度上可归类为"程序性伤害"。然而,这些伤害并不能绝对超出联邦法院的救济范围。需要肯定的是,某些类别的程序性义务与预防实质性的具体损害密切相关,因此单个原告可能仅通过违反该程序性义务就足以证明受到损害的可能性。

第四节 相关学理评议

前期的三个案例和1992年的"卢扬诉野生动物保护者案"一步步对"弗拉斯特诉科恩案"所确立的联邦纳税人的起诉资格进行了严格解释,限制了联邦层面的纳税人公益诉讼的发展。在20世纪末至21世纪初,美国理论界有许多文章针对纳税人原告资格问题展开讨论,这些文章主要结合历史案例,提出相应的看法,包括以下三个方面。

1. 何为纳税人原告资格?

原告资格问题是每一场诉讼的门槛问题。原告资格问题的要点是寻求救济的一方是否"声称在争议结果中存在个人利害关系,以确保具体的不利因素,从而使法院在很大程度上依赖于这些问题来阐明棘手的宪法问题"。由于原告资格问题是一个管辖权问题,法院必须解决原告资格问题,即使当事人未能提出该问题。一般要达到原告资格标准是没有问题的,因为传统的案件涉及原告声称直接经济或人身伤害。然而,对传统案件以外的原告来说,困难是存在的,因为此时如果原告不是作为一个受伤的个人,而是作为一个大群体的成员,如纳税人公益诉讼,则很难确定原告的资格。[1]

纳税人在联邦法院出庭的原因有两个:他们试图质疑自己的税单;他们试图质疑政府支出。纳税人公益诉讼即是第二种,事实上,挑战政府支出项目的纳税人不会从货币上获益。这场诉讼的目的是停止政府支出,换言之,重新调整支出方式,以确保支出项目符合现有的法律或宪法规范。无论哪一方胜诉,纳税人都不会获得个人报酬,也不太可能从立即减少的公共支出中获益。事实上,获得停止政府支出的禁令可能永远不会

---

[1] See Charles D. Kelso, R. Randall Kelso, Standing to Sue: Transformations in Supreme Court Methodology, Doctrine and Results, *University of Toledo Law Review*, 1996, Vol.28, pp.93-94.

减少税收,因为政府可以轻松地将公共资金用于不违反联邦法律的不同项目。①

纳税人原告资格标准在联邦一级的适用与州一级的适用大不相同。纳税人在联邦一级的原告资格已演变为一种极为有限的标准,因此,只有当政府违反《美国联邦宪法》第一修正案的"政教分离"条款且花费大量税款时,联邦纳税人才有资格反对联邦政府。然而,50个州都在不同程度上对纳税人原告资格采取了更为自由的做法。纳税人通常保留对州和地方政府如何使用税款的一些控制权,因此,如果政府官员非法使用公共资金,那么受影响的纳税人有权禁止非法支出。

当公职人员或公共机构实施非法或未经授权的行为时,该地区内的纳税人可为自己并代表其他纳税人寻求救济。在纳税人公益诉讼中,"纳税人本人是诉讼的实际当事人,代表的不是整个公众,不是一个州,甚至不是其所在城市的所有居民,而是一个相对有限的阶层,即纳税的公民"。从广义上讲,纳税人公益诉讼为一个州的公民提供了在其政府的财政决定导致非法行为时质疑其财政决定的机会。州纳税人原告资格的新颖之处在于,它完全脱离了传统联邦起诉资格学说中的损害事实、因果关系和可补救性的正式概念。援引纳税人身份的原告有一种不同的、无定形的损害,至少涉及一些最低限度的金钱损失,也许还需要追究政府对其未经授权的行为的责任。法院为这一普通法原则的有效性提供了若干理由,包括纳税人的金钱利益、纳税人与公职人员之间的信任关系以及"股权理论"。关于这一话题,有学者指出,"此类行动的根本原因是,如果纳税人的诉讼不被承认,法院对政府广泛领域的活动的质疑将被取消"②。

事实上,如果原告资格的目的仅仅是确保原告具体的困境,并促进问题的呈现,那么这一理论的目的显然是错误的。原告资格一般意图将全国有色人种协进会(NAACP)和美国公民自由联盟(ACLU)等国家组织排除在联邦法院之外,因为它们没有人身伤害,但它们对提交法院的抽象

---

① See Nancy C. Staudt, Taxpayers in Court: A Systematic Study of a (Misunderstood) Standing Doctrine, *Emory Law Journal*, 2003, Vol.52, pp.776-777.

② Varu Chilakamarri, Taxpayer Standing: A Step Toward Animal-Centric Litigation, *Animal Law*, 2004, Vol.10, p.254.

问题最感兴趣。由此,可以避免对法院造成不必要的负担和对权力分立的侵害。

关于纳税人原告资格的基础知识可以在学术文章、宪法教科书和法律论文中找到。但大多数作品中,没有一部作品试图对联邦法院的所有纳税人公益诉讼进行系统研究,事实上,每一位作者的目标似乎都是提供一个关于纳税人原告资格的广泛且一般的描述,而不是详细而细致地解释这一法律领域的所有复杂性。因此,没有人对联邦法院纳税人原告资格作出准确的解释,而且他们给读者留下了一系列错误印象。这些错误印象包括:(1)认为最高法院只对少数纳税人公益诉讼作出裁决,事实上,最高法院已经对 50 多起案件进行了裁决;(2)只有联邦纳税人在联邦法院提起诉讼,事实上,联邦、州和地方纳税人都有在联邦法院提起诉讼;(3)法院将联邦纳税人资格规则适用于联邦法院的所有纳税人,事实上,联邦法院根据申诉人的身份制定了不同的原告资格标准;(4)联邦法院曾经允许纳税人出庭,但当前越来越受到限制,事实上,法院严格限制了联邦纳税人公益诉讼,但州和地方纳税人公益诉讼受到更宽松的标准的约束。①

2. 纳税人原告资格的基本限制

联邦最高法院认为,原告资格是确保联邦法院的职权不会超出《美国联邦宪法》第 3 条限制的关键,其将联邦司法权限定为"案件或争议"。"案件或争议"主要也是基于有限的联邦司法权的要求和联邦权力分立架构的考量。"案件或争议"要求以两种方式限制司法权力:(1)它将司法审查仅限于在对抗性环境中提出的问题;(2)它通过界定司法机构的作用促进权力分离,从而防止该部门干预政府其他部门的职能。②

要使争议上升到"案件或争议"的水平,纳税人原告必须与诉讼结果

---

① See Nancy C. Staudt, Taxpayers in Court: A Systematic Study of a (Misunderstood) Standing Doctrine, *Emory Law Journal*, 2003, Vol.52, pp.785-791.

② See Richard M. Elias, Confusion in the Realm of Taxpayer Standing: The State of State Taxpayer Standing in the Eighth Circuit, *Missouri Law Review*, 2001, Vol.66, p.416; John Dimanno, Beyond Taxpayers' Suits: Public Interest Standing in the States, *Connecticut Law Review*, 2008, Vol.41, p.642.

有足够的利害关系。虽然这种利害关系的标准是出了名的难以确定,但最高法院在过去几十年一直在寻求这种标准,最终提出原告必须满足的三重要素:首先,原告一定遭受了事实上的伤害,受侵犯的是受法律保护的具体和特殊的利益,实际的或即将发生的,而不是推测的或假设的;其次,伤害与被控诉的行为之间必须有因果关系——伤害必须公平地追踪被告被质疑的行为,而不是某些不在法庭上的第三方采取的独立行动的结果;最后,必须是可能的,而不是推测性,伤害可以通过一个有利的判决来弥补。① 因此,联邦法院的诉讼理由必须指控被告造成损害,法院可以为原告提供补救措施。如果缺少这些要求中的任何一项,原告将无权让法院审理申诉的案情。

联邦法院认为,满足这些要求可以确保只有"案件或争议"提交法院,从而阻止联邦法官超越宪法限制。此外,原告资格标准也促进了其他各种司法价值。与未受伤的投诉人相比,受害方更有可能积极追诉,这种困境使法院能够揭露所有相关事实和问题,以获得最佳和最公平的结果。在不造成人身伤害的情况下,诉讼当事人只是寻求代表广大公众执行法律,这类纠纷在争议中没有足够的利害关系,可以说会导致无效的律师服务和糟糕的司法结果。因此,原告资格标准将联邦法院限制在其保护个人权利的目的上,并确保法院在最适合的情况下行使其权力。简言之,原告资格标准保证联邦法院"不是在辩论社会的紧张气氛中,而是在有助于现实评估司法行动后果的具体事实背景下"作出决定。

事实上,在纳税人公益诉讼的背景下,对伤害与个体伤害问题上的担忧在禁止联邦纳税人对联邦政府提起诉讼方面发挥了关键作用。法院认为,联邦支出计划对个人纳税人利益的损害只是最轻微和最遥远的方式,联邦纳税人没有真正的伤害。联邦纳税人只是声称当联邦政府不遵守宪法时,社会上所有个人都受到了伤害,而不是个人特有的伤害。然而,联邦法院对损害并没有一致的看法,因此在联邦法院审理州和地方纳税人公益诉讼时,这种观点是站不住脚的。一些联邦法院会授予州和地方纳

---

① See Lujan v. Defenders of Wildlife, 504 U. S. 555 (1992). 转引自 Joshua D. Spencer, Hearing Those Who Pay the Bells: A Comparison of The Federal and South Carolina Taxpayer Standing Models in Light of Sloan V. Sanford, *South Carolina Law Review*, 2005, Vol.56, p.678.

税人原告资格,他们相信州和地方纳税人在相关预算中拥有更大的利益,并注意到他们试图质疑地方立法机构的活动,而不是遥远的联邦立法机构的活动,他们认为州和地方纳税人符合适当司法结果所需的伤害和困境要求。

除了利害关系外,"权力分立"与"联邦制"也会对纳税人原告资格产生影响。原告资格不仅使联邦法院能够做好工作,而且通过要求受伤的申诉人及伤害与被告行为之间的因果关系,有助于限制司法机构篡夺联邦政府协调部门的决策职能,以及违反宪法结构中的国家自治基本原则。事实上,包括斯卡利亚大法官在内的一些学者认为,原告资格的主要目的是让司法机关不参与更好地留给其他人处理的事务。对权力分立而言,在联邦法院看来,司法部门决定行政行为的合法性将违反宪法结构中的分权规范,如果原告希望对所指控的非法行为进行补救,他们应该求助于更有能力提供补救的选举产生的机构。

同时,联邦制也在限制联邦司法权方面发挥了作用。不过,联邦最高法院主要在其他类型案件中遵循联邦制而拒绝授予申诉人起诉资格,对于在联邦法院审理的州和地方纳税人公益诉讼案件(后文将会讲述此类案件),联邦最高法院较少考虑联邦制问题。与此相对,虽然联邦最高法院较少考虑联邦制,但一些下级联邦法院已经关注到这个问题。例如,在1988年的"哥伦比亚特区共同事业区诉哥伦比亚特区案"[1]中,一名巡回上诉法院法官对授予州和市政纳税人起诉资格持批评态度,其认为"授予州纳税人起诉资格将引起严重的联邦制问题,它将允许联邦法院在没有具体、明显伤害的情况下搁置州政府的行动"。在1988年的"托布诉肯塔基州案"[2]中,法官认为"联邦制反对联邦司法机构决定州纳税人和州政府之间的争议"[3]。

满足以上宪法规定只是诉讼当事人必须满足的原告资格标准的一部分,另外两项原告资格要求独立于上述的宪法要求,主要是司法审慎要

---

[1] See Dist. of Columbia Common Cause v. District of Columbia, 858 F. 2d 1, 11-12 (D. C. Cir. 1988).

[2] See Taub v. Kentucky, 842 F. 2d 912, 919 (6th Cir. 1988).

[3] Nancy C. Staudt, Taxpayers in Court: A Systematic Study of a (Misunderstood) Standing Doctrine, *Emory Law Journal*, 2003, Vol.52, pp.783-789.

求。第一项要求被称为禁止第三方诉讼,即一方只能主张自己的权利,不能向联邦法院提出第三方的主张。第二项要求是,纳税人的身份并不意味着有能力向联邦法院提出与所有其他纳税人共同的申诉,但在禁止普遍申诉方面存在一个狭隘的例外,即某些特定情况下的纳税人原告资格(通常指符合严格的"双重纽带法则"标准)。因此,法院认为,即使一方声称损害程度足以满足宪法要求,该方仍可能未满足资格要求。当指称的伤害不是当事人本人的,而是由第三方承担时,就会发生这种情况。在这种情况下,申诉缺乏原告资格。但是,禁止第三方诉讼存在例外情况,当第三方不能主张自己的权利时,除了《美国联邦宪法》第一修正案的"案件或争议"其他纳税人可以直接提起诉讼外,这些例外情况通常集中在双方之间的密切关系上。

3. 司法审查的本质

司法审查是法院在其审理的适当程序中,有权宣布一项政府措施违反或符合《美国联邦宪法》或其他适用的法律,从而使该措施无效或证明其有效性。因此,它的职能要么是制约政府,要么是使其行为合法化。事实上,参与民主治理的主要方法,即多数人统治,并不总是确保所有个人都能参与决策过程。司法审查的检查职能旨在确保所有个人参与治理,因为它保护他们的权利和利益不受当选为治理机构成员的影响。这些权利和利益主要来自宪法,作为对个人权利和自由的保障,尽管它们可能来自其他法律。当有指控称这些利益受到政府行动的不利影响时,司法审查寻求保护这些利益。

司法审查也是法院使政府其他部门保持在其权限范围内的工具。它使宪法原则生效,并对政府运作进行检查。然而,根据分权原则,法院也不得越权,这要求法院在行使司法审查权时谨慎行事。在这一背景下,"可诉性"和"政治问题"的重叠理论应该被视为维持法院在司法权力范围内的主要准则。在最早的司法审查案例"马布里诉麦迪逊案"①中,联邦最高法院首席大法官马歇尔就特别关注司法部门越界并阻挠政府其他部

---

① See Marbury v. Madison, 5 U. S. 137 (1803).

门的行为,表现了法院对无权审理的案件行使管辖权的谨慎态度。[1]

可诉性原则认为,司法权只能在"可诉性事项"方面行使。一个事项只有在满足下列要素时才可由法院审理:(1)该事项具有法律性质,即它影响一个人公认的法律权利或关系;(2)该事项实质性地威胁或侵害到他人的合法权利或关系;(3)可通过司法补救措施来纠正所投诉的违规行为。

原告资格与可诉性相关,要判断原告是不是请求对提交法院的法律问题作出裁决的适当当事方,[2]主要问题在于判断原告是否与法院审理的案件有"个人利害关系",是否有足够的利益援引司法权。如果原告遭受了具体的损害,损害是由被告的行为造成的,并且损害是可以补救的,那么原告就有这样的利害关系。因此,这一原则的适用意味着法院受理诉讼的情况受到限制。

政治问题原则也与可诉性相关,其主要认为某些宪法命令不能由法院执行,因为它们显然不符合上述限制司法行动所要求的条件和目的。它们之所以被称为政治问题,是因为它们规定了政治责任,而不是法律责任。因此必须通过政治进程而不是通过司法补救办法来解决他们的侵权行为。也因此,在解释宪法时,法院习惯于将可由法院审理的事项与不可由法院审理的事项分开,并将政治问题提交给政治部门解决。所以,如果不能通过"司法上可管理的标准"来解决,则该事项是不可由法院审理的。

在这种司法约束下,挪用公共资源的问题应该如何解决?这件事是否应该完全交由政治进程处理?但是,如果司法机构在其决议中发挥作用,那么其干预的范围应该是什么?法院是否应该质疑公共资源支出的效率?谁是这些问题的适当诉讼方?法院是否应该只对那些声称并证明他们因某些非法政府支出而遭受直接伤害的人给予起诉?美国的纳税人

---

[1] See Natasha Patel, The Supreme Court Once Again Says No to Taxpayer Standing—The Implications of DaimlerChrysler Corp.v. Cuno, *Journal of the National Association of Administrative Law Judiciary*, 2007, Vol.27, p.606.

[2] See D. S. Treister, Standing to Sue the Government: Are Separation of Powers Principles Really Being Served? *Southern California Law Review*, 1994, Vol.67, pp.689-690.

公益诉讼试图解决这些难题。①

第五节　后续案件的梳理

1992年的"卢扬诉野生动物保护者案"之后,联邦法院对待纳税人公益诉讼的态度愈加保守。本节主要对"卢扬诉野生动物保护者案"之后的联邦层面的纳税人公益诉讼案例进行梳理,呈现其主要诉讼范围和法官观点,并对2007年的"海因诉宗教自由基金会案"进行考察。

1. 主要诉讼范围

1992年的"卢扬诉野生动物保护者案"之后,联邦层面的纳税人公益诉讼案例数量有所减少,但相比于1968年"弗拉斯特诉科恩案"之前,仍然处于较高的水平。② 具体而言,这些案例主要涉及联邦的财政开支行为、选举行为、税收行为等。

首先,联邦的财政开支行为。在联邦纳税人看来,有些联邦政府的支出存在违背宪法的问题,对他们的利益造成损害。例如,在2000年的"米切尔诉赫尔姆斯案"③中,联邦政府1981年颁布的《教育整合与改进法案》第2章"为公立和私立学校提供材料和设备方面的政府援助",根据第2章的援助,路易斯安那州杰斐逊教区的30%宗教性质的私立学校收到了援助,原告主要认为这样的拨款违背了《美国联邦宪法》第一修正案的"政教分离"条款。在2006年的"拉斯科夫斯基诉斯佩林斯案"④中,原告认为教育部在2000年财政年度将资金拨付给圣母(Notre)大学并许可其将这些资金分配给几所宗教学校的行为违背了宪法的"政教分离"条款。在2007年的"海因诉宗教自由基金会案"⑤中,总统通过行政命令,在联

---

① See J. M. Migai Akech, Judicial Review of Spending Powers: Should Kenyan Courts Entertain Taxpayers' Actions? *Journal of African Law*, 2000, Vol.44, pp.197-199.

② See Nancy C. Staudt, Taxpayers in Court: A Systematic Study of a (Misunderstood) Standing Doctrine, *Emory Law Journal*, 2003, Vol.52, p.779.

③ See Mitchell v. Helms, 530 U. S. 793 (2000).

④ See Laskowski v. Spellings, 443F. 3d. 930 (2006).

⑤ See Hein v. Freedom from Religion Found., Inc., 551 U. S. 587 (2007).

邦机构内设立了一个白宫办公室和几个中心,以确保基于信仰的社区团体有资格竞争联邦财政部门的支持。该办公室主要由行政机关的拨款提供经费,原告是一个脱离宗教信仰的组织和三名成员,他们认为此举违背了《美国联邦宪法》第一修正案的"政教分离"条款。在2016年的"北加利福尼亚的美国公民自由联盟诉伯韦尔案"[1]中,原告北加利福尼亚的美国公民自由联盟对美国卫生与公众服务部通过难民安置办公室(ORR)为宗教组织的为无人陪伴的移民未成年人提供照顾的行为提供财政奖励的行为提出质疑,认为其违背了《美国联邦宪法》第一修正案的"政教分离"条款。

其次,联邦政府的选举行为、税收行为等。原告作为联邦纳税人,认为政府在选举程序中违背了宪法或相关法律,侵犯了他们的权利。联邦政府的税收行为超出了其宪法权限,给他们造成了更大的税收负担。例如,在1998年的"巴克诉黑兹尔坦案"[2]中,南达科他州的国务卿试图在投票上提出一项倡议,要求披露本州的国会候选人哪些支持任期限制,原告是三名美国公民,他们分别以公民、居民和纳税人的身份起诉联邦政府,认为此举违背了宪法正当程序、言论自由和第十四修正案等条款。在1998年"巴特利诉美利坚合众国案"[3]中,原告苏珊娜·巴特利(Suzanne Bartley)代表自己和所有1991年至1993年缴纳联邦税的个人和实体对联邦政府提起诉讼,要求获得超过2.4万亿美元的退款,并强制禁止她所说的继续过度征收联邦税,原告认为国会应当为《美国联邦宪法》明确列举的目的而征税,此时的联邦税已经超出了《美国联邦宪法》第1条第8款规定的征税和支出的权力。在2022年的"布朗县纳税人协会诉拜登案"[4]中,原告布朗县纳税人协会起诉被告美国总统拜登、美国教育部长、联邦学说援助首席运营官和美国教育部,认为被告基于《高等教育学生救济法》对黑人和其他有色人种学生的贷款债务进行减免的行为虽然目的是缩小种族贫富差距,但已经超出了行政部门的权力,是对《美国联邦宪法》第1条第8款授予国会权力的篡夺,违背了美国宪法的权力分立原则

---

[1] See Am. C. L. Union of N. California v. Burwell (N. D. Cal. Nov. 29, 2016).
[2] See Barker v. Hazeltine, 3 F. Supp.2d 1088 (1998).
[3] See Bartley v. United States, 123 F. 3d 466 (1998).
[4] See Brown Cnty. Taxpayers Ass'n v. Biden (E. D. Wis. Oct. 6, 2022).

和平等保护原则,且此种税式支出行为将在未来增加联邦纳税人的税收负担。

2. 法官观点

在后续的案例中,联邦法院主要关注的点在于原告的起诉资格和对案件事实的解读。在此,主要以 1998 年的"巴特利诉美利坚合众国案"和 2000 年的"米切尔诉赫尔姆斯案"为例进行讨论。

在 1998 年的"巴特利诉美利坚合众国案"[①]中,原告代表自己和其他联邦纳税人要求联邦政府停止过度征收联邦税,并称联邦过度征税行为超越了其《美国联邦宪法》第 1 条第 8 款所赋予的权限。联邦最高法院法官认为原告缺乏起诉资格,主要理由有以下三点。

首先,根据美国《国内税收法典》的规定,除非税务局对纳税人的索赔申请作出决定或纳税人提出索赔申请 6 个月以后,否则不能启动任何诉讼或其他程序要求退款。也就是说,除非纳税人首先向国家税务局(IRS)提出适当的索赔,否则法院对退款诉讼缺乏管辖权。而且,根据美国《财政部条例》的规定,纳税人要求退款的话,需要在每个纳税期间单独索赔。即使索赔可能会被拒绝,但提交索赔(如法规可能要求的)的必要性并没有被免除,正是拒绝使诉讼成为必要,哪怕根据财政部的规定不存在本案这种扣除类型,但根据财政部规定所设想的,对索赔的预期拒绝并不是终止其运作的理由。

其次,《美国联邦宪法》第 3 条要求原告在诉讼的结果中有直接和具体的利益,而不仅仅是由其他公众成员平等分享的一般利益。本案中,原告与联邦的税收并没有直接的利益关系,而是代表所有联邦纳税人提起诉讼,其税收利益与其他所有联邦纳税人共享,因而不具备《美国联邦宪法》第 3 条援引联邦司法权的条件。

最后,对于"弗拉斯特诉科恩案"所确立的"双重纽带法则",原告必须满足两项要求,以证明她在诉讼结果中有足够的利害关系。其中,第一点要求纳税人挑战的是《美国联邦宪法》第 1 条第 8 款授权国会的税收与支出行为;第二点要求纳税人必须在她作为纳税人的地位与所指控的宪法

[①] See Bartley v. United States, 123 F. 3d 466 (1998).

侵权的确切性质之间建立联系。根据第二点的要求,纳税人必须证明被质疑的法案超出了对行使国会税收和支出权施加的具体宪法限制,而不仅仅是法案大体超出了美国联邦政府依据《美国联邦宪法》第1条第8款授予国会的权力。本案中,原告并没有提出联邦征税行为违背了何种具体的宪法限制,只是认为该行为超出了《美国联邦宪法》第1条第8款的授权,因而原告不符合"双重纽带法则"的要求。

在2000年的"米切尔诉赫尔姆斯案"[①]中,原告主要认为联邦政府1981年颁布的《教育整合与改进法案》第2章"为公立和私立学校提供材料和设备方面的政府援助"在实践中给予路易斯安那州杰斐逊教区的30%宗教性质的私立学校援助,此举违背了《美国联邦宪法》第一修正案的"政教分离"条款。联邦最高法院法官认为联邦政府向公立和私立学校提供政府援助的法律并不违宪,这既不会导致政府的宗教灌输,也没有参照宗教界定其接收者,因而并没有违反"政教分离"的条款。

地方法院和联邦第五巡回上诉法院均判定此举违宪,理由是根据先例,向路易斯安那州杰斐逊教区的拨款是对这些宗教性质的私立学校的援助。但联邦最高法院认为,《教育整合与改进法案》的第2章并没有违反"政教分离"条款,因为第2章仅具有世俗目的,没有促进宗教的作用,不能合理地视为对宗教的认可。具体而言,第2章没有导致政府进行宗教灌输,且第2章援助的接受者没有根据宗教来界定,还有,没有人认为第2章在政府和宗教之间造成了过度纠葛。同时,之前联邦最高法院的两个先例——"米克诉皮滕格案"[②]和"沃尔曼诉沃尔特案"[③]在与本案判决不一致的情况下将被推翻。

一些联邦最高法院法官也表达了看法,他们认为:(1)根据《美国联邦宪法》第一修正案,允许政府向宗教学校提供一些直接和非偶然的援助,这种援助是中立的,即在非歧视的基础上向宗教和世俗受益人提供;(2)政府对宗教学校的援助的转移或实际转移到宗教教化上都不违反"政教分离"条款,因为援助本身并非因宗教内容而不适合在公立学校使用,以

---

① See Mitchell v. Helms, 530 U. S. 793 (2000).
② See Meek v Pittenger, 421 US 349, 44 L Ed 2d 217, 95 S Ct 1753 (1975).
③ See Wolman v Walter, 433 US 229, 53 L Ed 2d 714, 97 S Ct 2593 (1977).

及获得援助的资格是以宪法允许的方式确定的。但也有一些联邦最高法院法官表达了否定意见,他们认为:(1)所讨论的援助可转用于宗教教化;(2)存在实际转用于宗教教化的大量证据。

3. 对于 2007 年"海因诉宗教自由基金会案"的考察

之所以特别提及 2007 年的"海因诉宗教自由基金会案",是因为此案所涉及的资金使用与上一章述及的 1988 年的"鲍文诉肯德里克案"较为相似,但却作出了不同的判决。这表明,虽然"弗拉斯特诉科恩案"所确立的"双重纽带法则"未被废止,但联邦法院正不断限制其适用范围,将其限定在最为字面的含义内。①

在 2007 年的"海因诉宗教自由基金会案"②中,总统通过行政命令,在联邦机构内设立了一个白宫办公室和几个中心,以确保基于信仰的社区团体有资格竞争联邦财政部门的支持。该办公室主要由行政机关的拨款提供经费,原告是一个脱离宗教信仰的组织和三名成员,他们认为此举违背了《美国联邦宪法》第一修正案的"政教分离"条款。在 1988 年的"鲍文诉肯德里克案"③中,原告主要认为国会颁布的《青少年家庭生活法案》向宗教组织提供赠款,此举违背了《美国联邦宪法》第一修正案的"政教分离"条款。

在 1988 年的"鲍文诉肯德里克案"中,联邦政府坚持认为原告在本案中缺乏起诉资格,因为其挑战的实际上是对行政行动的挑战,而不是根据《美国联邦宪法》第 1 条第 8 款授权国会的税收和支出行为,然而联邦最高法院法官认为仅仅因为国会授权的资金已经通过并由国务卿管理就认为是行政活动是不妥当的,事实上"弗拉斯特诉科恩案"本身就是针对联邦卫生、教育和福利部长的诉讼,他根据被挑战的法令被赋予了管理国会创建的支出计划的权力。

在 2007 年的"海因诉宗教自由基金会案"中,地方法院认为原告不具

---

① See Meredith L. Edwards, Constitutional Law-Taxpayer Standing to Challenge Executive Spending-Discretionary Spending Versus Spending Pursuant to Congressional Authority, *Mississippi Law Journal*, 2007, Vol.77, p.706.

② See Hein v. Freedom from Religion Found., Inc., 551 U. S. 587 (2007).

③ See Bowen v. Kendrick, 487 U. S. 589 (1988).

备起诉资格,因为该办公室是由总统的命令设立,并不是受国会颁布的法案授权管理一个国会项目,因此不符合"双重纽带法则"第一点所要求的控告国会受《美国联邦宪法》第1条第8款授权的税收与支出行为。但联邦第七巡回上诉法院推翻地方法院的判决,认为应当将"弗拉斯特诉科恩案"解读为,即使没有国会颁布的法定项目及这些资金仅来自行政机关的拨款,只要这些活动最终都是国会拨款资助,即允许联邦纳税人以"政教分离"条款为理由挑战行政机关的项目。

此案上诉至联邦最高法院,最高法院法官认为联邦第七巡回上诉法院对"弗拉斯特诉科恩案"的过分解读不正确,本案纳税人缺乏起诉资格。在联邦最高法院法官看来,联邦司法管辖权仅限于"案件或争议"范围内,其中的必要要素是明确的,即原告必须声称人身伤害可以追溯到被告所谓的非法行为,并有可能通过要求的救济予以补救。一般而言,联邦纳税人对确保国库资金按照宪法使用的利益太小,不会导致《美国联邦宪法》第3条规定的可补救的"人身伤害"。在"弗拉斯特诉科恩案"中,最高法院对宪法禁止纳税人起诉资格的一般规定提出了一个狭窄的例外,即需要满足"双重纽带法则"的要求。本案中,联邦第七巡回上诉法院对此进行的广泛解读并没有遵守"弗拉斯特诉科恩案"作为"弗洛辛汉姆诉梅伦案"所确立标准的例外应严格适用的要求,毕竟"双重纽带法则"只是一个"狭窄的例外"。本案的原告既不质疑国会的任何具体行动或拨款,也不要求法院宣布任何违宪的国会法令或立法程序无效,并不符合"双重纽带法则"第一点。本案有争议的支出并不是来源于国会的任何法案,只是一般拨款给行政部门资助日常活动,这些拨款没有明确授权、指导,甚至没有提及所讨论的支出,这些支出是由行政自由裁量权而非国会行动产生的。由于几乎所有行政部门的活动最终都是由国会拨款资助的,因此将"弗拉斯特诉科恩案"的例外情况扩展到纯粹的行政支出将使每一项联邦行动——无论是会议、公告还是演讲——都受到任何纳税人在联邦法院依据"政教分离"条款的质疑。被调查者提出的规则也会引起严重的分权问题,要求联邦法院在任何联邦纳税人的要求下监督总统、其工作人员和其他行政部门官员的演讲、声明和无数日常活动。

联邦最高法院的一些法官表达了赞同的意见。他们认为,联邦法院对于依据"政教分离"条款挑战政府支出的纳税人原告资格的标准前后不一致是出名的,这是因为它们对于《美国联邦宪法》第 3 条所要求的"事实损害"的描述不一致。一些案例侧重于纳税人的经济损害,而"弗拉斯特诉科恩案"及其后续案例则侧重于违背宪法"政教分离"条款的精神上的损害,如果违反"政教分离"条款造成的精神损害是具体的,足以构成《美国联邦宪法》第 3 条"事实上的伤害",那么"弗拉斯特诉科恩案"应适用于对政府支出的所有挑战,这些挑战违反了明确限制征税和消费权的宪法规定。否则,"弗拉斯特诉科恩案"应该被推翻。本案仍然援引"弗拉斯特诉科恩案"的"双重纽带法则"进行测试,却没有指出本案和"弗拉斯特诉科恩案"的事实差异是实质性的,也没有指出依靠纯粹的精神损害是错误的。依据"卢扬诉野生动物保护者案"对原告资格的要求,纳税人对其资金被非法使用的纯粹精神损害从来没有足够具体来支持《美国联邦宪法》第 3 条的规定。

1968 年的"弗拉斯特诉科恩案"为联邦层面的纳税人公益诉讼打开了一道缺口,但后续案例法官态度依然反复多变,并逐渐走向封闭和保守。20 世纪后期与联邦纳税人公益诉讼发展相关的历史背景包括"新联邦主义"、沃伦法院之后的司法克制主义转向、环境公益诉讼的高速发展。70 年代以后,联邦法官态度趋于保守,通过 1974 年的"施莱辛格诉预备役军人停止战争委员会案""美利坚合众国诉理查森案"和 1982 年的"福吉谷基督教学院诉美国政教分离联合会案"对"双重纽带法则"进行严格解释。1992 年"卢扬诉野生动物保护者案"虽然不是纯粹的纳税人公益诉讼案例,但其所确立的原告资格三重要素基本上对所有的公益诉讼均存在影响。之后,美国理论界有许多文章针对纳税人原告资格问题展开讨论,这些讨论涉及何为纳税人原告资格、纳税人原告资格的基本限制和司法审查的本质。在后续的案例中,联邦法院主要关注的点在于原告的起诉资格和对案件事实的解读。2007 年的"海因诉宗教自由基金会案"与 1988 年的"鲍文诉肯德里克案"所涉及的资金使用较为相似,但却作出了不同的判决,体现了"双重纽带法则"虽未被废止,但已被限定在最为字面的含义内。

第五章 在联邦法院审理的州和地方纳税人公益诉讼

美国纳税人公益诉讼兴起于州和地方层面，并逐渐发展至联邦，相比于州与地方对纳税人公益诉讼的支持，联邦显得较为保守。但是，对于在联邦法院审理的州和地方纳税人公益诉讼，联邦法院又是呈现何种态度？本节将结合案例和学者论述进行详细阐释。

第一节 案件范围和联邦法院规则

本节主要考察在联邦法院审理的州和地方纳税人公益诉讼的案件范围和联邦法院的规则。

1. 案件范围

依据《美国联邦宪法》第 3 条第 2 款的规定，联邦法院的司法管辖主要涉及"一切基于本宪法、合众国法律以及根据合众国权力所缔结或将缔结之条约所发生之普通法与衡平法案件；一切涉及大使、公使及领事之案件；一切有关海事法与海上管辖权之案件；以合众国为当事人之争议；两个或数个州间之争议；一州与另一州公民间之争议；各州公民间之争议；同州公民间要求占有他州让与之土地之争议；一州或其公民与外国或外国公民间之争议"。[1]

一般而言，联邦司法管辖包括原始管辖和上诉管辖，前者主要审理初审即在联邦法院审理的案件，后者主要审理由州法院上诉至联邦最高法院的案件。对纳税人公益诉讼而言，联邦法院的原始管辖主要包括异籍管辖（diversity jurisdiction）和联邦问题管辖（federal question jurisdiction）。其中，异籍管辖主要涵盖原告纳税人和被告政府处于不同州等案

---

[1] 参见《美国宪法及其修正案》，朱曾汶译，商务印书馆 2014 年版，第 10 页。

件;联邦问题管辖主要涵盖纳税人以违背联邦宪法或法律为由起诉州或地方政府等案件。与此相比,联邦法院的上诉管辖主要涵盖州或地方纳税人以违背联邦宪法为由对当地政府的公共行动提出质疑等案件。① 由此观之,上诉管辖与原始管辖下的联邦问题部分重合,说明重合部分案件既可以通过原始管辖在联邦法院审理,也可以通过上诉管辖进入联邦法院。

2. 联邦法院规则

对于原始管辖下的州和地方纳税人公益诉讼案件,首要问题是可否适用针对联邦层面的纳税人公益诉讼的规则,确立联邦层面的纳税人公益诉讼基本规则的是1923年的"弗洛辛汉姆诉梅伦案"。通过对联邦案例进行考察,发现联邦法院区分了联邦层面的纳税人公益诉讼和在联邦法院审理的州与地方纳税人公益诉讼,"弗洛辛汉姆诉梅伦案"只适用于联邦层面的纳税人公益诉讼。例如,在1957年的"雷诺兹诉韦德案"②中,原告是阿拉斯加纳税人,其起诉阿拉斯加地区③和个别官员,以阻止这些官员涉嫌非法支出地区资金,并禁止他们执行一项涉及为非公立学校提供公共交通工具的地区法规。联邦地方法院驳回了该诉讼,认为依据联邦规则,即在没有直接特殊伤害证明的情况下,原告不具备起诉资格。在联邦最高法院,法官认为大多数州和地区允许纳税人起诉禁止州官员非法支出税收来源的州资金。因此,对于此类案件不适用联邦规则,纳税人具有法律起诉资格。在1944年的"布斯卡利亚诉地区法院案"④中,原告是波多黎各纳税人,其要求某些波多黎各官员不得为紧急救济目的进一步划拨岛屿资金,理由是没有有效的立法拨款。联邦最高法院认为应该区分联邦、州和市政层面的规则,不应该将联邦规则用于州,因而认定波多黎各纳税人有资格禁止分配没有法定权力的资金。

在"弗拉斯特诉科恩案"之前16年,在1952年的"多雷姆斯诉教育委

---

① See Taxpayers' Suits: A Survey and Summary, *The Yale Law Journal*, 1960, Vol.69, No.5, pp.919-924.
② See Reynolds v. Wade, 249 F. 2d 73 (1957).
③ 美国1912年设阿拉斯加地区,1959年建州,为美国第49个州。
④ See Buscaglia v. District Court of San Juan, 145 F. 2d 274 (1944).

员会案"中,最高法院提出了州纳税人是否可以根据其纳税人身份在联邦法院质疑州支出的问题。但是,"多雷姆斯诉教育委员会案"在联邦下级法院的适用中出现了混乱。而对于地方纳税人在联邦法院的起诉资格问题,由于联邦最高法院在1923年的"弗洛辛汉姆诉梅伦案"中提出与联邦纳税人相比,市政纳税人在使用其资金时的利益是"直接和迫切的","与股东和私营公司之间存在的利益并非毫无相似之处",因此,地方纳税人的起诉资格在联邦法院得到了广泛的认可。[1]

在"多雷姆斯诉教育委员会案"[2]中,原告是公立学校的学生和父母,他们以上述身份和作为纳税人挑战新泽西州的一项法案。这项法案要求学生每逢公立学校开学日都要阅读《旧约》中的五节经文,原告认为此法案违背了《美国联邦宪法》第一修正案中的"政教分离"条款。但是,新泽西州最高法院认为该法案并没有违宪,理由是没有人声称他的宗教活动受到干扰,或者说他根据自己的良心进行礼拜的权利受到压制,原告也没有提出其何种具体的经济利益受到所控诉的对象的损害。在新泽西州最高法院宣布判决之后,原告将此案上诉至美国联邦最高法院。

在联邦最高法院,杰克逊(Jackson)大法官发表了陈述意见。他认为,本案中,原告主要基于两种身份提起诉讼:一是学生的父母,二是纳税人。作为学生的父母,原告的孩子在一所根据州法案进行阅读圣经的高中就读,但没有人断言她因此而受到伤害或甚至受到冒犯,也没有人断言她被迫接受、赞同或承认同意任何教条或信条,甚至在阅读《圣经》时倾

---

[1] See Richard M. Elias, Confusion in the Realm of Taxpayer Standing: The State of State Taxpayer Standing in the Eighth Circuit, *Missouri Law Review*, 2001, Vol.66, pp.420-421; Nancy C. Staudt, Taxpayers in Court: A Systematic Study of A (Misunderstood) Standing Doctrine, *Emory Law Journal*, 2003, Vol.52, p.826.但是,有其他学者认为联邦法院对于在联邦法院审理的州和地方纳税人公益诉讼是分原始管辖和上诉管辖而区别对待的。其中,对于原始管辖下的州和地方纳税人公益诉讼案件,联邦法院在1958年出台的一项规定中要求满足最低金额的诉讼门槛才可受理,这个金额是1万美元。也就是说,原告纳税人必须证明其被对被质疑诉讼的税收贡献至少是1万美元,并且不能以所有纳税人的总损失来确定税收贡献,也不能以证明被质疑诉讼的总支出超过1万美元作为替代。对于上诉管辖下的州和地方纳税人公益诉讼案件,则主要依靠1952年的"多雷姆斯诉教育委员会案"进行规制。See Taxpayers' Suits: A Survey and Summary, *The Yale Law Journal*, 1960, Vol.69, No.5, pp.919-924.

[2] See Doremus v. Board of Education, 342 U. S. 429 (1952).

听。相反,有一项规定是任何学生,应其本人或其父母的请求,可以在读圣经期间获得免除。而且,在向最高法院提交上诉之前,这名孩子已经从公立学校毕业。显然,我们现在所能作出的任何决定都不会保护她可能曾经拥有的任何权利,而本法院也不会在事件平息之后对这些争论作出裁决。

而作为纳税人,原告所陈述的事实对他的投诉来说也是不够的。在这所学校里,圣经是按照法令来读的。没有任何指控称,该活动由任何单独的税收支持,或从任何特定拨款中支付,或该活动增加了办学成本的任何金额。同时,也没有提供关于原告缴纳何种税款的信息,也没有主张圣经阅读增加了他们缴纳的任何税款,或者作为纳税人,他们将或可能因此而身无分文。根据"弗洛辛汉姆诉梅伦案"的表述,在不限制纳税人对导致直接经济损失的违宪行为采取补救措施的情况下,我们重申,当州法案受到攻击时,法院所说的联邦法规同样正确,即援引该权力的一方必须不仅能够证明该法令是无效的,而且能够证明他因该法令的执行而遭受或立即面临遭受某种直接伤害的危险,而不仅仅是他与一般人一样以某种不确定的方式遭受伤害。的确,最高法院曾经在"埃弗森诉教育委员会案"[①]中发现可予以审理的争议,但该案所指出的学区基金的拨款或支出是可衡量的,完全是由所投诉的活动引起的,本案并没有这样的支出。纳税人的行为可以满足联邦法院的"案件或争议"要求,但前提是它是一种"善意的钱包行动"(good-faith pocketbook action)。很明显,它试图在这里提起诉讼的不满不是直接的金钱伤害,而是宗教差异。这不是动机的问题,而是拥有必要的经济利益的问题,而这些利益正受到违宪行为的损害或可能受到损害。我们在这里找不到这种直接和特殊的经济利益。如果该行为可能引起法律案件或争议,上诉人不能通过虚假的税收问题从本法院获得裁决。因此,联邦最高法院裁定原告的上诉因缺乏司法管辖权而被驳回。

本案中,联邦最高法院道格拉斯大法官提出了反对意见,他主要认为

---

① See Everson v. Board of Education, 330 U. S. 1. (1947).在该案中,法院根据案情审议了一名纳税人对新泽西州向供子女上公立学校和天主教教区学校的父母负担的费用进行补偿提出的质疑。

| 第五章　在联邦法院审理的州和地方纳税人公益诉讼 ▶

这个案子应该根据案情作出决定。对公立学校的运营和管理最具备利益关系的群体莫过于支持公立学校的纳税人和子女就读公立学校的家长。因此,由所有纳税人提起诉讼,禁止学校董事会授权的做法,将是利益攸关方提起的诉讼。虽然他们无法像现在的两位纳税人那样表明,阅读《圣经》会增加他们所缴纳的税款。但如果他们在案情上的争论是正确的,他们会证明他们的公立学校正在偏离教育计划,而此举会导致税收增加。在我看来,这似乎是所有纳税人维持这一诉讼的充分利益。如果由所有纳税人提起诉讼能够符合诉讼资格要求,那么没有明显的理由说明由部分纳税人提起的诉讼就不行,因为利益是一样的。在本案中,这些问题并非伪造的,诉讼也不是串通的,被指控的学校系统管理不善是显而易见的。如果本案是禁止制定联邦法律的诉讼,那么就可以引用"弗洛辛汉姆诉梅伦案"予以驳回。但是新泽西州可以在自己的法庭上制定自己的诉讼制度,如果它想给这些纳税人起诉的资格(类似于股东禁止他们公司的越权行为的权利),那么《美国联邦宪法》中没有任何东西可以阻止它。当利益冲突像在这里一样真实和强烈的时候,认为根据《美国联邦宪法》第3条不存在"案件或争议"确实是奇怪的。

值得一提的是,同一年也有两个与"多雷姆斯诉教育委员会案"相似的案例,但联邦最高法院并未提及纳税人起诉资格问题。在1952年的"阿德勒诉教育委员会案"[①]中,原告以纳税人的身份挑战纽约市的一项支出,这项支出主要来自纽约市1949年颁布的一项法令,这项法令要求消除具有颠覆政府性质的公立学校教师。本案的支出是最低限度的,而且原告也没有证明此项支出将来自他们的税收贡献的资金。但联邦最高法院法官并未提及纳税人的原告资格问题。在1952年的"维曼诉阿普得格拉夫案"[②]中,原告以纳税人的身份试图禁止俄克拉何马州向那些拒绝宣誓效忠州的教师支付工资。据推测,如果原告纳税人成功,任何会被停止发放薪水的教员都会被替换,这些钱也不会节省到国库。虽然本案原告纳税人也不具备经济利益关系,但联邦最高法院在本案中也没有提及

---

① See Adler v. Board of Education, 342 U. S. 485 (1952).
② See Wieman v. Updegraff, 344 U. S. 183 (1952).

纳税人的起诉资格问题。[1]

第二节 各联邦巡回上诉法院的解释和联邦法官的态度

对于"多雷姆斯诉教育委员会案"所确立的"善意的钱包行动"标准，下级各联邦巡回上诉法院存在不同倾向的解释，而其背后主要暗含着联邦法官对于在联邦法院审理的州和地方纳税人公益诉讼案件的实质态度。

1. 各联邦巡回上诉法院的解释

在"多雷姆斯诉教育委员会案"中，联邦最高法院提出州纳税人所提起的诉讼要符合"善意的钱包行动"标准，而原告未能证明阅读圣经行为将增加学校的成本或纳税人的税收。然而，在作出这一裁决时，联邦最高法院并未明确定义"善意的钱包行动"，因此给下级法院的适用造成了混乱。联邦最高法院未回答的关键问题是，是否将州纳税人像联邦还是市政纳税人一样对待。一方面，联邦最高法院法官在"多雷姆斯诉教育委员会案"中引用"弗洛辛汉姆诉梅伦案"，认为"当州法案受到攻击时，法院所说的联邦法规同样正确，即援引该权力的一方必须不仅能够证明该法令是无效的，而且能够证明他因该法令的执行而遭受或立即面临遭受某种直接伤害的危险，而不仅仅是他与一般人一样以某种不确定的方式遭受伤害"，即将州纳税人与联邦纳税人同等对待。另一方面，"多雷姆斯诉教育委员会案"又建议州纳税人和市政纳税人一样具有普遍的起诉资格（general standing），案中法官以"埃弗森诉教育委员会案"作为类比，认为只要"学区基金的拨款或支出是可衡量的，完全是由所投诉的活动引起的"，即可"发现可予以审理的争议"。这种措辞表明，只要州纳税人能够证明"可衡量的挪用"州的资金用于所谓的非法事业，他就可以以州纳税

---

[1] See Taxpayers' Suits: A Survey and Summary, *The Yale Law Journal*, 1960, Vol.69, No.5 p.922.

人的身份提起诉讼。①

正是联邦最高法院对于"善意的钱包行动"的界定不清晰,导致联邦各巡回上诉法院在适用时出现分歧。一些巡回上诉法院根据"多雷姆斯诉教育委员会案"对"弗洛辛汉姆诉梅伦案"的引用得出结论,州纳税人和联邦纳税人一样,不能仅仅依靠政府拨款来挑战州政府的支出。例如,第二巡回上诉法院在"教育委员会诉纽约州教师退休制度案"中认为"州纳税人和联邦纳税人一样,没有资格仅仅因为他们向州纳税就去挑战州政府的行动"②。第十巡回上诉法院在"科罗拉多州纳税人联盟诉罗默案"中认为"最高法院的判例表明,必须将州纳税人比作联邦纳税人"③。第六巡回上诉法院在"托布诉肯塔基州案"中认为"我们的结论是,在'弗洛辛汉姆诉梅伦案'宣布的联邦纳税人起诉资格要求控制了州纳税人起诉资格问题"④。

在这些联邦巡回上诉法院看来,"善意的钱包行动"标准要求州纳税人表现出直接和特定的经济利益,如因涉嫌非法活动对其纳税义务的影响而造成的金钱损失。如果没有这样的展示,这些在巡回上诉法院的州纳税人将无法确定维持起诉资格所必需的直接伤害。然而,这一将州与联邦纳税人相比较的准则已经超出了《美国联邦宪法》第3条关于联邦司法权的规定。采取这一立场的联邦巡回上诉法院认为,除了《美国联邦宪法》第3条外,州纳税人案件还引发了"一个特别引人注目的联邦制问题,即注意起诉资格所要求的'案件或争议'的门槛"⑤。毕竟在这样的案件中,对于联邦制的考虑应该与在整个联邦行动中保持权力分立一样谨

---

① See Richard M. Elias, Confusion in the Realm of Taxpayer Standing: The State of State Taxpayer Standing in the Eighth Circuit, *Missouri Law Review*, 2001, Vol.66, pp.421-422.

② Bd. of Educ. v. N. Y. State Teachers Ret. Sys., 60 F. 3d 106, 110 (2d Cir. 1995).

③ Colo. Taxpayers Union, Inc. v. Romer, 963 F. 2d 1394, 1402 (10th Cir. 1992).

④ Taub v. Kentucky, 842 F. 2d 912, 918 (6th Cir. 1988).

⑤ See Colo. Taxpayers Union, Inc. v. Romer, 963 F. 2d 1394, 1402 (10th Cir. 1992).

慎。① 这些法院担心,联邦法院在没有案件或争议的情况下作出的不必要或抽象的决定可能会不适当地限制实验性的州福利立法,破坏地方自决权。因此,这些法院认为,不能允许仅仅指控违反联邦宪法就给州政府的决策过程披上联邦法院审查的不合时宜的外衣。这样的推理使这些法院得出以下结论:自"弗洛辛汉姆诉梅伦案"和"多雷姆斯诉教育委员会案"以来,对起诉资格的"直接伤害"要求一直盛行,并以此定义了州纳税人案件中的适当诉讼当事人,此举再次证明了宪法制定者的智慧,他们将联邦法院管辖权与"案件或争议"要求及其伴随的起诉资格准则联系起来。②

联邦第九巡回上诉法院采取了与其他巡回法院明显不同的观点,将"多雷姆斯诉教育委员会案"的"善意的钱包行动"标准解释为既不要求显示普通纳税人之外的伤害,也不要求显示增加的税收负担。相反,第九巡回上诉法院认为,如果诉状中具体说明了为据称非法目的挪用和花费的金额,州纳税人有资格在联邦法院对州支出提出质疑。第九巡回上诉法院主要依靠"多雷姆斯诉教育委员会案"中的"可衡量的拨款"和"埃弗森诉教育委员会案"的引用得出以上结论。在第九巡回上诉法院看来,在"多雷姆斯诉教育委员会案"时代,州纳税人起诉资格和联邦纳税人起诉资格之间的差异本质上是经济相对性的差异。根据法律规定,联邦纳税人不可能证明自己受到了足够的伤害,从而在"弗洛辛汉姆诉梅伦案"之后有足够的起诉资格。如果州纳税人的诉状充分,他们仍然可以维持纳税人的诉讼。如果它们阐述了纳税人、税款和据称的非法政府活动之间的关系,就足够了。③ 因此,这一解释"并不要求纳税人证明其税务负担将通过消除被质疑的支出而减轻"④。

联邦最高法院曾经在1989年的"美国熔炼公司诉卡迪什案"⑤中对"多雷姆斯诉教育委员会案"进行澄清,但它没有明确处理下级法院之间

---

① See Taub v. Kentucky, 842 F. 2d 912, 918 (6th Cir. 1988).

② See Colo. Taxpayers Union, Inc. v. Romer, 963 F. 2d 1394, 1402 (10th Cir. 1992).

③ Hoohuli v. Ariyoshi, 741 F. 2d 1169, 1180 (9th Cir. 1984).

④ Cannack v. Waihee, 932 F. 2d 765, 769 (9th Cir. 1991).

⑤ See ASARCO, Ina.v. Kadish 490 U. S. 605 (1989).

第五章 在联邦法院审理的州和地方纳税人公益诉讼

的冲突,也没有明确驳回任何案件。该案中,原告以州纳税人的身份向联邦法院提起诉讼,对亚利桑那州一项矿产租赁法案提出质疑,因为该法案剥夺了学校信托基金的数百万美元,从而导致不必要的高税收。在驳回原告的申诉时,法院认为"我们将州纳税人比作联邦纳税人,因此我们拒绝在没有显示金钱或其他方面的'直接伤害'的情况下授予州纳税人起诉资格"。法院进一步认为,由于亚利桑那州的教育经费并非完全通过所涉信托基金提供,因此这纯粹是猜测这场诉讼是否会给被告带来任何实际的税收减免。法院随后得出结论,由于金钱救济的可能性如此遥远、波动和不确定,原告未能确立维持起诉资格所必需的直接损害。

虽然"美国熔炼公司诉卡迪什案"似乎是巡回上诉法院之间冲突的最终解决方案,但并没有得到太多关注。第九巡回上诉法院继续采用"可衡量的拨款"标准,承认它是对纳税人起诉资格的考验。在"美国熔炼公司诉卡迪什案"两年以后,第九巡回上诉法院认为,要建立州纳税人的起诉资格,不必"证明他的税收负担将通过取消支出而减轻"①。

联邦第八巡回上诉法院是如何解释"多雷姆斯诉教育委员会案"尚不清楚。② 在1989年的"明尼苏达州教师联合会诉兰达尔案"③中,它似乎采用了第九巡回上诉法院的"可衡量的拨款"标准。该案中,原告是一名州纳税人,他对公立学校使用祈祷词提出异议。地方法院认为,根据"多雷姆斯诉教育委员会案"要求提供税负增加的证据,并驳回了原告的诉讼,因为原告没有证明其税单增加了。第八巡回上诉法院推翻了这一判决,认为"多雷姆斯诉教育委员会案"清楚地表明,原告税务负担的增加只是证明损害的一种方式,法院相信存在直接支出也能够满足条件。第八巡回上诉法院认为,州纳税人不需要证明他们的税务负担有所增加,以声称受到了足够的伤害,只需要证明来自税款的公共支出有可能违反宪法保障即可。

---

① Cammack v. Waihee, 932 F. 2d 765, 769-71 (9th Cir. 1991).
② See Richard M. Elias, Confusion in the Realm of Taxpayer Standing: The State of State Taxpayer Standing in the Eighth Circuit, *Missouri Law Review*, 2001, Vol.66, p.424.
③ See Minnesota Federation of Teachers v. Randall, 891 F. 2d 1354 (8th Cir. 1989).

然而，"明尼苏达州教师联合会诉兰达尔案"只是一个涉及"政教分离"条款的案件，目前尚不清楚第八巡回上诉法院是否会将此规则扩大到这一领域之外。在该案中，法院建议其判决仅适用于"政教分离"条款的申诉，因为"我们相信设立纳税人起诉资格就是专门允许纳税人提起'政教分离'条款的申诉"①。此外，本案判决与那些明确拒绝"可衡量的拨款"标准的巡回上诉法院是一致的，因为这些法院不要求州纳税人在指控违反"政教分离"条款时显示增加税收负担。例如，在1992年的"科罗拉多州纳税人联盟诉罗默案"中，第十巡回上诉法院认为"只有在没有声称违反'政教分离'条款的情况下，才要求显示增加的税收负担"②。在1988年的"托布诉肯塔基州案"中，第六巡回上诉法院认为"在涉及'政教分离'条款时，对于起诉资格要特殊处理"③。因为第八巡回上诉法院只将其规则适用于"政教分离"条款的申诉，而且因为当涉及"政教分离"条款时似乎没有巡回上诉法院要求显示增加的税负，因此尚不清楚第八巡回上诉法院是否会将其"可衡量的拨款"标准扩大到其他领域的案件。

2. 联邦法官的态度

由上文可知，大部分联邦巡回上诉法院还是将"善意的钱包行动"定义为一种"直接伤害"，而不是一种抽象的、间接的经济利益受损，这主要出于联邦系统内部的和谐考虑。州法院或许应该自行制定解决方案，以解决市政和州两级违宪、腐败或违法行为造成的问题，因为联邦法院对这些问题进行了审查（当这些问题没有充分损害任何人的利益，无法在纳税人公益诉讼框架外提供正常的起诉资格时），可能会不适当地挑起联邦和州政府之间的摩擦。④

事实上，根据联邦法院的判决，联邦法官通常可能会行使自由裁量权，将纳税人公益诉讼中的问题发回州法院，因此拒绝在联邦法院提起此

---

① Minnesota Federation of Teachers v. Randall, 891 F. 2d 1354 (8th Cir. 1989).
② Colo. Taxpayers Union, Inc. v. Romer, 963 F.. 2d 1394, 1402 (10th Cir. 1992).
③ Taub v. Kentucky, 842 F. 2d 912, 918 (6th Cir. 1988).
④ See Taxpayers' Suits: A Survey and Summary, *The Yale Law Journal*, 1960, Vol.69, No.5, p.921.

| 第五章　在联邦法院审理的州和地方纳税人公益诉讼

类诉讼的许可可能不太重要。例如,在 1959 年的"路易斯安那电力照明公司诉城市案"①中,原告是路易斯安那州电力和照明公司,被告是蒂博多市。被告根据 1900 年的法令,主张征用公司的土地、建筑物和设备。原告将此案诉至联邦地方法院,美国联邦第五巡回上诉法院撤销了地方法院的判决,认为在州最高法院发布解释征收所依据的路易斯安那州法令的宣告性判决之前暂缓进行诉讼,后原告将此案上诉至联邦最高法院。最高法院认为在州法院对州法律的决定性问题作出裁决之前,中止联邦法院的诉讼是明智的,征用权的特殊性质要求根据地方环境对地方立法进行解释,本案有关的法令似乎授予该市它所寻求的权力,但路易斯安那州法院从未对其进行过解释,而州检察长在一个类似的案件中得出的结论是路易斯安那州的另一个城市没有该市在这里声称的权力。因此,联邦地方法院有可能得出与州法院相反的结论,故最好要求路易斯安那州最高法院发布解释该规约的宣告性判决。在 1959 年的"哈里森诉全国有色人种协进会案"②中,原告对弗吉尼亚州 3 个州法令的执行提出质疑,因此向联邦地方法院寻求禁令救济以避免法令的执行,地方法院裁定这些法令违宪并下令强制执行。此案上诉至联邦最高法院后,最高法院撤销并发回了地方法院的判决,认为该法令需要弗吉尼亚州法院的解释,在弗吉尼亚州法院有机会作出判决之前,地方法院本应放弃对该案的判决。在 1941 年的"得克萨斯州铁路公司诉普尔曼公司案"③中,得克萨斯州铁路委员会命令,除非卧铺车厢由一名具有"普尔曼"列车长级别和职位的员工连续负责,否则不得在该州任何铁路线上运营卧铺车厢。原告"普尔曼"公司和受影响的铁路公司提起诉讼,要求禁止该命令,理由是该命令违反了平等保护、正当程序、商业条款以及《美国联邦宪法》第十四修正案。联邦地方法院要求执行该命令,但联邦最高法院认为采取避开原则是适当的,因为得克萨斯州的法律似乎为确定其权限提供了简单而充分的手段。如果程序中有困难,州法律问题可以通过州政府采取适当行动来解决,以强制执行对命令的服从。因此在没有任何证据表明,在宪法要

---

① See LOUISIANA POWER & LIGHT CO. v. CITY, 360 U. S. 25 (1959).
② See HARRISON v. NAACP, 360 U. S. 167 (1959).
③ See Railroad Com. of Texas v. Pullman Co., 312 U. S. 496 (1941).

求无法得到充分保护的情况下,无法在州法院寻求明确裁决方法的情况下,地方法院应行使其明智的酌处权,即不插手。在1942年的"芝加哥诉菲尔德克雷斯特乳品公司案"①中,原告是密歇根州一家乳制品公司,其对伊利诺伊州的一个市及其官员提起诉讼,对该市涉及"标准奶瓶"的城市条例提出质疑。此案在联邦地方法院起诉后,地方法院判定原告胜诉。此判决得到联邦第七巡回上诉法院的支持,但联邦最高法院推翻了地方法院的判决,认为原告的母公司就相同的问题已经在伊利诺伊州法院提起诉讼,应该等待州法院的诉讼结果,在并非绝对必要的情况下避免宪法裁决是普尔曼避开原则②(Pullman Abstention)的智慧的一部分。

第三节 后续案件的梳理

通过上文可知,联邦最高法院主要通过1952年的"多雷姆斯诉教育委员会案"为在联邦法院审理的州和地方纳税人公益诉讼树立规则。本节主要梳理20世纪50年代以后州和地方纳税人公益诉讼案件在联邦法院的发展,包括主要诉讼范围和法官观点。

1. 主要诉讼范围

通过对20世纪50年代以后各州和地方在联邦法院的纳税人公益诉讼案件进行梳理,可以发现其诉讼范围涉及各州和地方政府的支出行为、违反宗教信仰自由行为、政治活动、税收行为、行政许可行为等。其中,主要的诉讼范围包括各州和地方政府的支出行为、违反宗教信仰自由行为、政治活动。

首先,各州和地方政府的支出行为。各州和地方纳税人主要认为州政府或地方政府挪用公共资金的行为违背宪法或法律,或者对于该支出的领域没有公共支出,损害了纳税人的利益。例如,在1989年的"美国熔

---

① See Chicago v. Fieldcrest Dairies, Inc., 316 U. S. 168 (1942).
② 普尔曼避开原则:来自Railroad Com. of Texas v. Pullman Co.案,根据此原则,联邦法院可以中断诉讼,以便州法院有机会解决潜在的而尚未解决的州法问题,以此避免联邦法院不必要地就联邦宪法问题作出决定。See Railroad Com. of Texas v. Pullman Co., 312 U. S. 496 (1941).

炼公司诉卡迪什案"①中,原告以州纳税人的身份向联邦法院提起诉讼,对亚利桑那州一项矿产租赁法案提出质疑,因为该法案"剥夺了学校信托基金的数百万美元,从而导致不必要的高税收"。在1988年的"托布诉肯塔基州案"②中,原告作为纳税人,指控肯塔基州和其州长为丰田汽车公司购买土地和进行改进而发行州收入债券和某些拨款的立法违背了《美国联邦宪法》第1条第10款和第五修正案和第十四修正案的规定。在2000年的"舒勒诉教育委员会案"③中,原告代表纽约州一个学区的纳税人提起集体诉讼,认为被告学区及相关单位和个人未能为少数民族儿童和残疾儿童提供足够的教育机会,并且被告涉嫌共谋滥用和误用纳税人的税收,纽约州用于资助教育的现行财产税计划是违宪的。

其次,各州和地方政府违背宗教信仰自由行为。各州和地方纳税人主要认为政府的支出等行为偏袒了某一个宗教,违背了宪法的宗教信仰自由精神。例如,在2002年的"泽尔曼诉西蒙斯哈里斯案"④中,原告指控俄亥俄州颁布的一项计划,由于克利夫兰地区的公立学校太差,该计划为居住在克利夫兰地区的学生提供选择。如果选择其他公立或私立学校,则给予学费补助;如果继续在这里的公立学校学习,则给予补习补助金。由于最终大部分学生选择就读的学习都有宗教性质,因而俄亥俄州纳税人认为该计划违背了《美国联邦宪法》第一修正案的"政教分离"条款。在2001年的"阿尔曼诉贝德福德中央学区案"⑤原告是纽约贝德福德学区几个公立学校学生的父母,也是贝德福德学区的纳税人。他们认为该学区几个公立学校的一些活动违背了美国宪法第一修正案的"政教分离"条款,如指导学生进行瑜伽、冥想等,他们都是虔诚的罗马天主教徒,这些活动会让易受影响的孩子在宗教信仰上受到影响。在1988年的"宗教自由基金会诉齐尔克案"⑥中,原告认为威斯康星州拉克罗斯市议会拒绝拆除1965年至今矗立在城市公园的十诫纪念碑的行为违背了《美

---

① See ASARCO, Ina. v. Kadish 490 U. S. 605 (1989).
② See Taub v. Kentucky, 842 F. 2d 912, 918 (6th Cir. 1988).
③ See Schuler v. Bd. of Educ., 2000 U. S. Dist. LEXIS 1006 (2000).
④ See Zelman v. Simmons-Harris, 536 U. S. 639 (2002).
⑤ See Altman v. Bedford Cent. Sch. Dist. (2001).
⑥ See Freedom from Religion Found. v. Zielke, 845 F. 2d 1463 (1988).

国联邦宪法》第一修正案和第十四修正案,并且在该纪念碑上的任何公共支出都违背了《威斯康星州宪法》第1条第18款的规定。在2008年的"宗教自由基金会诉奥尔森案"①中,原告对北达科他州以及来自北达科他州各个州机构和县机构的官员提起诉讼,认为他们将纳税人的资金用于支持宗教的行为严重违背了《美国联邦宪法》的"政教分离"条款。

最后,各州和地方政府的政治活动。各州和地方政府纳税人主要认为政府对于某些选举或听证会等政治活动的支出违背了宪法和法律的规定,损害了纳税人和选民的利益。例如,在1988年的"哥伦比亚特区共同事业区诉哥伦比亚特区案"②中,原告是哥伦比亚特区的纳税人,被告哥伦比亚特区在一次选举活动中花费7000美元制作和分发小册子、传单和海报以敦促对第17号倡议投反对票,原告认为此举既没有法律授权又违背了《美国联邦宪法》第一修正案。在1996年的"赖斯诉卡耶塔诺案"③中,原告是夏威夷州的土著和非土著居民,他们主要质疑1993年夏威夷立法机关颁布的359号法案的合宪性。该法案旨在承认夏威夷州的土著居民对于夏威夷州的独特地位,并努力促进夏威夷州成为土著主权的州,该法案设立了一个咨询委员会,为立法机关实现该法案的目的提供意见,并在夏威夷土著人中举行特别选举,费用由纳税人承担。在1999年的"拉什诉城市联合会案"④中,原告认为俄亥俄州蒙哥马利县的联合市利用公共资金来宣传该市对两个选举问题的观点的行为违背了《美国联邦宪法》第一修正案的言论自由权。在2021年的"西布林诉密尔沃基公立学校案"⑤中,原告对威斯康星的一个公立学区提起诉讼,认为该学区允许作为工会代表的员工每年最多休10天带薪假来参加工会活动的政策违反了宪法的"言论自由"条款。

---

① See Freedom from Religion Found., Inc. v. Olson, 566 F. Supp. 2d 980 (D. N. D. 2008).

② See District of Columbia Common Cause v. District of Columbia, 858 F. 2d 1 (1988).

③ See Rice v. Cayetano, 941 F. Supp.1529 (1996).

④ See Lash v. City of Union, 104 F. Supp.2d 866 (1999).

⑤ See Sebring v. Milwaukee Pub. Sch., 569 F. Supp.3d 767 (E. D. Wis. 2021).

2. 法官观点

联邦法院法官对待各州和地方在联邦法院审理的纳税人公益诉讼案件的态度是复杂且细腻的。因此,这里将案件细致区分为各州在联邦法院审理的案件和各地方在联邦法院审理的案件两类。在此基础上,针对两类案件再细致划分联邦最高法院、联邦巡回上诉法院和联邦地方法院法官不同的观点和态度。

(1)在联邦法院审理的各州纳税人公益诉讼案件

对于在联邦最高法院审理的各州的纳税人公益诉讼案件[①],联邦最高法院并不明确使用"弗洛辛汉姆诉梅伦案"和"弗拉斯特诉科恩案"作为先例,而是主要遵循"多雷姆斯诉教育委员会案"。并且,在1989年的"美国熔炼公司诉卡迪什案"[②]中,阐述了其在州纳税人案件中对损害的理解,即"我们把州纳税人比作联邦纳税人,因此我们拒绝在没有'直接伤害'表现的情况下授予州纳税人起诉资格"。

对于在联邦巡回上诉法院审理的各州纳税人公益诉讼案件,联邦各巡回上诉法院较多地采用"弗拉斯特诉科恩案"的规则,授予纳税人起诉资格的案件基本都是涉及《美国联邦宪法》第一修正案的"政教分离"条款的案件,不授予起诉资格基本都是涉及"政教分离"条款以外的案件。[③]事实上,大多巡回上诉法院对于"多雷姆斯诉教育委员会案"的解释倾向于"州纳税人和联邦纳税人一样,需要一种直接和确定的伤害",而"弗拉斯特诉科恩案"则是此限制的例外情况。在不授予起诉资格的案件中,主要涉及违背宪法的支出或"不负责任"的支出。[④] 联邦巡回上诉法院会以"弗拉斯特诉科恩案"规则进行测试,并认定纳税人没有遭受进入联邦法

[①] 最早在联邦最高法院审理的州纳税人公益诉讼是1920年的两个案子,分别是 Scott v. Frazie, 253 U. S. 243 (1920); Green v. Frazier, 253 U. S. 233 (1920)。

[②] See ASARCO, Ina.v. Kadish 490 U. S. 605 (1989).

[③] See Nancy C. Staudt, Taxpayers in Court: A Systematic Study of a (Misunderstood) Standing Doctrine, *Emory Law Journal*, 2003, Vol.52, p.818.

[④] See Tarsney v. O'Keefe, 225 F. 3d 929 (8th Cir. 2000), cert. denied, 532 U. S. 924 (2001); Schulz v. N. Y. State Leg., No.99-7466, 1999 U. S. App.LEXIS 28036 (2d Cir. Oct. 28, 1999); Coyne v. Am. Tobacco Co., 183 F. 3d 488 (6th Cir. 1999); Planned Parenthood of Mid-Mo. & E. Kan. v. Ehlmann, 137 F. 3d 573 (8th Cir. 1998); etc.

美国联邦纳税人公益诉讼的历史命运

院所需的直接伤害。一些法院承认,联邦纳税人判例并不适用于州纳税人公益诉讼,但他们确实认识到了这两类案件中都存在的"普遍的不满"问题。巡回上诉法院认为,州纳税人没有权利仅仅因为纳税就对州支出提出质疑,因此一再建议纳税人必须证明据称非法或违宪的支出会增加他们的税收。也有一个案件涉及"政教分离"条款但没有授予起诉资格[①],该案中纳税人对高中毕业典礼上阅读圣经提出挑战,巡回上诉法院主要认为州政府没有在所谓的违宪活动上花钱,这不是一个非法的支出,因此纳税人没有满足"多雷姆斯诉教育委员会案"的要求。

与此相对,联邦地方法院则不特别遵循"弗拉斯特诉科恩案",而是较为广泛地授予各州纳税人起诉资格。虽然联邦地方法院要遵循巡回上诉法院的指导,但各巡回上诉法院和联邦最高法院一样,未能就这一起诉资格问题提供明确的指示。在联邦地方法院审理的各州纳税人公益诉讼案件中,授予资格的不仅包括涉及《美国联邦宪法》第一修正案的"政教分离"条款的案件,还包括对于选举活动、影响竞争的政府法令等的挑战。在对选举活动进行挑战时[②],各地方法院主要认为虽然各州纳税人挑战的不在于支出项目,但每个投票机制都需要州立法机构的一些支出,因此申诉人和法院显然都认为纳税人身份与选民身份一样重要,以便指控伤害并最终获得起诉资格。在针对影响竞争的政府法令时[③],州纳税人主要认为政府的某项法令影响了市场的自由竞争,损害了自身的利益。虽然该案更多涉及纳税人自身的经济利益,但地方法院法官认为只要纳税人能够证明影响竞争法令对其造成经济损失,从而证明州收入的损失,则可以获得提起纳税人公益诉讼的资格。

但是,在拒绝授予州纳税人起诉资格时,联邦地方法院也会引用"弗拉斯特诉科恩案"的规则,并且显得更加严格。在涉及"政教分离"条款的

---

① See Friedmann v. Sheldon Community School District, 995 F. 2d 802 (8th Cir. 1993).

② See Barker v. Hazeltine, 3 F. Supp.2d 1088 (D. S. D. 1998); Spivey v. Ohio, 999 F. Supp.987 (N. D. Ohio 1998); Mixon v. Ohio, 193 F. 3d 389 (6th Cir. 1999); etc.

③ See Warren v. Pataki, 2002 U. S. Dist. LEXIS 861 (W. D. N. Y. Jan. 9,2002); School District of Philadelphia v. Pennsylvania Milk Marketing Board, 877 F. Supp.245 (E. D. Pa. 1995); etc.

案件中[1]，由于案件主要是对行政机关的指控，而不是对州立法支出的指控，因而联邦地方法院在"弗拉斯特诉科恩案"的规则下，依据1982年的"福吉谷基督教学院诉美国政教分离联合会案"[2]的限制不授予原告起诉资格，认为其只是控诉行政机关的行为，并不符合"弗拉斯特诉科恩案"中所要求的国会的行为。在其他涉及医疗保健、政治活动、债券发行、公路通行费等案件中[3]，有的联邦地方法院依据"弗拉斯特诉科恩案"的规则不授予其起诉资格，其他联邦地方法院则主要认为纳税人只声称"普遍的不满"，而不是个别的伤害，因此没有理由授予其起诉资格。

(2)在联邦法院审理的地方纳税人公益诉讼案件

对于在联邦最高法院审理的地方纳税人公益诉讼案件，联邦最高法院并没有确立具体的规则。事实上，最高法院直接处理市政纳税人起诉资格问题的唯一案件是1923年的"弗洛辛汉姆诉梅伦案"。该案中，最高法院认为与联邦纳税人相比，市政纳税人在使用其资金时的利益是直接和迫切的，与股东和私营公司之间存在的利益并非毫无相似之处。正是基于"弗洛辛汉姆诉梅伦案"的规定和对于何种市政纳税人公益诉讼可以援引联邦司法权的模糊不清，导致了一种强烈的倾向，即允许市政纳税人对广泛的宪法问题提起诉讼。下级联邦法院不仅愿意无视为联邦纳税人制定的规则，他们也愿意无视"多雷姆斯诉教育委员会案"的规则（最高法院要求州纳税人质疑实际支出，而不仅仅是不涉及公共资金的"不同意"行为）。下级联邦法院对市政纳税人要宽容得多，但这种做法并不统一，一些联邦法院要求市政纳税人遵守适用于州和联邦纳税人的相同限制性标准，而其他法院似乎没有施加任何限制。

---

[1] See Green v. Graduate Theological Union, 2000 U. S. Dist. LEXIS 15937 (N. D. Cal. Oct. 27, 2000); Ala. Freethought Ass'n v. Moore, 893 F. Supp. 1522 (N. D. Ala. 1995); Van Dyke v. Regents of Univ. of Cal., 815 F. Supp. 1341 (C. D. Cal. 1993); etc.

[2] See Valley Forge Christian College v. Americans United for Separation of Church & State, Inc., 454 U. S. 464 (1982).

[3] See Connor v. Halifax Hosp. Med. Ctr., 135 F. Supp. 2d 1198 (M. D. Fla. 2001); Dobrovolny v. Neb., 100 F. Supp. 2d 1012 (D. Neb. 2000); Schulz v. Pataki, 1999 U. S. Dist. LEXIS 22760 (N. D. N. Y. Nov. 20, 1999); Soling v. New York, 804 F. Supp. 532 (S. D. N. Y. 1992); etc.

对于在联邦巡回上诉法院审理的地方纳税人公益诉讼案件,联邦巡回上诉法院一般不会设置严格的限制。在涉及"政教分离"条款的案件中①,虽然这些案件中市政纳税人都以"政教分离"为由反对公开展示宗教标志,但没有一个投诉人最终证明当地政府在展览上花钱。联邦巡回上诉法院虽然认为仅凭纳税人身份不足以在质疑政府行为而非政府支出的案件中具备起诉资格,但他们考虑了其他类型的个体化损害来支持纳税人的申诉。如一些法院指出,非经济损害,包括需要绕道旅行以避免宗教展览或仅仅因为宗教展览的存在而感到被冒犯,将满足损害的要求,并使法院能够根据案情审理争端。在其他类型的案件中,有的案件质疑的政府支出并不会导致纳税人税收的增加②,但联邦巡回上诉法院认为在市政纳税人公益诉讼中,起诉资格的门槛很低,市政纳税人有资格质疑市政支出的合法性;有的案件纳税人质疑当地官员为反对选民倡议而花费的公款③,联邦巡回上诉法院认为市政纳税人仅指控违反联邦宪法以及遭受一定程度的损害,即能在联邦法院获得起诉资格,所指控的具体违宪行为无关紧要。事实上,对于在巡回上诉法院审理的地方纳税人公益诉讼案件,巡回上诉法院似乎在寻找给予市政纳税人起诉资格的理由,而不像对于联邦和州纳税人公益诉讼案件那样,给予较为严格的限制。

对于在联邦地方法院审理的地方纳税人公益诉讼案件,联邦地方法院一样设置较为宽松的门槛。在涉及"政教分离"条款的案件中,这些案件很多和在巡回上诉法院一样,都不涉及实际的支出。有的案件中④,纳税人指控政府用债券补贴宗教组织行为,联邦巡回上诉法院认为虽然市政当局没有花钱(事实上,债券发行将增加地方政府官员手中的公共资金水平),但债券免税的事实将导致收入减少,因此纳税人起诉资格是适当

---

① See Suhre v. Haywood County, 131 F. 3d 1083 (4th Cir. 1997); Gonzales v. North Township of Lake County, 4 F. 3d 1412 (7th Cir. 1993); Kriesner v. City of San Diego, 1 F. 3d 775 (9th Cir. 1993); etc.

② See United States v. City of New York, 972 F. 2d 464 (2d Cir. 1992).

③ See District of Columbia Common Cause v. District of Columbia, 858 F. 2d 1 (D. C. Cir. 1988).

④ See Steele v. Industrial Development Board of the Metropolitan Govt. of Nashville, 117 F. Supp.2d 693 (M. D. Tenn. 2000); Johnson v. Economic Development Corporation of County of Oakland, 64 F. Supp.2d 657 (E. D. Mich. 1999).

第五章　在联邦法院审理的州和地方纳税人公益诉讼

的;有的案件纳税人仅质疑学校的祈祷活动①,这和"多雷姆斯诉教育委员会案"类似,但结果相反,虽然没有涉及支出,但联邦地方法院选择授予起诉资格。在其他类型的案件中,有的在政府组织的竞标中失败而投诉政府②,有的对地方政治活动提出挑战③,有的对城市法令相关的支出和行为提出质疑④,还有其他类型的案件⑤。对于这些案件,联邦地方法院的法官极为宽大,以至于他们似乎愿意听到纳税人对任何公共决策提出质疑,只要纳税人声称该决策在某种程度上是不负责任的。

对于在联邦法院审理的地方纳税人公益诉讼案件,虽然一些联邦巡回上诉法院和地方法院表现出无与伦比的宽大,但另一些法院则愿意像对州和联邦纳税人一样对市政纳税人施加限制。对于涉及"政教分离"条款的案件,联邦巡回上诉法院和地方法院主要认为纳税人未能有足够的支出来证明纳税人身份与所指控的损害之间的联系。⑥ 这些法院显然愿意对市政纳税人适用"多雷姆斯诉教育委员会案"中关于"善意的钱包行动"的州纳税人规则。事实上,在某些案件中,法院似乎非常积极地使用"多雷姆斯诉教育委员会案",以便纳税人更不容易进入联邦法院。例如,在"阿尔曼诉贝德福德中央学区案"⑦中,市政纳税人对公立学校课程提出挑战,该课程主要教授"撒旦主义和异教、神秘主义和'新时代灵性'"。第二巡回上诉法院认为,由于纳税人不能显示由于被质疑的活动而造成的可衡量的拨款或收入损失,他们不能被授予起诉资格。因此,虽然钱花了,但纳税人无法证明如果不提供课程,学区会省下钱,并且这些钱会花

---

① See Herdahl v. Pontotoc County School District, 933 F. Supp. 582 (N. D. Miss. 1996).

② See Hanten v. Sch. Dist. of Riverview Gardens, 13 F. Supp. 2d 971 (E. D. Mo. 1998); Associated Gen. Contractors of Am. v. Columbus, 936 F. Supp. 1363 (S. D. Ohio 1996); etc.

③ See Shakman v. Democratic Org. of Cook County, 2001 U. S. Dist. LEXIS 18459 (N. D. Ⅲ. Sept. 27, 2001); Cook v. Baca, 95 F. Supp.2d 1215 (D. N. M. 2000); etc.

④ See Schenck v. Hudson Village, 937 F. Supp.679 (N. D. Ohio 1996); etc.

⑤ See Vandergriff v. Chattanooga, 44 F. Supp.2d 927 (E. D. Tenn. 1998); McNatt v. Frazier Sch. Dist., 1995 U. S. Dist. LEXIS 21971 (W. D. Pa. March 29, 1995); etc.

⑥ See Schmidt v. Cline, 127 F. Supp.2d 1169 (D. Kan. 2000); etc.

⑦ See Altman v. Bedford Central School District, 245 F. 3d 49 (2d Cir. 2001).

在其他活动中。虽然如此,第二巡回上诉法院却从未要求联邦纳税人在指控违反"政教分离"条款时作出类似的表现。例如,在"卡特科夫诉马什案"①中,法院允许对军队牧师的支出提出挑战,尽管如果纳税人获胜,政府可以把钱花在其他地方,因此不会节省任何税收。

在其他类型的案件中,法院也是以缺乏实际支出为由拒绝授予起诉资格。例如,在"科尔诉奥罗维尔联合高中区案"②中,纳税人主要挑战一项学校政策,该政策禁止在毕业典礼上发表宗教评论,第九巡回上诉法院认为纳税人在没有"税款支出"的情况下就没有起诉资格。另外,在纳税人对市政合同和为支持或反对选民倡议而采取的地方政治行为提出质疑时,法院否认了其起诉资格,并指出在没有增税指控的情况下,申诉人只是声称"普遍的不满",而不是可在联邦法院审理的具体损害。③

在同一巡回区域内,面对相似的案件,有的地方法院授予原告起诉资格,有的则拒绝。④ 对于"多雷姆斯诉教育委员会案"和"普遍的不满"的概念,由于法院在这些法律概念的适用上是不一致的,因此不是所有纳税人都获得了起诉资格。鉴于最高法院在市政纳税人问题上缺乏连贯的理论和任何指导,联邦法官可以根据其政治和意识形态偏好自由决定案件也就不足为奇了。

然而,在某种情况下,联邦法院在市政纳税人方面取得了一致性。这种情况就是联邦法院一致抵制市政纳税人指控违反联邦法律的诉讼,这与指控违反宪法的纳税人不同,指控违反联邦成文法的纳税人几乎都被拒绝立案。虽然法院没有明确地认为这些联邦法定挑战超出了他们的管

---

① See Katcoff v. Marsh, 755 F. 2d 223 (2d Cir. 1985).

② See Cole v. Oroville Union High School Distric, 228 F. 3d 1092, 1100 n.5 (9th Cir. 2000), cert. denied, 532 U. S. 905 (2001).

③ See Lee v. Comm'rs Ct. of Jefferson County, 81 F. Supp. 2d 712 (E. D. Tex. 2000); Wood v. City of Clarksville, 1998 U. S. Dist. LEXIS 12067 (N. D. Miss. July 15, 1998); C & C Constr. & Rehab. Specialists v. Wilmington Hous. Auth., 1996 U. S. Dist. LEXIS 5022 (D. Del. Mar. 20, 1996); etc.

④ Compare Herdahl v. Pontotoc County Sch. Dist., 933 F. Supp. 582 (N. D. Miss. 1996) with Shea v. Brister, 26 F. Supp.2d 943 (S. D. Tex. 1998).

辖范围,但没有一个纳税人在这些情况下成功地获得了起诉资格。① 联邦法院显然认为,对市政行为的宪法质疑属于适当的管辖范围,而不是法定质疑。

"弗洛辛汉姆诉梅伦案"判决中指出的"市政纳税人对市政资金的支出有特殊利益"对于联邦巡回上诉法院和地方法院在判断是否授予起诉资格时仍然具有制约作用,至少在市政纳税人指控违反宪法时。但是,一些法院结合"弗拉斯特诉科恩案""福吉谷基督教学院诉美国政教分离联合会案"和"多雷姆斯诉教育委员会案"来阻止市政纳税人在联邦法院获得起诉资格。简言之,下级联邦法院对市政纳税人的诉讼既宽松又严格。下级法院决策的不稳定性质很容易从伤害概念的不同使用中看出,一些联邦法官认为经济损失是获得资格的必要条件,而其他人则认为市政纳税人只需因当地活动而受到冒犯,即可进入法庭。

此外,对于州和地方的纳税人公益诉讼案件,联邦最高法院较少关注到联邦制与州权力问题。与此相对,一些下级联邦法院则已经关注到这个问题。例如,在1988年的"哥伦比亚特区共同事业区诉哥伦比亚特区案"②中,一名巡回上诉法院法官对授予州和市政纳税人起诉资格持批评态度,其认为"授予州纳税人起诉资格将引起严重的联邦制问题,它将允许联邦法院在没有具体、明显伤害的情况下搁置州政府的行动";在1988年的"托布诉肯塔基州案"③中,法官认为"联邦制反对联邦司法机构决定州纳税人和州政府之间的争议"。

第四节　相关学理评议

20世纪50年代之后,对于各州和地方在联邦法院审理的纳税人公益诉讼,理论界的相关讨论主要涉及以下三个问题。

---

① See Rifkin v. Bear Steams & Co., 248 F. 3d 628 (7th Cir. 2001); Cantrell v. City of Long Beach, 241 F. 3d 674 (9th Cir. 2001); National Alliance of Mentally Ill of Essex v. Essex County Bd. of Freeholders, 91 F. Supp.2d 781 (D. N. J. 2000); etc.

② See Dist. of Columbia Common Cause v. District of Columbia, 858 F. 2d 1, 11-12 (D. C. Cir. 1988).

③ See Taub v. Kentucky, 842 F. 2d 912, 919 (6th Cir. 1988).

1. 纳税人利益的本质

1968年"弗拉斯特诉科恩案"所确立的"双重纽带法则"的第一点是要求纳税人所控为国会经《美国联邦宪法》第1条第8款授权的征税与支出行为，而此条其实是对1952年"多雷姆斯诉教育委员会案"所确立的"善意的钱包行动"的重述，即如果一个人想让他作为纳税人的利益作为其起诉资格的基础，他必须指控非法使用税款。① 在"弗拉斯特诉科恩案"中，联邦最高法院试图确定纳税人在这种性质的案件中是否具备"个人利害关系"，并且是否足以满足宪法的要求。最高法院的大多数人认为他们做到了。问题是，"弗拉斯特诉科恩案"中纳税人的利益与"弗洛辛汉姆诉梅伦案"有何不同？

由于"弗拉斯特诉科恩案"中法官有这样的表述，"原告的'政教分离'条款主张足以确立他们的起诉资格与所指控的宪法侵权行为的确切性质之间的联系"，因此，似乎可以将"弗拉斯特诉科恩案"的利益视为宗教利益而不是经济利益。根据此理论，政府违反"政教分离"条款的支出，侵犯了所有个人的宗教自由，指控并不需要纳税人身份。因此，在这种情况下授予资格并不需要破坏"联邦纳税人没有资格质疑一般支出"的原则。②

但是，有两个因素表明"弗拉斯特诉科恩案"的利益是经济的而不是宗教的。③ 在处理州纳税人行为的"政教分离"条款案件中，很明显所涉及的利益是纳税人的经济利益。无论是"埃弗森诉教育委员会案"还是"多雷姆斯诉教育委员会案"，都以纳税人具备"善意的钱包行动"为条件。在"多雷姆斯诉教育委员会案"中，法院以寻求提起诉讼的申诉"不是直接的金钱伤害，而是宗教差异"为由否认了起诉资格。这些案件，加上"弗拉

---

① See Robert L. Kahan, Federal Taxpayers and Standing: Flast V. Cohen, *UCLA Law Review*, 1969, Vol.16, p.448. 事实上，在1968年的Flast v. Cohen案中也有相关表述"This Requirement is Consistent with the Limitation Imposed Upon State-Taxpayer Standing in Federal Courts in Doremus v. Board of Education, 342 U. S. 429 (1952)"。

② See Robert L. Kahan, Federal Taxpayers and Standing: Flast V. Cohen, *UCLA Law Review*, 1969, Vol.16, p.450.

③ See Kenneth Culp Davis, Standing: Taxpayers and Others, *The University of Chicago Law Review*, 1968, Vol.35, pp.601,610.

斯特诉科恩案"的纳税人并没有就他们的宗教利益受到损害提出任何指控,使得法院不太可能仅仅以宗教理由为依据。

但是,纳税人因违反"政教分离"条款的支出而遭受的经济损失不一定大于因违反《美国联邦宪法》第十修正案的支出而遭受的经济损失。在此基础上,"弗拉斯特诉科恩案"和"弗洛辛汉姆诉梅伦案"似乎难以区分。然而,纳税人在税收资金支出中的利益不必被定性为纯粹的金融利益。因为一名纳税人可能出于宗教利益而反对将其税款用于宗教,另一名纳税人可能出于非宗教利益而反对其他一些违法行为,两名纳税人的利益可能因他们对纳税人起诉资格的符合程度不同而不同,因此一名纳税人可能足够,另一名纳税人可能不够。①

因此,在某种程度上,联邦最高法院可能在"弗拉斯特诉科恩案"中将纳税人的利益视为经济利益和宗教利益。在此情况下,虽然"弗拉斯特诉科恩案"和"弗洛辛汉姆诉梅伦案"均具备经济利益,但需要对比"政教分离"条款的利益和《美国联邦宪法》第十修正案的利益。在"弗拉斯特诉科恩案"中,在区分一般和具体宪法限制之后,联邦最高法院法官讨论了"政教分离"条款的历史重要性。同时,联邦最高法院在其他案件中阐述了"政教分离"条款的重要性与"优先自由"概念相关联,并阐述了个人自由的特殊重要性。② 正是第一修正案所保障的个人自由这一特殊优先权可以解释为什么"弗拉斯特诉科恩案"授予起诉资格而"弗洛辛汉姆诉梅伦案"被拒绝。

2. 在联邦法院审理的州和地方纳税人公益诉讼案件的实质作用

美国的许多学者在讨论联邦层面的纳税人公益诉讼时往往只注意到联邦纳税人的诉讼,而忽略了州和地方纳税人在联邦的诉讼。事实上,州和地方纳税人在联邦的诉讼案件要比联邦纳税人的案件多。在起诉资格方面,州和地方纳税人进入联邦法院的规则与联邦纳税人进入联邦法院的规则不同,而且在大多数情况下会更加宽松。与联邦纳税人相比,这些

---

① See Kenneth Culp Davis, Standing: Taxpayers and Others, *The University of Chicago Law Review*, 1968, Vol.35, p.609.

② See United States v. Carolene Prods. Co., 304 U. S. 144, 152 (1938); Kovacs v. Cooper, 336 U. S. 77, 95 (1949).

美国联邦纳税人公益诉讼的历史命运

宽松的起诉资格规则使更多的州和市政纳税人能够进入联邦法院,因此,正是他们的主张对宪法的发展产生了最大的影响。换言之,联邦法官(包括最高法院法官)将州和市政纳税人案件作为一种工具,通过这种工具,他们创造了"政教分离"条款、平等保护和正当程序法。因为在许多州和市政纳税人公益诉讼案件中,均涉及对宪法中这些条款的违反,也促进了对这些条款的解释和运用。具有讽刺意味的是,许多学者利用州和市政纳税人提交法院的案例探讨了宪法这些领域的细微差别,但在讨论纳税人起诉资格时,这些学者实际上忽略了这些纳税人作为联邦法院诉讼人的身份。①

事实上,州和市政纳税人公益诉讼在另一方面的司法决策中起着关键作用。只有联邦纳税人才能在联邦法院对联邦法律提出质疑,这似乎是合乎逻辑的。因此,如果没有允许联邦纳税人进入法庭的原则,联邦法律几乎不受质疑,除非少数案件的事实与"弗拉斯特诉科恩案"中发现的事实相符。但这一假设反映了对纳税人在法庭上挑战政府决策的错误理解。事实上,联邦法院允许州和市政纳税人对联邦法律提出质疑,从而使纳税人能够绕过"弗拉斯特诉科恩案"的规则,前去质疑联邦法律。例如,在1998年的"格拉文诉克林顿案"②中,原告代表州和市政纳税人,对美国总统和各种联邦官员提起诉讼,认为联邦政府使用统计抽样来用于在各州之间分配代表的人头计数违背了1976年的《人口普查法》和《美国联邦宪法》第1条第2款的规定。在1993年的"纽约市诉美国商务部案"③中,负责1990年人口普查的联邦商务部意识到,统计的少数民族人口数量不足的比率高于白人,因此制定了一套系统来纠正漏报的情况,但商务部长决定不调整人口普查,此外该部拒绝公布某些人口普查信息,原告是各州、城市、公民团体、公民个人和纳税人,他们对联邦商务部和其官员提起诉讼,主要要求纠正统计错误并且允许原告查询某些人口普查的数据。因此,尽管联邦纳税人不能质疑联邦政府的政策,除非是在最狭隘的情况

---

① See Nancy C. Staudt, Taxpayers in Court: A Systematic Study of a (Misunderstood) Standing Doctrine, *Emory Law Journal*, 2003, Vol.52, pp.800-802.
② See Glavin v. Clinton, 19 F. Supp.2d 543 (1998).
③ See City of New York v. United States Dep't of Commerce, 822 F. Supp. 906 (1993).

下,但联邦政策仍需通过州和地方纳税人公益诉讼接受司法审查。许多学者关于联邦纳税人起诉资格的讨论给人的印象是,国会基本上不受纳税人挑战,但由于联邦法官允许州(和地方)纳税人挑战国家政策决定,立法者得到的保护远不如表面上的保护。

值得一提的是,联邦、州和地方纳税人的起诉资格基于不同的基础。对联邦纳税人而言,其在联邦财政中的利益是如此遥远和波动,以至于国家政策对任何个人纳税人几乎没有个人影响,因此其所声称的任何伤害都可能是猜测和假设的,而不是真实和直接的。即使伤害是真实的,考虑到纳税人的数量和联邦预算的规模,它也将是微小的,有利的决定不太可能产生任何影响。还有,联邦法院干预立法决定违反了分权规范,因此,即使存在损害和司法补救措施,法院仍不愿解决这些争端。[①] 总而言之,存在一种不利于联邦纳税人起诉资格的推定。对市政纳税人而言,由于1923年的"弗洛辛汉姆诉梅伦案"中提出与联邦纳税人相比,市政纳税人在使用其资金时的利益是直接和迫切的,与股东和私营公司之间存在的利益并非毫无相似之处,因此,存在一种有利于市政纳税人起诉资格的推定。对州纳税人而言,法院从未明确规定一个标准来指导法官处理长期问题。在"多雷姆斯诉教育委员会案"中,法院明确规定,州纳税人在向联邦法院提起诉讼时,应符合"善意的钱包行动"标准。然而,法院在确定这一要求时从未准确界定其想法。

3. "弗拉斯特诉科恩案"是否具备规制作用?

对在联邦法院审理的州和地方纳税人公益诉讼而言,究竟"弗拉斯特诉科恩案"是否具备规制作用,美国学界存在不同的看法。有的学者认为,联邦法院在审理各州和地方纳税人公益诉讼案件时,会较多地引用"弗拉斯特诉科恩案"的规则。[②] 但也有学者认为,是"多雷姆斯诉教育委员会案"而不是"弗拉斯特诉科恩案"控制着州纳税人在联邦法院的起诉

[①] See Antonin Scalia, The Doctrine of Standing as an Essential Element of the Separation of Powers, *Suffolk University Law Review*, 1983, Vol.17, pp.881-899.

[②] See Nancy C. Staudt, Taxpayers in Court: A Systematic Study of a (Misunderstood) Standing Doctrine, *Emory Law Journal*, 2003, Vol.52, pp.818-834.

资格问题。例如,在"姓氏不明者诉麦迪逊学区案"①中,法官即认为在一个州纳税人案例中,"多雷姆斯诉教育委员会案"控制了本案中纳税人的起诉资格要求;在"教育委员会诉纽约州教师退休制度案"②中,法官认为"多雷姆斯诉教育委员会案"控制着州纳税人的起诉资格;在"科罗拉多州纳税人联盟诉罗默案"③中,法官认为"弗拉斯特诉科恩案"只适用于联邦纳税人的起诉资格问题,而不是州纳税人起诉资格有关的问题。④

在 2000 年的"塔斯尼诉欧姬芙案"⑤中,47 名明尼苏达州个人纳税人(其中大部分属于支持生命的宗教团体)向明尼苏达州提起诉讼,指控政府使用州税支付低收入妇女堕胎费用侵犯了纳税人的联邦宪法权利。此案中,联邦第八巡回上诉法院使用了"弗拉斯特诉科恩案"作为判断标准进行规制。其中,持反对意见的法官认为,"本案中大多数法官对于联邦纳税人起诉资格问题的讨论具有说服力,但规制州纳税人的是'多雷姆斯诉教育委员会案'而不是'弗拉斯特诉科恩案'"。也有学者对此案提出批评,认为"事实上,联邦最高法院在 1989 年的'美国熔炼公司诉卡迪什案'中(上文述及此案是联邦最高法院用来澄清'多雷姆斯诉教育委员会案'的解释的案例)⑥就使用'多雷姆斯诉教育委员会案'而不是'弗拉斯特诉科恩案'来驳回州纳税人的'政教分离'条款的申诉,因此,本案对于州纳税人的诉讼引用'弗拉斯特诉科恩案'是错误的,应该明确是'多雷姆斯诉教育委员会案'规制此类案件"。⑦

此外,对于"多雷姆斯诉教育委员会案"的作用,学界也存在不同意

---

① See Doe v. Madison Sch. Dist., No.321, 177 F. 3d 789, 793 (9th Cir. 1999).

② See Bd. of Educ. v. N. Y. State Teachers Ret. Sys., 60 F. 3d 106, 110 (2d Cir. 1995).

③ See Colo. Taxpayers Union, Inc. v. Romer, 963 F. 2d 1394, 1399 (10th Cir. 1992).

④ See Richard M. Elias, Confusion in the Realm of Taxpayer Standing: The State of State Taxpayer Standing in the Eighth Circuit, *Missouri Law Review*, 2001, Vol.66, p.420.

⑤ See Tarsney v. O'Keefe, 225 F. 3d 929, 942 (8th Cir. 2000).

⑥ See ASARCO, Ina.v. Kadish 490 U. S. 605 (1989).

⑦ Richard M. Elias, Confusion in the Realm of Taxpayer Standing: The State of State Taxpayer Standing in the Eighth Circuit, *Missouri Law Review*, 2001, Vol.66, p.428.

| 第五章 在联邦法院审理的州和地方纳税人公益诉讼 ▶ |

见。有的学者认为此案预示着联邦法院未来审理州纳税人几乎不可能。① 也有学者认为此案的解释尚需要澄清,虽然"美国熔炼公司诉卡迪什案"认为州纳税人需要具备一种"直接伤害",仅仅"可衡量的拨款"标准是不够的,但其主要错误在于对州纳税人和市政纳税人区别对待。如果是以纳税人与政府间的"经济相对性"作为区分标准,②那么考虑到州和地方政府之间的人口差异,很难证明这种区别是合理的。例如,纽约市的人口是怀俄明州的16倍,很难将纽约市公民的伤害归类为直接伤害,而将怀俄明州公民的伤害归类为"遥远的、波动的和不确定的"。③ 还有学者认为此案和"美国熔炼公司诉卡迪什案"存在区别,虽然两案均指向于一种"直接伤害",但"多雷姆斯诉教育委员会案"是被告初审胜诉后原告上诉至联邦最高法院,"美国熔炼公司诉卡迪什案"则是原告初审胜诉后被告上诉至联邦最高法院。对于两案,联邦最高法院虽然认为原告均不具备诉讼资格,但由于"美国熔炼公司诉卡迪什案"是由作为被告的州政府上诉至联邦最高法院,因而联邦最高法院仍具有管辖权。相反,"多雷姆斯诉教育委员会案"是由原告州纳税人上诉至联邦最高法院,联邦最高法院并不具有管辖权。因此,当原告缺乏诉讼资格时,如果在初审中胜诉,由被告上诉至联邦最高法院,则尚有可能被联邦最高法院接纳进行复审。④

对于在联邦法院审理的州和地方纳税人公益诉讼,联邦法院采取了不同的规范标准。对于在联邦法院审理的地方纳税人公益诉讼,联邦最高法院基于"弗洛辛汉姆诉梅伦案"对于市政纳税人公益诉讼的肯定,给

---

① See Taxpayers' Suits: A Survey and Summary, *The Yale Law Journal*, 1960, Vol.69, No.5, p.923.

② See, e.g., Hoohuli v. Ariyoshi, 741 F. 2d 1169, 1178 (9th Cir. 1989).

③ See Richard M. Elias, Confusion in the Realm of Taxpayer Standing: The State of State Taxpayer Standing in the Eighth Circuit, *Missouri Law Review*, 2001, Vol.66, pp.428-429.

④ See Thomas B. Bennett, The Paradox of Exclusive State-Court Jurisdiction over Federal Claims, *Minnesota Law Review*, 2021, Vol.105, pp.1248-1249.

予较为宽松的起诉资格门槛；对于在联邦法院审理的州纳税人公益诉讼，则主要参照1952年的"多雷姆斯诉教育委员会案"的"善意的钱包行动"标准。但是，出于对"多雷姆斯诉教育委员会案"解释的不同，各下级巡回上诉法院采用的标准也不一致。20世纪50年代后的案例的诉讼范围涉及政府的支出行为、违反宗教信仰自由行为、政治活动等，而法官的观点也较为复杂和细腻。美国理论界的相关评议主要涉及纳税人利益的本质、在联邦法院审理的州和地方纳税人公益诉讼案件的实质作用、"弗拉斯特诉科恩案"是否具备规制作用。

结　语

世界上最早诞生纳税人公益诉讼案例的国家是英国,其于 1826 年出现首起纳税人公益诉讼案件,并在 1835 年《市政公司法》颁布后普遍受理纳税人公益诉讼。

19 世纪 40 年代,美国纳税人公益诉讼兴起于州和地方层面,之所以步英国之后诞生纳税人公益诉讼,主要原因有二:一是美国人早期对于税收压迫的敏感性,二是美国早期对于英国普通法的继受。而之所以在地方和州层面不断发展,主要原因有三:一是当时美国许多州法院在缺乏管辖权的情况下受理本州的第一起纳税人公益诉讼案件,二是 19 世纪下半叶美国民粹主义-进步主义情绪的高涨,三是内战后美国州和地方政府在公共事务中角色的扩大。到 20 世纪 60 年代,美国大部分州和地方均以判例法或制定法的形式确立了纳税人公益诉讼制度。美国州和地方的纳税人公益诉讼的正当性肇基于"股权理论",即将政府和纳税人类比于股东和公司的关系。在发展过程中,美国各州和地方纳税人公益诉讼的主要障碍是纳税人的原告资格、大量诉讼对于政府和法院的压力、司法权对行政权的过度干预。

1923 年,伴随着美国的经济和政治变革,联邦层面在"弗洛辛汉姆诉梅伦案"中第一次作出关于纳税人公益诉讼的判决。联邦最高法院在肯定市政纳税人和市政当局的股东关系的同时,认为联邦纳税人和联邦政府的关系是如此遥远、波动和不确定,因而没有足够的税收利益关系以授予联邦纳税人原告资格。后续案例均遵循"弗洛辛汉姆诉梅伦案"的判决,基本不授予联邦纳税人挑战联邦政府的资格。虽然 1936 年的"美利坚合众国诉巴特勒案"创造了例外规则,但此案与"弗洛辛汉姆诉梅伦案"存在本质的区别,且其确立的新的规则出现的概率较小,因而没能突破"弗洛辛汉姆诉梅伦案"的基本限制。美国理论界对"弗洛辛汉姆诉梅伦案"的争论主要集中于两点:一是对此案判决的肯定或批评,二是此案是否为纳税人公益诉讼设立了宪法性障碍还是法院只是实施了一项非宪法

美国联邦纳税人公益诉讼的历史命运

强制的司法自我克制规则。

20世纪中期,纳税人公益诉讼在美国联邦层面获得短暂推行,究其原因,主要与彼时美国《联邦行政程序法》的出台、沃伦法院与司法能动主义的推进、民权运动与公益诉讼的高速发展、1960年前后美国理论界关于纳税人公益诉讼的大讨论相关联。1968年,在"弗拉斯特诉科恩案"中,联邦最高法院法官讨论了《美国联邦宪法》第一修正案的"政教分离"条款的历史重要性后,为联邦纳税人挑战联邦政府打开了一道口子,即联邦纳税人在符合"双重纽带法则"的情况下可以挑战联邦政府。所谓"双重纽带法则",主要要求联邦纳税人需要攻击联邦国会基于《美国联邦宪法》第1条第8款授权的税收与支出行为,并指出该行为违背了具体的宪法限制。此后,美国理论界对于"弗拉斯特诉科恩案"的讨论主要涉及三个方面,包括联邦司法权的"宪法第3条"限制、联邦纳税人的原告资格问题、"双重纽带法则"的缺陷。"弗拉斯特诉科恩案"之后,美国联邦法院在后续案例中时而肯定,又时而否定"弗拉斯特诉科恩案"所创设的规则,为此也给美国联邦的纳税人公益诉讼推进带来了很大的不确定性。

20世纪末,伴随着"新联邦主义"的推行、沃伦法院之后的司法克制主义转向、环境公益诉讼高速发展引发的办案压力攀升问题,联邦最高法院通过三个案例对"弗拉斯特诉科恩案"进行了较为典型的严格解释。在后续的1992年的"卢扬诉野生动物保护者案"中,联邦最高法院确立了原告资格的三重要素,即原告所受是事实上的损害,此损害和被诉行为存在因果关系,能够通过司法判决予以补救。"卢扬诉野生动物保护者案"所确立的原告资格三重要素基本排除了纳税人公益诉讼在联邦存在的可能性。此后,在2007年的"海因诉宗教自由基金会案"中,虽然此案与1988年的"鲍文诉肯德里克案"所涉及的资金使用较为相似,但却作出了不同的判决。此案拒绝授予纳税人起诉资格,体现了"双重纽带法则"虽未被废止,但已被限定在最为字面的含义内。①

---

① See Meredith L. Edwards, Constitutional Law-Taxpayer Standing to Challenge Executive Spending-Discretionary Spending versus Spending Pursuant to Congressional Authority, *Mississippi Law Journal*, 2007, Vol.77, p.706.

对于在联邦法院审理的州和地方纳税人公益诉讼,联邦最高法院采取了不同的规范标准。其中,对于在联邦法院审理的地方纳税人公益诉讼,联邦最高法院基于"弗洛辛汉姆诉梅伦案"对于市政纳税人公益诉讼的肯定,给予较为宽松的起诉资格门槛;对于在联邦法院审理的州纳税人公益诉讼,则主要参照1952年的"多雷姆斯诉教育委员会案"的"善意的钱包行动"标准。但是出于对"多雷姆斯诉教育委员会案"解释的不同,各下级巡回上诉法院采用的标准也不一致。

对于美国联邦层面的纳税人公益诉讼的发展,著名法学家理查德·波斯纳在《法官如何思考》一书中作了精彩的点评,其认为联邦最高法院通过"温水煮青蛙"的方式,让不讨人喜欢的先例逐渐死去,通过这种渐进的方式,让"弗拉斯特诉科恩案"所确立的原则最终死亡。[1] 美国的霍姆斯大法官曾言"法律的生命不在于逻辑,而在于经验"。这里的"经验"是法官的经验,而不是立法者的经验。将法律的经验系于法官的经验,无异于将法律的生命委之于法官的自由裁量权,使得美国法官尤其是联邦法院的法官拥有极大的自由裁量权。[2] "然而,联邦法院对于纳税人公益诉讼的谨慎则充分体现了基于美国宪法框架之下,司法机构对行政的谦让与自我克制,从而避免过多的干预和影响政府政策。"[3]

综合观之,与州和地方层面相比,美国纳税人公益诉讼在联邦层面未获得成功的原因主要有两个:一是受制于联邦宪法,二是出于司法审慎考虑。早在1923年的"弗洛辛汉姆诉梅伦案"之后,美国学界即存在宪法性限制还是非宪法强制的司法自我克制的争论。对此争论,联邦最高法院的观点在不同时期有所波动。其中,在1969年的"弗拉斯特诉科恩案"中倾向于认为是一种非宪法强制的司法自我克制规则,在其他时候则倾向于认为是一种宪法性限制。事实上,结合历史背景与案例分析,纳税人公

---

[1] 参见[美]理查德·波斯纳:《法官如何思考》,苏力译,北京大学出版社2009年版,第252页。

[2] 参见黄先雄:《司法谦抑论:以美国司法审查为视角》,法律出版社2008年版,第28页。

[3] 陈晴:《以权利制约权力:纳税人诉讼制度研究》,法律出版社2015年版,第188页。

益诉讼在联邦层面的发展困境与宪法性限制和司法自我克制均具有关系。

首先,受制于联邦宪法。通过前文案例的梳理可知,联邦法院法官在处理纳税人公益诉讼案件时均会述及宪法限制问题,包括《美国联邦宪法》第3条对于联邦司法权的限制、权力分立问题和联邦制问题。具体而言,在联邦法院法官看来,《美国联邦宪法》第3条将联邦司法权的援引限定在"案件或争议"范围内,而要满足"案件或争议"的标准,需要符合一种"直接伤害"的要求,联邦纳税人在联邦的税收利益太过"遥远、波动和不确定",因而不具备"直接伤害"的要求。而且,在联邦权力分立的架构下,联邦司法权过多地干预立法权或行政权,不仅会损害司法权的基本职能,还会影响立法权和行政权功能的行使。在处理联邦法院审理的各州和地方纳税人公益诉讼案件时,联邦法院会考虑联邦制和州权力问题,认为联邦法院过度的干涉会影响州政府和地方政府的行动。由于一般的州宪法并没有相应的较为严格的规定,从而使得联邦和州、地方纳税人公益诉讼制度产生了本质的区别。

其次,出于司法审慎考虑。通过历史背景的考量和联邦法院法官观点的梳理可知,除了受制于联邦宪法外,美国纳税人公益诉讼在联邦层面的发展困境还与联邦法院的司法审慎态度相关,包括担心司法泛滥、司法克制主义影响和联邦支出的特殊性。具体而言,在联邦法院看来,任何法规的管理,都可能对大量纳税人产生影响,其本质上是公众的问题,而不是个人的问题,如果一个纳税人可以支持并提起诉讼,那么其他所有纳税人都可以就公共资金支出及其有效性提出质疑,这将促使联邦政府职能的瘫痪。同时,联邦最高法院的司法风格也影响了联邦最高法院对于法律原则的理解和对于公民权利的维护尺度。在美国的历史上,最高法院有几次出现司法能动主义的高潮,其余时候则以司法克制主义为主。在联邦纳税人公益诉讼问题上,1968年的联邦纳税人公益诉讼迎来突破口正是处于沃伦法院对于司法能动主义的推动中,而20世纪末联邦纳税人公益诉讼走向衰落则与伦奎斯特法院对于司法克制主义的推动相关。此外,由于大部分联邦支出的性质与州或地方不同,大约2/3的联邦支出用于国防和外交等敏感领域,在那里更需要谨慎对待司法控制,而且华盛顿是美国的政治焦点,联邦官员也更容易受公众曝光的压力的影响。①

---

① See Taxpayers' Suits: A Survey and Summary, *The Yale Law Journal*, 1960, Vol.69, No.5, pp.918-919.

参考文献

一、案例

1. Altman v. Bedford Cent. Sch. Dist. (2001).

2. Adler v. Board of Education, 342 U. S. 485 (1952).

3. Aichele v. Borough of Oakley, 1 N. J. Super. 621, 624, 64 A2d 924, 925 (L. 1948).

4. Aldrich v. City of New York, 208 Misc. 930, 145 N. Y. S. 2d 732 (Sup.Ct. 1955).

5. Am. C. L. Union of N. California v. Burwell (N. D. Cal. Nov. 29, 2016).

6. Ala. Freethought Ass'n v. Moore, 893 F. Supp. 1522 (N. D. Ala. 1995).

7. Associated Gen. Contractors of Am. v. Columbus, 936 F. Supp. 1363 (S. D. Ohio 1996).

8. Asplund v. Hannett, 31 N.M. 641, 249 Pac. 1074 (1926).

9. ASARCO, Ina.v. Kadish 490 U. S. 605 (1989).

10. Associated Industries of New York State, Inc. v. Ickes, 134 F. 2d 694 (2d Cir. 1943).

11. Adriance v. Mayor of New York, 1 Barb. 19 (N. Y. Sup.Ct. 1847).

12. Association of Data Processing Service Organization, Inc. v. Camp, 397 U. S. 150 (1970).

13. Alabama Power Co. v. Ickes, 91 F. 2d 303 (1937).

14. Americans United for Separation of Church & State, Inc. v. U. S. Dep't of Health, Ed. & Welfare, 619 F. 2d 252 (3d Cir. 1980).

15. Allen v. Wright, 468 U. S. 737 (1984).

16. Brown v. Bd. of Educ., 347 U. S. 483 (1954).

17. Brockman v. City of Creston, 79 Iowa 587, 44 N. W. 822 (1890).

18. Blanshard v. City of New York, 262 N. Y. 5, 186 N. E. 29 (1933).

19. Baker v. Carr, 369 U. S. 186 (1962).

20. BrownCnty. Taxpayers Ass'n v. Biden (E. D. Wis. Oct. 6, 2022).

21. Buscaglia v. District Court of San Juan, 145 F. 2d 274 (1944).

22. Barr v. Deniston, 19 N. H. 170, 180 (1848).

23. Bairn v. Fleck, 406 Ill. 193, 92 N. E. 2d 770 (1950).

24. Booth v. General Dynamics Corp., 264 F. Supp.465 (1967).

25. Barker v. Hazeltine, 3 F. Supp.2d 1088 (1998).

26. Bowen v. Kendrick, 487 U. S. 589 (1988).

27. Borden v. Louisiana State Board of Educ., 168 La. ioo6, 123 So. 655 (1929).

28. Bryant v. Logan, 56 W. Va. 141, 49 S. E. 21 (1904).

29. Bd. of Educ. v. N. Y. State Teachers Ret. Sys., 60 F. 3d 106, 110 (2d Cir. 1995).

30. Board of Supervisors v. Udall, 38 Ariz. 497, I P.(2d) 343 (x93I).

31. Bradfield v. Roberts, 175 U. S. 291 (1899).

32. Bromley v. Smith, 1 Sim. 8, 57 Eng. Rep.482 (Ch. 1826).

33. Bayley v. Town of Wells, 133 Me. 141, 174 At. 459 (1934).

34. Brown v. Trousdale, 138 U. S. 389 (1891).

35. Bartley v. United States, 123 F. 3d 466 (1998).

36. Coyne v. Am. Tobacco Co., 183 F. 3d 488 (6th Cir. 1999).

37. Cook v. Baca, 95 F. Supp.2d 1215 (D. N. M. 2000).

38. Comm'rs v. Baldridge, 48 Idaho 618, 284 Pac. 203 (1930).

39. C & C Constr. & Rehab. Specialists v. Wilmington Hous. Auth., 1996 U. S. Dist. LEXIS 5022 (D. Del. Mar. 20, 1996).

40. Cantrell v. City of Long Beach, 241 F. 3d 674 (9th Cir. 2001).

41. Chicago v. Fieldcrest Dairies, Inc., 316 U. S. 168 (1942).

42. Clark v. George, 118 Kan. 667, 236 Pac. 643 (1925).

43. Connor v. Halifax Hosp. Med. Ctr., 135 F. Supp. 2d 1198 (M. D. Fla. 2001).

44. Coltan v. Hanchett, 13 I11. 615, 618 (1852).

45. Compare Herdahl v. Pontotoc County Sch. Dist., 933 F. Supp.582 (N. D. Miss. 1996) with Shea v. Brister, 26 F. Supp.2d 943 (S. D. Tex. 1998).

46. Colvin v. Jacksonville, 158 U. S. 456, 460-61 (1895).

47. Christopher v. Mayor of New York, 13 Barb. 567 (N. Y. Sup. Ct. 1852).

48. City of New York v. United States Dep't of Commerce, 822 F. Supp.906 (1993).

49. Cole v. Oroville Union High School Distric, 228 F. 3d 1092, 1100 n.5 (9th Cir. 2000), cert. denied, 532 U. S. 905 (2001).

50. Cf. Price v. Sixth Dist. Agricultural Ass'n, 201 Cal. 502, 258 Pac. 387 (1927).

51. Christopher v. The Mayor, 13 Barb. 567, 571 (N. Y. Sup.Ct. 1852).

52. Colo. Taxpayers Union, Inc. v. Romer, 963 F. 2d 1394, 1402 (10th Cir. 1992).

53. Cannack v. Waihee, 932 F. 2d 765, 769 (9th Cir. 1991).

54. Davis v. Boston & M. R. Co., 89 F. 2d 368 (1937).

55. Davis v. Edison Electric Illuminating Co., 18 F. Supp.1 (1937).

56. Dobrovolny v. Neb., 100 F. Supp.2d 1012 (D. Neb. 2000).

57. Doolittle v. Supervisors of Broome County, 18 N. Y. 155 (1858).

58. Doremus v. Board of Education, 342 U. S. 429 (1952).

59. D. C. Federation of Civic Assos. v. Airis, 275 F. Supp (1967).

60. Drexler v. Commissioner of Town of Bethany Beach, IS Del. Ch. 214, 135 At. 484 (Ch. 1926).

61. Doe v. Madison Sch. Dist., No. 321, 177 F. 3d 789, 793 (9th Cir. 1999).

62. De Neffe v. Duby, 115 Ore. 511, 514, 239 Pac. 109, 110 (1925).

63. Dist. of Columbia Common Cause v. District of Columbia, 858 F. 2d 1, 11-12 (D. C. Cir. 1988).

64. Doolittle v. Supervisors of Broome County, 18 N. Y. 155 (1858).

65. Everson v. Board of Educ., 330 U. S. 1 (1947).

66. Elliott v. White, 23 F. 2d 997 (1928).

67. Foster v. Coleman, 10 Cal. 278, 281 (1858).

68. Flast v. Cohen, 392 U. S. 83 (1968).

69. FreedomFrom Religion Found., Inc. v. Olson, 566 F. Supp.2d 980

(D. N. D. 2008).

70. Freedom from Religion Found. v. Zielke, 845 F. 2d 1463 (1988).

71. Flast v. Gardner, 267 F. Supp.351 (1967).

72. Frothingham v. Mellon, 262 U. S. 447 (1923).

73. Fergus v. Russel, 270 Ill. 304, 314, 110 N. E. 130, 135 (1915).

74. Fcc v. Sanders Brothers Radio Station, 309 U. S. 470 (1940).

75. Friedmann v. Sheldon Community School District, 995 F. 2d 802 (8th Cir. 1993).

76. Fuller v. Trustees of Deerfield Academy, 252 Mass. 258, 147 N. E. 878 (1925).

77. Greenwood County v. Duke Power Co., 81 F. 2d 986 (1936).

78. Glavin v. Clinton, 19 F. Supp.2d 543 (1998).

79. Gray v. Chaplin, 2 Sim. & St. 267, 57 Eng. Rep.348 (Ch. 1825).

80. Green v. Graduate Theological Union, 2000 U. S. Dist. LEXIS 15937 (N. D. Cal. Oct. 27, 2000).

81. Gonzales v. North Township of Lake County, 4 F. 3d 1412 (7th Cir. 1993).

82. Griffin v. Rhoton, 85 Ark. 89, 99, 107 S. W. 380, 384 (1907).

83. Georgia v. Tennessee Copper Co., 206 U. S. 230 (1907).

84. Hoohuli v. Ariyoshi, 741 F. 2d 1169, 1180 (9th Cir. 1984).

85. Hall v. Blan, 227 Ala. 64, 148 So. 601 (1933).

86. Harper v. Board of Electors, 383 U. S. 663, 664 (1966).

87. Hein v. Freedom from Religion Found., Inc., 551 U. S. 587 (2007).

88. Higgins v. Green, 56 R-I. 330, 335, 185 At. 686, 688 (1936).

89. Halona v. MacDonald, 1978 Navajo App.LEXIS 7 (1978).

90. HARRISON v. NAACP, 360 U. S. 167 (1959).

91. Heart of Atlanta Motel v. United States, 379 U. S. 241 (1964).

92. Herdahl v. Pontotoc County School District, 933 F. Supp.582 (N. D. Miss. 1996).

93. Hanten v. Sch. Dist. of Riverview Gardens, 13 F. Supp. 2d 971 (E. D. Mo. 1998).

94. Hawkins v. The Governor, 1 Ark. 570 (1839).

95. Indus. v. Ickes, 134 F2d 694, 700 (2d Cir. 1943).

96. Joint Anti-Fascist Refugee Comm. v. McGrath, 341 U. S. 123, 151 (1951).

97. Johnson v. Economic Development Corporation of County of Oakland, 64 F. Supp.2d 657 (E. D. Mich. 1999).

98. Jones v. Reed, 3 Wash. 57, 27 Pac. 1067 (1891).

99. Japan Whaling Assn. v. American Cetacean Society, 478 U. S. 221, 231, n. 4, 92 L. Ed. 2d 166, 106 S. Ct. 2860 (1986).

100. Kuhn v. Curran, 294 N. Y. 207, 61 N. E. 2d 513 (1945).

101. Kriesner v. City of San Diego, 1 F. 3d 775 (9th Cir. 1993).

102. Kansas v. Colorado, 185 U. S. 125 (1902).

103. Kansas v. Colorado, 206 U. S. 46 (1907).

104. Katcoff v. Marsh, 755 F. 2d 223 (2d Cir. 1985).

105. Lee v. Comm'rs Ct. of Jefferson County, 81 F. Supp. 2d 712 (E. D. Tex. 2000).

106. Lash v. City of Union, 104 F. Supp.2d 866 (1999).

107. Lujan v. Defenders of Wildlife, 504 U. S. 555 (1992).

108. Long v. Johnson, 70 Misc. 308, 127 N. Y. Supp. 756 (Sup. Ct. 1911).

109. Land, Log & Lumber Co. v. McIntyre, 100 Wis. 245, 75 N. W. 964 (1898).

110. Lujan v. National Wildlife Federation, 497 U. S. 871, 111 L. Ed. 2d 695, 110 S. Ct. 3177 (1990).

111. Lochner v. New York, 198 U. S. 45, 74 (1905).

112. LOUISIANA POWER & LIGHT CO. v. CITY, 360 U. S. 25 (1959).

113. Laskowski v. Spellings, 443 F. 3d. 930 (2006).

114. Loving v. Virginia, 388 U. S. 1 (1967).

115. Miranda v. Ariz., 384 U. S. 436 (1966).

116. Miller v. Cooper, 56 N. M. 355, 244 P. 2d 520 (1952).

117. Minnesota Federation of Teachers v. Randall, 891 F. 2d 1354 (8th Cir. 1989).

118. McNatt v. Frazier Sch. Dist., 1995 U. S. Dist. LEXIS 21971

(W. D. Pa. March 29, 1995).

119. Morgan v. Graham, 17 Fed. Cas. No.9, 801 (C. C. D. La. 1871).

120. Morgan v. Graham, 1 Woods 124, 17 F. Cas. 749 (1871).

121. Mitchell v. Helms, 530 U. S. 793 (2000).

122. Martin v. Ingham, 38 Kan. 641 (1888).

123. Missouri v. Illinois, 180 U. S. 208 (1901).

124. Marbury v. Madison, 5 U. S. 137 (1803).

125. Massachusetts v. Mellon, 262 U. S. 447 (1923).

126. McGowan v. Maryland, 366 U. S. 420, 424 (1961).

127. Mixon v. Ohio, 193 F. 3d 389 (6th Cir. 1999).

128. Merrill v. Plainfield, 45 N. H. 126, 134 (1863).

129. Malone v. Peay, 157 Tenn. 429, 7 S. W. (2d) 40 (1928).

130. Meek v Pittenger, 421 U. S. 349, 44 L Ed 2d 217, 95 S Ct 1753 (1975).

131. Milhau v. Sharp, 15 Barb. 193, 236 (N. Y. Sup.Ct. 1853).

132. Mcsween v. State Live Stock Sanitary Bd., 97 Fla. 750, 122 So. 239 (1929).

133. National Alliance of Mentally Ill of Essex v. Essex County Bd. of Freeholders, 91 F. Supp.2d 781 (D. N. J. 2000).

134. Nebbia v. New York, 291 U. S. 502, 530-32 (1934).

135. New York v. New Jersey, 256 U. S. 296 (1921).

136. New York Times Co. v. Sullivan, 376 U. S. 254 (1964).

137. Olmsted v. Meahl, 219 N. Y. 270, 114 N. E. 393 (1916).

138. O'Shea v. Littleton, 414 U. S. 488, 494-95 (1974).

139. Parker v. Bowron, 40 Cal. 2d 344, 254 P. 2d 6 (1953).

140. Pub. Citizen, Inc. v. Simon, 539 F. 2d 211 (D. C. Cir. 1976).

141. Place v. City of Providence, 12 RI. 1, 5 (1878).

142. Perkins v. Lukens Steel Co., 310 U. S. 113 (1940).

143. Protestants & Other Americans, etc., v. O'Brien, 272 F. Supp.712 (1967).

144. Planned Parenthood of Mid-Mo. & E. Kan. v. Ehlmann, 137 F. 3d 573 (8th Cir. 1998).

145. Printz v. United States, 521 U. S. 898 (1997).

146. Quaw v. Paff, 98 Wis. 586 (1898).

147. Railroad Com. of Texas v. Pullman Co., 312 U. S. 496 (1941).

148. Reiter v. Wallgren, 28 Wash. 2d 872, 184 P. 2d 571, 573 (1947).

149. Rifkin v. Bear Steams & Co., 248 F. 3d 628 (7th Cir. 2001).

150. Rice v. Cayetano, 941 F. Supp.1529 (1996).

151. Ryan v. City of Chicago, 369 Il. 59, 63, 15 N. E2d 703, 710 (1938).

152. Ramsey v. Hamilton, i8i Ga. 365, 182 S. E. 392 (1935).

153. Rockne v. Olson, i91 Minn. 310, 254 N. W. 5 (1934).

154. Reynolds v. Wade, 249 F. 2d 73 (1957).

155. Seeley v. Bishop, 19 Conn. 128 (1848).

156. Schroeder v. Bunks, 415 Ill. 192, 113 N. E. 2d 169 (1953).

157. Sutton v. Buie, 136 La. 234, 66 So. 956 (1914).

158. Simmons v. Board of Educ. of Crosby, 61 N. D. 212, 237 N. W. 700 (1931).

159. Schuler v. Bd. of Educ., 2000 U. S. Dist. LEXIS 1006 (2000).

160. Schmidt v. Cline, 127 F. Supp.2d 1169 (D. Kan. 2000).

161. Scheide v. Commissioner, 65 T. C. 455 (1975).

162. Sierra Club v. Morton, 405 U. S. 727, 731-32 (1972).

163. Shakman v. Democratic Org. of Cook County, 2001 U. S. Dist. LEXIS 18459 (N. D. Ill. Sept. 27, 2001).

164. School District of Philadelphia v. Pennsylvania Milk Marketing Board, 877 F. Supp.245 (E. D. Pa. 1995).

165. Sierra Electric Cooperative v. Town of Hot Springs, 51 N. M. 150, 180 P. 2d 244 (1947).

166. State ex rel. Bolens v. Frear, 148 Wis. 456, 134 N. W. 673 (1912).

167. State ex rel. Fletcher v. Executive Council of State, 207 Iowa 923, 223 N. W. 737 (1929).

168. Scott v. Frazie, 253 U. S. 243 (1920); Green v. Frazier, 253 U. S. 233 (1920).

169. Suhre v. Haywood County, 131 F. 3d 1083 (4th Cir. 1997).

170. Sapp v. Hardy, 204 F. Supp.602 (1962).

171. Schenck v. Hudson Village, 937 F. Supp.679 (N. D. Ohio 1996).

172. Steele v. Industrial Development Board of the Metropolitan Govt. of Nashville, 117 F. Supp.2d 693 (M. D. Tenn. 2000).

173. Schieffelin v. Komfort, 212 N. Y. 520, 106 N. E. 675 (1914).

174. Sharpless v. Mayor of Philadelphia, 21 Pa. 147, 149 (1853).

175. Sebring v. Milwaukee Pub. Sch., 569 F. Supp.3d 767 (E. D. Wis. 2021).

176. Soling v. New York, 804 F. Supp.532 (S. D. N. Y. 1992).

177. Schulz v. N. Y. State Leg., No.99-7466, 1999 U. S. App.LEXIS 28036 (2d Cir. Oct. 28, 1999).

178. Spivey v. Ohio, 999 F. Supp.987 (N. D. Ohio 1998).

179. Standard Printing Co. v. Miller, 304 Ky. 49, 51, 199 S. W. 2d 731, 732 (1946).

180. Schulz v. Pataki, 1999 U. S. Dist. LEXIS 22760 (N. D. N. Y. Nov. 20, 1999).

181. Schlesinger v. Reservists Comm. to Stop the War, 418 U. S. 208 (1974).

182. Shipley v. Smith, 45 N.M. 23, 26, 107 P. 2d 1050 (1940).

183. SARNOFF v. SCHULTZ, 409 U. S. 929 (1972).

184. Smith v. The City of Boston, 7 Cush., 254 (1851).

185. Swallow v. United States, 325 F. 2d 97 (1963).

186. Shelton v. Wade, 130 F. Supp.212 (1955).

187. Thomson v. City of Dearborn, 347 Mich. 365, 371, 79 N. N. V. 2d 841, 844 (1956).

188. Tennessee Electric Power Co. v. Tennessee Valley Author (1939).

189. Taub v. Kentucky, 842 F. 2d 912, 919 (6th Cir. 1988).

190. Tarsney v. O'Keefe, 225 F. 3d 929, 942 (8th Cir. 2000).

191. Tarsney v. O'Keefe, 225 F. 3d 929 (8th Cir. 2000), cert. denied, 532 U. S. 924 (2001).

192. The Queen v. Cotham, I Q. B. 802 (1898).

193. The Queen v. Guardians of the Lewisham Union, I Q. B. 498 (1897).

194. Tilton v. Richardson, 403 U. S. 672 (1971).

195. United States v. Butler, 297 U. S. 1 (1936).

196. United States v. City of New York, 972 F. 2d 464 (2d Cir. 1992).

197. United States ex rel. Brookfield Constr. Co. v. Stewart (1964).

198. United States ex rel. Stowell v. Deming, 19 F. 2d 697 (1927).

199. United States v. Lopez, 115 S. Ct. 1624 (1995).

200. United States v. Richardson, 418 U. S. 166 (1974).

201. Valley Bank & Trust Co. v. Proctor, 53 P.(2d) 857 (Ariz. 1936).

202. Vandergriff v. Chattanooga, 44 F. Supp.2d 927 (E. D. Tenn. 1998).

203. Van Dyke v. Regents of Univ. of Cal., 815 F. Supp. 1341 (C. D. Cal. 1993).

204. Valley Forge Christian College v. Americans United for Separation of Church & State, 454 U. S. 464 (1982).

205. Visina v. Freeman, 252 Minn. 177, 89 N. W. 2d 635 (1958).

206. Wood v. City of Clarksville, 1998 U. S. Dist. LEXIS 12067 (N. D. Miss. July 15, 1998).

207. White Eagle Oil & Ref. Co. v. Gunderson, 48 S. D. 608, 205 N. W. 614 (1925).

208. Wheless v. Mellon, 10 F. 2d 893 (1926).

209. Wirin v. Parker, 48 Cal. 2d 890, 313 P. 2d 844 (1957).

210. Warren v. Pataki, 2002 U. S. Dist. LEXIS 861 (W. D. N. Y. Jan. 9, 2002).

211. Wilson v. Shaw, 204 U. S. 24, 31 (1907).

212. Wieman v. Updegraff, 344 U. S. 183 (1952).

213. Williamson v. Warren County, 146 Miss. 727, 11 So. 840 (1927).

214. Wolman v. Walter, 433 US 229, 53 L Ed 2d 714, 97 S Ct 2593 (1977).

215. Zelman v. Simmons-Harris, 536 U. S. 639 (2002).

二、外文书籍

1. A. D. Neale，*The Antitrust Laws of the U. S.A.*，*The Origins and Historical Development of Antitrust*，Cambridge University Press，1960.

2. Galeotti，*The Judicial Control of Public Authorities in England and in Italy*，Stevens & Sons，1954.

3. Henry M Hart，Jr.，Herbert Wechsler，*The Federal Courts and the Federal System*，Foundation Press，1953.

4. Louis L. Jaffe，*Judicial Control of Administrative Ation（Abridged Student Edition）*，Little Brown and Company，1965.

5. Macdonald，AustinFaulks，*American City Government and Administration*，Thomas Y. Crowell Company，1941.

6. Mcwhinney，*Judicial Review in the English-Speaking World*，University of Toronto Press，1956.

7. Morison，Samuel Eliot，*The Growth of the American Republic*，Vol.2，Oxford University Press，1942.

8. Nan Aron，*Liberty and Justice for All：Public Interest Law in the 1980S and Beyond*，Boulder，Westview Press，1989.

9. Peter G. Renstrom，*The American Law Dictionary*，Clio Press Ltd.，1990.

10. René David and John E. C. Brierley，*Major Legal Systems in the World Today*，Steven & Sons，1978.

三、外文期刊

1. Alan Karabus，The Flast Decision on Standing of Federal Taxpayers to Challenge Governmental Action：Mirage or Breach in the Dike? *North Dakota Law Review*，1969，Vol.45.

2. Antonin Scalia，The Doctrine of Standing as an Essential Element of the Separation of Powers，*Suffolk University Law Review*，1983，Vol.17.

3. Boris I. Bittker，The Case of the Fictitious Taxpayer：The Federal Taxpayer's Suit Twenty Years after Flast v. Cohen，*The University of Chicago Law Review*，1969，Vol.36.

4. Charles D. Kelso & R. Randall Kelso, Standing to Sue: Transformations in Supreme Court Methodology, Doctrine and Results, *University of Toledo Law Review*, 1996, Vol.28.

5. Charles R. Garner, James L. Sloan, John Haley, Taxpayers' Suits to Prevent Illegal Exactions in Arkansas, *Arkansas Law Review and Bar Association Journal*, 1954, Vol.8, No.2.

6. Drinan, Robert F., Standing to Sue in Establishment Cases, *Religion and the Public Order*, 1965, Vol.3.

7. David S.Bogen, Standing Up for Flast: Taxpayer and Citizen Standing to Raise Constitutional Issues, *Kentucky Law Journal*, 1978, Vol.67.

8. D. S. Treister, Standing to Sue the Government: Are Separation of Powers Principles Really Being Served? *Southern California Law Review*, 1994, Vol.67.

9. Finkelstein, Maurice, Judicial Self-Limitation, *Harvard Law Review*, 1924, Vol.37.

10. Jeffrey C. Ketterson & Donald J. Maizys, Frothingham-Revisited and Rejected: Standing of Federal Taxpayers to Challenge Allegedly Unconstitutional Expenditures of Federal Funds, *Seton Hall Law Journal*, 1969, Vol.2.

11. John Dimanno, Beyond Taxpayers' Suits: Public Interest Standing in the States, *Connecticut Law Review*, 2008, Vol.41.

12. Joshua D. Spencer, Hearing those Who Pay the Bells: A Comparison of the Federal and South Carolina Taxpayer Standing Models in Light of Sloan V. Sanford, *South Carolina Law Review*, 2005, Vol.56.

13. John J. Egan III, Analyzing Taxpayer Standing in Terms of General Standing Principles: The Road not Taken, *Boston University Law Review*, 1983, Vol.63.

14. J. M. Migai Akech, Judicial Review of Spending Powers: Should Kenyan Courts Entertain Taxpayers' Actions? *Journal of African Law*, 2000, Vol.44.

15. Juanita R. Brown, Taxpayer Standing in Tennessee: Challenging the Illegal Use of Public Funds, *The Tennessee Journal of Practice & Pro-*

cedure, 2002, Vol.2, No.1.

16. Kenneth Culp Davis, "Judicial Control of Administrative Action": A Review, *Columbia Law Review*, 1966, Vol.66.

17. Kenneth E. Scott, Standing in the Super Court—A Functional Analysis, *Harvard Law Review*, 1973, Vol.86.

18. Kenneth Culp Davis, Standing: Taxpayers and Others, *The University of Chicago Law Review*, 1968, Vol.35.

19. Kenneth Culp Davis, Standing to Challenge Governmental Action, *Minnesota Law Review*, 1955, Vol.39.

20. Kenneth Culp Davis, The Case of the Real Taxpayer: A Reply to ProfessorBittker, *The University of Chicago Law Review*, 1969, Vol.36.

21. Kenneth Culp Davis, The Liberalized Law of Standing, *The University of Chicago Law Review*, 1970, Vol.37.

22. Louis L. Jaffe, Suits against Governments and Officers: Damage Actions, *Harvard Law Review*, 1963, Vol.77.

23. Louis L. Jaffe, Standing to Secure Judicial Review: Public Actions, *Harvard Law Review*, 1961, Vol.74, No.7.

24. Louis L. Jaffe, Standing to Secure Judicial Review: Private Actions, *Harvard Law Review*, 1961, Vol.75.

25. Louis L. Jaffe, The Right to Judicial Review, *Harvard Law Review*, 1958, Vol.71.

26. Meredith L. Edwards, Constitutional Law-Taxpayer Standing to Challenge Executive Spending-Discretionary Spending Versus Spending Pursuant to Congressional Authority, *Mississippi Law Journal*, 2007, Vol.77.

27. Note, *American Law Review*, 1929, Vol.58.

28. Nancy C. Staudt, Taxpayers in Court: A Systematic Study of a (Misunderstood) Standing Doctrine, *Emory Law Journal*, 2003, Vol.52.

29. NormanDorsen, The Arthur Garfield Hays Civil Liberties Conference: Public Aid to Parochial Schools and Standing to Bring Suit, *Buffalo Law Review*, 1962, Vol.12.

30. Note, *Georgetown Law Journal*, 1936, Vol.24.

31. Note, *Harvard Law Review*, 1924, Vol.37.

32. Note, *Harvard Law Review*, 1937, Vol.50.

33. Natasha Patel, The Supreme Court Once again Says no to Taxpayer Standing-The Implications of DaimlerChrysler Corp. v. Cuno, *Journal of the National Association of Administrative Law Judiciary*, 2007, Vol.27.

34. Note, Taxpayer Standing to Litigate, *The Georgetown Law Journal*, 1973, Vol.61.

35. Peck, Standing Requirements for Obtaining Review of Governmental Action in Washington, *Washington Law Review*, 1960, Vol.35.

36. Raoul Berger, Standing to Sue in Public Actions: Is it a Constitutional Requirement? *The Yale Law Journal*, 1969, Vol.78.

37. Robert L. Kahan, Federal Taxpayers and Standing: Flast v. Cohen, *UCLA Law Review*, 1969, Vol.16.

38. Richard M. Elias, Confusion in the Realm of Taxpayer Standing: The State of State Taxpayer Standing in the Eighth Circuit, *Missouri Law Review*, 2001, Vol.66.

39. Susan L. Parsons, Taxpayers' Suits: Standing Barriers and Pecuniary Restraints, *Temple Law Quarterly*, 1986, Vol.59.

40. Steven Mains, California Taxpayers' Suits: Suing State Officers under Section 526a of the Code of Civil Procedure, *Hastings Law Journal*, 1976, Vol.28.

41. Thomas B. Bennett, The Paradox of Exclusive State-Court Jurisdiction Over Federal Claims, *Minnesota Law Review*, 2021, Vol.105.

42. Thomas C. Albus, Taxpayer Standing in Missouri, *Journal of the Missouri Bar*, 1998, Vol.54.

43. Taxpayers' Suits: A Survey and Summary, *The Yale Law Journal*, 1960, Vol.69, No.5.

44. Varu Chilakamarri, Taxpayer Standing: A Step Toward Animal-Centric Litigation, *Animal Law*, 2004, Vol.10.

45. William L. Raby & Ralph R. Ireland, Rights of the Federal Taxpayer, *Taxes-the Tax Magazine*, 1968, Vol.46, No.4.

四、中文书籍

1. [奥]欧根·埃利希:《法社会学原理》,舒国滢译,中国大百科全书出版社 2009 年版。

2. [美]伯纳德·施瓦茨:《行政法》,徐炳译,群众出版社 1986 年版。

3. [美]查尔斯·亚当斯:《善与恶——税收在文明进程中的影响》,翟继光译,中国政法大学出版社 2006 年版。

4. [美]加里·沃塞曼:《美国政治基础》,陆震伦译,中国社会科学出版社 1994 年版。

5. [美]理查德·波斯纳:《法官如何思考》,苏力译,北京大学出版社 2009 年版。

6. [美]肯尼思·F.沃伦:《政治体制中的行政法》(第3版),王丛虎等译,中国人民大学出版社 2005 年版。

7. [美]马克·图什内特:《分裂的法院——伦奎斯特法院与宪法的未来》,田飞龙译,中国政法大学出版社 2011 年版。

8. [美]詹姆斯·M.伯恩斯:《民治政府》,陆震伦译,中国社会科学出版社 1996 年版。

9. [日]田中英夫、竹内绍夫:《私人在法实现中的作用》,李薇译,法律出版社 2006 年版。

10. 陈晴:《以权利制约权力:纳税人诉讼制度研究》,法律出版社 2015 年版。

11. 何勤华主编:《外国法制史》,法律出版社 2011 年第 5 版。

12. 韩姗姗:《美国纳税人诉讼制度及其对中国之借鉴》,载《财税法论丛》(第 11 卷),法律出版社 2010 年版。

13. 黄先雄:《司法谦抑论:以美国司法审查为视角》,法律出版社 2008 年版。

14. 刘畅:《美国财政史》,社会科学文献出版社 2013 年版。

15. 李刚:《宏观调控行为可诉性——由"纳税人诉讼"引发的思考》,载《经济法论丛》(第 7 卷),中国方正出版社 2003 年版。

16. 《美国宪法及其修正案》,朱曾汶译,商务印书馆 2014 年版。

17. 牛文光:《美国社会保障制度的发展》,中国劳动社会保障出版社 2004 年版。

18.王丹丹、李邵根：《宪法视野中美国州权的演变》，载《法律史评论》（第7卷），法律出版社2015年版。

19.王名扬：《美国行政法》，中国法制出版社2016年版。

20.游腾飞：《美国联邦制纵向权力关系研究》，上海人民出版社2016年版。

21.颜运秋：《公益诉讼法律制度研究》，法律出版社2008年版。

22.曾繁正、赵向标等编译：《美国行政法》，红旗出版社1998年版。

五、中文期刊

1.［美］凯瑟琳·K.安德斯、科蒂斯·A.舒克：《新联邦主义：对州和地方政府的影响》，苗爱民、杨晋译，载《公共管理与政策评论》2016年第5期。

2.白雪峰：《美国沃伦法院述评》，载《南京大学学报（哲学·人文科学·社会科学版）》2005年第4期。

3.程汉大：《司法克制、能动与民主——美国司法审查理论与实践透析》，载《清华法学》2010年第6期。

4.陈晴：《纳税人诉讼制度的域外考察及其借鉴》，载《法学评论》2009年第2期。

5.池生清：《论美国税务法院的纳税人诉权保障》，载《税务研究》2015年第11期。

6.郭跃：《美国反垄断法价值取向的历史演变》，载《美国研究》2005年第1期。

7.胡海：《略论纳税人诉讼制度的建立》，载《税务研究》2006年第4期。

8.贺海仁：《域外公益诉讼的缘起与启示》，载《环球法律评论》2010年第4期。

9.韩进川：《建立纳税人公益诉讼制度的思考》，载《涉外税务》2006年第2期。

10.韩姗姗：《美国纳税人诉讼制度分析及其对中国之借鉴》，载《岭南学刊》2010年第3期。

11.胡云红：《比较法视野下的域外公益诉讼制度研究》，载《中国政法大学学报》2017年第4期。

12.姜峰：《同性婚姻、宪法权利与民主审议——以罗伯茨大法官的反对意见为中心》，载《法学评论》2015年第6期。

13. 李炎：《美国纳税人诉讼原告资格的主要影响因素分析及其对我国的启示》，载《法学杂志》2012年第1期。

14. 马存利、韩平：《纳税人诉讼适格问题研究——美国最高法院的司法实践对我国的启示》，载《当代法学》2008年第3期。

15. 荣霞：《试析首席大法官罗伯茨对〈医改案〉的判决》，载《江南论坛》2013年第9期。

16. 宋雅琴：《美国行政法的历史演进及其借鉴意义——行政与法互动的视角》，载《经济社会体制比较》2009年第1期。

17. 王婷婷、杨雨竹：《纳税人知情权保障的美国经验和中国进路》，载《税务与经济》2018年第2期。

18. 王霞：《美国纳税人诉讼的模式及对我国的启示》，载《求索》2008年第6期。

19. 王旭：《美国三大市政体制的历史成因与内在运行机制》，载《陕西师范大学学报（哲学社会科学版）》2007年第4期。

20. 徐阳光：《纳税人诉讼的另类视角——兼评蒋时林诉常宁市财政局违法购车案》，载《涉外税务》2006年第8期。

21. 余志森：《20世纪上半叶美国历史发展曲折性初探——从强国到超级大国的曲折路径》，载《历史教学问题》2019年第4期。

22. 章海珠：《美国纳税人诉讼制度及其启示》，载《国际研究》2014年第5期。

23. 张千帆：《从二元到合作——联邦分权模式的发展趋势》，载《环球法律评论》2010年第2期。

24. 曾森：《美国民粹主义的历史、现实与民主根源》，载《辽宁大学学报（哲学社会科学版）》2020年第6期。

25. 张献勇：《浅谈设立纳税人诉讼制度》，载《当代法学》2002年第10期。

26. 郑志锋：《构建纳税人公益诉讼对监督财政支出之裨益》，载《郑州航空工业管理学院学报》2010年第2期。

六、中文学位论文和报纸

1. 冯静：《作为宪法权利的契约自由在洛克纳时代的变迁——以劳动契约领域为例》，上海交通大学2012年博士学位论文。

2. 郝丽芳:《美国联邦司法政治研究》,南开大学 2013 年博士学位论文。

3. 李胜利:《美国联邦反托拉斯法的历史经验与世界性影响》,中南大学 2012 年博士学位论文。

4. 王国侠:《我国纳税人诉讼可行性研究》,华东政法大学 2017 年博士学位论文。

5. 王玮:《美国进步主义时代政府改革研究》,东北财经大学 2012 年博士学位论文。

6. 唐益亮:《美国环境公益诉讼原告资格的变迁及其启示》,载《人民法院报》2019 年 1 月 28 日。

7. 徐爱国:《税收和宪政》,载《人民法院报》2020 年 1 月 8 日第 6 版。

后 记

本书由我的博士学位论文修改而来,主要在原来博士学位论文的基础上,增补了一些原始案例和学者论述,并将论文整体内容重新体系化,以及对论文结论部分进行了重新凝练。纳税人公益诉讼作为一项以纳税人为主体的财政监督制度,其本身是税收契约论的一种体现,但在美国却只盛行于州和地方层面,联邦层面一直显得较为保守,这是值得深思的问题。事实上,经历过独立战争(本质上是税收起义战争)洗礼的美国联邦政府在建国之初即通过税收立宪的形式,在《美国联邦宪法》中对国家征税权的行使及公共财政的使用设置了重重防线,对财税问题如此审慎的联邦政府按理应该在联邦层面积极推行纳税人公共监督制度,但事与愿违,其背后的原因是固然是多元的,但主要还是与宪法性限制以及司法权自身的克制性相关。

博士毕业至今,我从博士学位论文中共拆分出两篇论文进行投稿和发表,其中一篇以《美国纳税人公益诉讼的兴起:历史契机和正当性基础》为题发表于《私法》2023年第45卷,主要探究19世纪美国纳税人公益诉讼在州和地方层面兴起的历史原因及其所依托的正当性基础;另一篇以《美国纳税人公益诉讼中联邦司法权的保守困境》为题发表于《税务研究》2024年第8期,主要从联邦司法权的角度探究美国纳税人公益诉讼在联邦层面的发展困境。

古人云"十年磨一剑",博士学位论文似乎应该反复斟酌修改,待十年或更长时间的沉淀之后再出版会较为合适。但学术与科研并无止境,我们不可能将所有成果放置到老去的时候或者最为成熟的时候再转为铅字,一个阶段有一个阶段的学术汇总,一个阶段有一个阶段的成果,每个阶段的成果都仅代表了这个阶段的努力而已。我们所能做的,是保持前进的姿态,力求不断进步和创新,如此才是正常的科研生态。

屈指算来,从硕士到博士后,我研习税法史已有九年。当初之所以选择税法史作为学术研究的志业,主要在于税法史是法律史和财税法的"两不管地带",法律史学人和财税法学人均较少有人专门研究税法史。一般而言,法律史的研究目标在于"通古今之变,明中外之异,究当前之法"。近代中国经历了较长时间的税制转型期,无论是晚清政府还是民国政府,引介西洋税制的过程均非一帆风顺,可谓"屡败屡战",直至20世纪30年代以后,西洋税制才开始大范围地在中国生根发芽。对于我国当前税制的建设而言,西方税法史的研究能够提供经验价值,而传统中国税法史的研究能够提供文化价值。

  本书的付梓需要感谢很多人,可惜片纸难以尽全意,只能略述感激之情:感谢我的博导北京大学法学院徐爱国教授,徐老师为我博士学位论文的写作提供了诸多指导和鞭策,也为我的学习生活提供了诸多教示和支持,鼓励我在税法史的道路上不断前进;感谢北京大学法学院法律史学科的各位老师,他们大都是我博士学位论文开题、预答辩、答辩的老师,为我博士学位论文的写作提供了诸多中肯的建议;感谢加州大学伯克利分校Mark Gergen教授,他是我在美国联培期间的导师,为我博士学位论文的写作提供了诸多新的思路和资料;感谢同济大学法学院陈颐教授,陈老师是我在华东政法大学读硕士研究生时的导师,引领我入门,传授我研习法律史的方法;感谢厦门大学法学院周东平教授,周老师是我的博士后合作导师,为我提供了厦大法学院这个平台继续科研创作,也为我在法律史领域的深耕提供诸多点拨;感谢厦门大学法学院宋方青教授,宋老师为本书的出版提供了重要的帮助和支持;感谢厦门大学法学院吴旭阳副教授,吴老师一直以来都对我学习生活关爱有加,促进我不断成长;感谢厦门大学出版社的李宁编辑和郑晓曦编辑,本书的顺利出版离不开她们的辛苦工作和细致编辑;最后,感谢我的家人,他们一直是我远航背后的港湾,使我能够安心朝着目标勇敢进取,成为更好的自己。

韩龙河

2024 年 8 月 24 日

于厦门大学法学院